AU-DELÀ DE LA MONDIALISATION

Questions contemporaines
Collection dirigée par B. Péquignot, D. Rolland et Jean-Paul Chagnollaud

Chômage, exclusion, globalisation… Jamais les « questions contemporaines » n'ont été aussi nombreuses et aussi complexes à appréhender. Le pari de la collection « Questions contemporaines » est d'offrir un espace de réflexion et de débat à tous ceux, chercheurs, militants ou praticiens, qui osent penser autrement, exprimer des idées neuves et ouvrir de nouvelles pistes à la réflexion collective.

Dernières parutions

Philippe MASSOT-BORDENAVE, *Le travail est-il encore porteur de valeurs ?,* 2016.
Hamdou Rabby SY, *La Révolte de l'Universel. Pour une autre vision de la mondialisation,* 2016
Nicole PERUISSET-FACHE, *La Vraie Vie est absente. Regard anthropologique sur notre monde,* 2016.
Bernard SABY et Dominique SABY, *Compétitivité, mercantilisme et guerre économique*, 2016.
Jacques CROIZIER, *De quoi Dieu est-il le nom ? Les fièvres religieuses actuelles et l'esprit du capitalisme*, 2016.
Koffi Martin YAO, *Famille entre Contradiction et Espérance, Situation contemporaine de la famille en Europe*, 2016.
Jean-François SIMONIN, *Anticiper a l'ère de l'anthropocène,* 2016
Stéphane CALANDRA, *Les natures des Calanques. Représentation de la nature dans les Calanque*s, 2016
Luc DAUDONNET, Max MEMMI, *Pour un nouvel humanisme. Cette France dont nous rêvons*, 2016
Roger BENJAMIN, *La gauche, une notion incertaine ; le socialisme, un idéal dévoyé*, 2016.
Elysée SARIN, *Un demi-siècle de syndicalisme en France suivi de La voie judiciaire. État des lieux*, 2016.
Hervé PIERRE, *Le Désenchantement américain, de l'aube républicaine au crépuscule impérial, la fin du mythe,* 2016

Christian Cauvin

AU-DELÀ DE LA MONDIALISATION

Construire le monde de demain

L'Harmattan

Du même auteur :

Le capitalisme ne joue pas aux dés, Le Bord de l'Eau, 2012.

La fin du capitalisme et la nécessaire invention d'un monde nouveau, L'Harmattan, 2014.

5-7, rue de l'Ecole-Polytechnique, 75005 Paris
www.harmattan.com
diffusion.harmattan@wanadoo.fr
ISBN : 978-2-343-09835-7
EAN : 9782343098357

L'idée de ce livre est née d'un étonnement et d'une volonté.

Etonnement, face à l'état du monde contemporain, justement qualifié de mondialisé. Le terme de mondialisation associe les notions d'ouverture, de dynamisme et d'universalisation. Il évoque un moment de réussite et d'accomplissement pour l'humanité à l'instar des grands moments qu'ont connu Athènes à l'époque de Périclès, Rome avec la République ou l'Europe de la Renaissance pour ne prendre que quelques exemples de l'histoire occidentale, qu'il est loisible d'enrichir par ceux de la Chine à l'époque des Song et des Ming ou de l'Islam avec les califats Omeyades et Abbassides. Par mondialisation, on entend un succès, l'atteinte d'un stade supérieur de développement tant dans l'ordre politique qu'économique ou culturel, on postule que la paix et la justice règnent tandis que les libertés d'agir, de pensée ou d'entreprendre s'accompagnent du respect des droits des citoyens et de leur sécurité dans un monde d'égaux où les différences sont reconnues mais maîtrisées. Or, rien de tout cela ne correspond à la situation que nous vivons en ce début de troisième millénaire. Plus du tiers des humains vit en-dessous du seuil de pauvreté, les ressources naturelles se raréfient et le réchauffement climatique constitue une menace désormais indiscutable à très court terme ; quant aux inégalités de revenus et de patrimoine, elles atteignent des niveaux inconnus depuis la fin des sociétés d'Ancien Régime. Les thuriféraires de la mondialisation heureuse et bénéfique pour l'humanité restent nombreux mais, le plus souvent, confrontés aux ravages récurrents qu'elle traduit, ils se bornent à affirmer son inéluctabilité. Il n'y aurait pas d'alternative, disent-ils, dans le sillage du Premier Ministre britannique des années 1980 Margaret Thatcher (TINA, there is no alternative).

Volonté, à rebours d'un discours mondialiste irénique, au mieux converti en l'affirmation d'une « naturalité » à laquelle on ne peut pas plus s'opposer qu'à inéluctabilité de la mort ou qu'au cycle des jours et des nuits. Nous affirmons qu'il faut analyser et comprendre afin de penser une mondialisation bénéfique pour les humains, dont ils puissent avoir le contrôle et l'orientation. Une mondialisation puissante, sauvage et destructrice est manifestement agissante partout dans le monde. Ce n'est pas cette mondialisation que les humains souhaitent. Partons de cet existant pour l'infléchir, le réorienter et le repenser, pour atteindre un au-delà de la mondialisation conforme à nos aspirations.

Première partie : Comprendre

Faisons face au temps comme il vient et change
William Shakespeare, *Cymbeline*

AVANT-PROPOS

La vraie vie est absente.
Arthur Rimbaud

Comprendre le monde dans lequel nous vivons pour mieux s'y inscrire, l'accepter ou le changer, articuler connaissance et action à l'instar des propositions de la philosophie grecque antique, peut-on envisager perspective plus nécessaire pour l'homme contemporain confronté à des bouleversements historiques sans précédent ? Les enjeux sont multiples mais ils impliquent tous que soient apportées des réponses à trois questions dont il n'est pas exagéré de penser qu'elles sont décisives pour l'avenir de l'humanité :

- la protection de l'environnement, la maîtrise du réchauffement climatique et la reconnaissance effective de la place éminente de la nature dans un projet de civilisation pérenne et pertinent.
- la lutte contre les inégalités dont la croissance vertigineuse, conséquence de l'autonomisation de la sphère économique, plus spécifiquement traduite aujourd'hui par la financiarisation, interroge l'affirmation d'une démocratie d'humains égaux en devoirs et en droits, de même qualité et dignité.
- la montée d'une puissance numérique qui permet des collectes et des traitements de quantités d'informations considérables et transforme en profondeur les rapports sociaux.

Environnement, inégalités, numérique, et plus globalement le vertige qu'un processus proliférant, autonome et souverain, génère dans une société qui, pour la première fois sans doute dans l'histoire de l'humanité, ne s'assigne plus pour finalité de pourvoir au bien-être ou au bonheur de ses citoyens : c'est, en effet, ce souci qui anime les philosophies et les religions qui ont été portées par les sociétés anciennes les plus diverses. A contrario, la société moderne se consacre, par sa participation active ou son abstention bienveillante, à la prolifération de la richesse, au règne de la marchandise et à la réduction de la personne civique au seul statut d'individu-consommateur. Une marchandise omniprésente, y compris dans les sphères antérieurement publiques ou relevant de la sphère intime, une monétisation générale des rapports sociaux, tel est l'indiscutable paysage que présentent nos sociétés en ce début de troisième millénaire. Un système économique s'autonomise, ne procède plus que de lui-même et de son tropisme accumulateur de richesses. Il ignore logiquement l'homme comme la planète, le « travailleur » d'hier comme la nature jadis vénérée, et organise sa prolifération sans interrogation sur ses conséquences collatérales. Il a pour lui la simplicité de ses objectifs et de son fonctionnement ; il ne connaît que des produits qui l'enrichissent et des charges qui lui coûtent.

Les produits sont tout ce qui peut rapporter et doit donc être exploité : les biens et les services privés mais aussi publics. La privatisation de la sphère publique est une tendance lourde présentée comme inéluctable, le marché devant se substituer à l'État, disqualifié d'emblée pour assurer des activités gestionnaires. Les biens communs, tels l'eau ou l'air font l'objet d'âpres conflits. Les terres sont partout dans le monde l'objet de toutes les convoitises pour assurer leur appropriation. La sphère relationnelle est désormais rattrapée, elle aussi, par le modèle marchand : la relation est, au sens comptable, un produit valorisable : qu'est-ce que Facebook sinon la monétisation des « réseaux sociaux » pour le plus grand profit de quelques-uns, mais sans la production d'une nouveauté identifiable.

Les charges sont tout ce qui coûte et qui, en conséquence, limite le profit et la rentabilité de l'investisseur. Elles doivent être systématiquement traquées et réduites. C'est principalement le travail qui est visé ; il était, jadis, logiquement identifié comme la source de génération de la richesse économique, il n'est plus aujourd'hui qu'un coût devant être systématiquement minimisé. Il rejoint ainsi les autres charges, les frais généraux (maintenance, entretien, transport, logistique…) pour lesquels les « managers » bâtissent des programmes de *cost-cutting* récurrents afin d'obtenir les prestations de service nécessaires à l'activité de l'entreprise dans des conditions de disponibilité et de coût toujours plus resserrées. La conséquence inévitable, c'est que le coût est le paramètre autour duquel s'articulent les processus productifs et que la qualité en pâtit : l'obsolescence programmée et la résistance limitée des produits sont les missions assignées aux bureaux d'études des entreprises, afin que le renouvellement soit assuré après une phase nécessaire de fonctionnement effectif du produit conforme aux attentes des clients… et aux contrats de garantie ou de service après-vente proposés ! Notre expérience de consultant, d'expert ou de formateur auprès de dirigeants ou de cadres d'entreprises de tailles diverses dans différentes régions du monde, est saisissante à cet égard : les responsables sont frappés par la baisse de qualité des matériels et des biens d'investissement nécessaires à leur processus de production ; ils occultent souvent la part qu'ils prennent à cet inexorable mouvement vers des biens de durée limitée et de qualité médiocre pour lesquels des stratégies de volume appuyées par des communications et des publicités ciblées permettent d'optimiser les marges par la réduction des coûts.

Des charges comptables minimales pour des produits comptables couvrant tous les territoires, y compris ceux qui résistent encore à la monétisation, tel est l'enjeu actuel : comme le démontre factuellement et pratiquement le sociologue Michael Sandel[1] (*What money can't buy... Ce que l'argent ne peut acheter*) bien peu de domaines ne subissent pas encore la loi globale, implacable et universelle, qui fait du marché la seule instance de validation des échanges entre humains, y compris pour les sphères du politique, de la justice ou de l'intimité.

---

[1] Pour faciliter la lecture, le choix a été fait de ne pas recourir dans le corps du texte à la production de notes afin de ne pas rompre le fil des explications. Une bibliographie est proposée en fin de volume avec la liste des auteurs et des ouvrages mentionnés.

S'il n'est pas douteux qu'étudier le monde contemporain c'est analyser et comprendre la rapide généralisation d'une économie financière dominante absorbant les ressources naturelles et le travail des hommes pour accélérer sans cesse sa captation, sa prédation et l'accumulation vertigineuse et spéculative de sa rente, il est plus difficile, une fois ce constat établi et acté, d'articuler des propositions indiscutables.

D'une part, parce que la domination d'un système mondialisé et financiarisé, puissamment appuyé par le numérique dont l'expansion exponentielle est en phase avec celle de l'accumulation rentière, est particulièrement difficile à ébranler ; d'autre part, parce que l'essence même d'un projet démocratique est de permettre l'émergence de propositions émancipatrices, conditions de l'édification d'un monde nouveau.

Deux espoirs timides cependant pour que le tableau ne soit pas d'emblée désespérant : la logique même du capitalisme qui le conduit, par son succès, à la destruction de son socle naturel, social et sociétal ; et l'histoire des hommes et des sociétés dont l'étude attentive montre à quel point elle ne peut jamais s'écrire à l'avance. Déterminisme et contingence sont dialectiquement liés : l'histoire n'est jamais prévisible, mais rien n'interdit, en l'étudiant et en l'analysant, de décrypter ce qui la travaille et d'anticiper différentes perspectives d'évolutions possibles. Suivons Hannah Arendt, qui considère que les hommes sont sans cesse mus par « cet optimisme forcené, voisin du désespoir ».

Dans la lignée de nos travaux récents (*Le capitalisme ne joue pas aux dés* et *La fin du capitalisme*), il nous semble que le diagnostic de l'état de notre monde est chaque jour plus massif et plus indiscutable.

Il l'est en termes d'indifférence à la dimension environnementale provoquant l'épuisement des ressources, le dérèglement climatique et le saccage des lieux naturels et des lieux de vie des populations : ce n'est plus simplement le pluralisme et le multiculturalisme que l'anthropologie contemporaine doit défendre mais bien le « multinaturalisme », afin de dépasser le mythe fondateur qu'est l'opposition entre l'humain et le non-humain comme l'affirme le brésilien Eduardo Viveiros de Castro.

Il l'est en termes de puissance numérique apportant une instantanéité et une connexion généralisable de tous les paramètres observables et de l'étude des conséquences envisageables. Or ceci est essentiel pour une économie libre de toute inscription sociale, désenclavée, qui se nourrit de sa propre prolifération et ne peut envisager de limites substantielles et de régulations autres que formelles.

Il l'est surtout en termes de domination générale et implacable de la puissance financière qui, outre sa conduite des entreprises, particulièrement multinationales, dispose, avec les marchés financiers d'un instrument intrusif et global pour assurer un pouvoir actionnarial et bancaire absolu sur l'économie. La domination impacte également les États, durablement installés dans une dépendance envers les créanciers qu'ils ont eux-mêmes mis « aux manettes » à partir des années 1980.

Après un court état des lieux de ce que sont nos sociétés contemporaines, organisées mondialement par l'économie, nous tenterons de comprendre pourquoi les hommes, après de longues périodes d'assujettissement à des pouvoirs autoritaires, hétéronomes, souvent arbitraires, confrontés à la possibilité de construire leur émancipation, ont accepté de nouvelles sujétions, le marché remplaçant les tutelles religieuses de jadis. Nous nous intéresserons à la néoténie humaine, au fait que l'homme est incomplet, vulnérable et incertain, ce qui fait de lui un être hautement idéologisable. Nous nous interrogerons sur le chiffre, le calcul et la quantification qui prennent dans nos sociétés une place centrale qu'on ne rencontre dans aucune société antérieure. Nous établirons ensuite des constats argumentés et précis sur les thématiques fortes qu'il est recommandé habituellement de ne pas interroger, soit les questions de la dette, de l'État et de la mondialisation, de l'Europe et de la fiscalité, de la croissance, de la régulation, de la souveraineté… Notre approche sera celle de l'interrogation, de l'explicitation et de la responsabilité. Nous ne nous situerons pas dans la thématique de l'indignation (paix aux mânes de Stéphane Hessel ; non pas indignez-vous mais analysez, expliquez, comprenez et… bien entendu agissez). Ou plutôt agissons ; il n'est pas question de se poser en donneur de leçons mais bien d'envisager une contribution à une dynamique de réflexion et de changement.

C'est ainsi que la seconde partie de cet ouvrage tentera de penser et mettre en œuvre un au-delà de la mondialisation en articulant les dimensions les plus décisives, celles de l'actionnariat, de la dette, du collectif et de la question de l'Etat, celles enfin du numérique, de la fiscalité et de la monnaie. Nous terminerons par une synthèse de propositions générales ouvrant les brèches nécessaires pour la transformation du système d'accumulation rentière qui nous contraint mais respectueuses de l'esprit d'une société nouvelle et de son « imaginaire instituant » (Castoriadis, *L'institution imaginaire de la société),* véritable ciment d'une démocratie véritable.

INTRODUCTION : Etat des lieux

Le désastre général est bien trop grand
pour qu'on s'en lamente.
Rosa Luxembourg

L'histoire offre quelquefois des situations singulières, extrêmes et explosives dont les populations devraient considérer toute la force afin de décider des actions nécessaires à entreprendre. L'époque actuelle, celle ouverte par le grand basculement des années 1980, en fait assurément partie. Le coup de semonce provoqué par la bulle spéculative dite des subprimes en 2008, et prolongé par un désordre financier, économique et social sans précédent, aurait dû alerter les observateurs les plus attentifs, ceux dont la justification existentielle n'est pas d'aider par leur discours lénifiant à la perpétuation d'un ordre arbitraire et injuste, uniquement bénéfique à une « élite » installée en position dominante dans l'ordre économique mais également médiatique et politique. Quelques analystes lucides ont parfaitement compris et expliqué que ce que le monde vivait n'était que le énième avatar, particulièrement violent, d'une logique économique délétère, ayant installé l'illimitation comme principe de son fonctionnement d'accumulation d'une rente réservée à quelques puissants, mais leurs explications ont été rapidement recouvertes par les discours d'autorité des thuriféraires du marché, bien décidés à défendre leur fonds de commerce. Accusés de jouer les Cassandre, c'est-à-dire, à l'image de l'héroïne troyenne, de proposer des prévisions pessimistes… mais hélas constamment réalisées, les esprits lucides, pertinents et indépendants ont été progressivement relégués sous le flot volumineux, belliqueux et intéressé des économistes, des politiques et des responsables des médias : les premiers parce qu'ils défendent la théorie « classique » qui affirme que le marché capitaliste libéral est le seul système économique capable d'assurer le bien-être du plus grand nombre, les seconds parce qu'ils ont renoncé à porter un projet politique pour les populations qu'ils dirigent et s'en remettent aux lois du marché inéluctables à défaut d'être bienveillantes tandis que les derniers, bateleurs et communicants, assurent le relais indispensable pour que des idéologies, manifestement fausses au regard des expériences historiques et précisément élaborées pour satisfaire les intérêts de quelques-uns, puissent être acceptées par le plus grand nombre afin d'assurer la préservation des positions acquises qu'il n'est pas déraisonnable de nommer privilèges et d'organiser l'accumulation de la rente (la pondération d'Anatole France ne l'empêche pas, dans sa nouvelle *Crainquebille*, de définir la justice comme « la sanction des injustices établies »).

Car si l'on veut bien faire le simple et bien timide effort de s'interroger sur ce qu'une société devrait être pour ses ressortissants, dans la lignée des questionnements issus de la philosophie antique, qu'elle soit d'origine grecque, latine ou asiatique et notamment chinoise, il est patent que le monde contemporain ne présente pas vraiment les caractéristiques d'une « bonne société », ni dans les pays développés, ni a fortiori dans les pays émergents ou en sous-développement. Ni pour les populations les plus exposées souffrant de conditions de vies indignes dans les pays les plus pauvres, ni pour les populations des classes « moyennes » qui ont, dans les pays développés, connu pendant une trentaine d'années après la seconde guerre mondiale une amélioration de leurs conditions d'existence tant économiquement que culturellement et symboliquement, ni même pour les populations les plus favorisées (le un pour cent de Joseph Stiglitz qui reconnaît lui-même qu'aujourd'hui il serait plutôt le un pour mille…) dont on voudrait croire qu'elles ne puissent se satisfaire de la vulgaire satisfaction ploutocratique de la richesse pour elle-même, entendue comme seul signifiant social. En somme, la situation actuelle ne peut être jugée favorable ni même acceptable, par aucune partie substantielle de la population.

Mais, au fond, quelle est-elle cette situation économique, politique, sociale et culturelle de nos sociétés contemporaines modernes : peut-on la caractériser en quelques traits saillants ?

À la suite de quelques philosophes, sociologues ou économistes, à la suite surtout de quelques humains réfléchissant tout simplement à ce qui constitue leur humanité, il est facile de caractériser le monde actuel et, en particulier, sa soumission générale et ravie au modèle économique portée par les « élites » dominantes sur lequel il est nécessaire de s'arrêter sérieusement en raison de sa puissance et... de sa fausseté. Sommairement et synthétiquement, ce que nous vivons en ce début de XXIème siècle est l'accomplissement du système capitaliste libéral né au XVIIème et XVIIIème siècles, porté par les démocraties occidentales naissantes et affranchi de toute tutelle depuis les dérégulations, les déréglementations, les privatisations et la réduction des interventions publiques des années 1990 et suivantes : on peut dire qu'il s'agit de son apothéose dans la double mesure de son triomphe et de sa consécration mais également de l'indication que c'est la partie la plus brillante de sa manifestation parce qu'elle est la dernière comme le bouquet final clôt un feu d'artifice. C'est ainsi, en effet, que se manifeste aujourd'hui le capitalisme : un système complet, global, ayant conquis la totalité de la planète, sûr de lui et dominateur, assis sur un tas d'or pléthorique, mais vulnérable, sujet à des crises récurrentes dues à des bulles financières touchant successivement l'Internet, l'immobilier et plus généralement tout secteur susceptible de générer des marges attractives pour la spéculation. Jamais les richesses n'ont été aussi abondantes et inégalement réparties, la monnaie étant généreusement émise sans contrepartie économique réelle par des banques centrales soucieuses officiellement de relancer l'activité économique et arrosant en fait les institutions bancaires avec pour effet de doper le cours des actions et les fortunes des investisseurs. Toutes les voies ont été explorées et mobilisées pour assurer le gonflement des profits et du capital qu'ils cristallisent. Stimulation de la croissance pour générer de la valeur ajoutée, modification du partage de cette même valeur ajoutée en faveur des revenus du capital aux dépens des revenus du travail, captation de produits futurs éventuels à partir de techniques d'actualisation des flux de liquidités générées par les entreprises pour distribuer aujourd'hui des dividendes sur des profits espérés demain, dégagement de profits virtuels à partir d'outils bancaires et monétaires, « *swaps, futures* ou *options* », constituant des dérivés de crédit permettant des paris et des arbitrages sur des opérations financières concernant les entreprises, les États ou les monnaies.

Système tout-puissant donc, « débarrassé » de son opposant historique, le système dit communiste de l'Union soviétique et de ses pays satellites et plus généralement des syndicats, des partis politiques et des contre-pouvoirs de la société civile largement convertis au « TINA » (*there is no alternative*) et à l'évidence d'un système qui ne peut être différent car il est nécessaire, pertinent et « naturel » pour les sociétés modernes : on ne peut envisager nos sociétés autrement que sous la forme d'un marché généralisé préemptant, assimilant, et digérant toutes les strates, autrefois distinctes, des sociétés humaines afin qu'un gigantesque calcul opéré à chaque instant, au rythme des battements des cotations des bourses de valeurs mobilières, permette d'accoucher de la vérité sociale. Une comparaison permanente *(benchmarking*), une notation de tous les paramètres, y compris désormais les paramètres non financiers, et la réduction de la pâte sociale à un immense loto dont seul le vainqueur ne suscite aucune interrogation : c'est l'investisseur financier, le détenteur des capitaux investis dans les firmes multinationales ou le prêteur créancier des entreprises, des particuliers et des États. Les marchés financiers sont le point de capiton du système économique, ils lui donnent son architecture, sa finalité et son organisation. C'est sa toute-puissance qui rend aujourd'hui le capitalisme vulnérable comme jadis l'empire romain au moment des invasions. Il a conquis la planète en s'appuyant sur l'exploitation des ressources naturelles conduisant à leur inéluctable destruction et sur le travail qui, hier, facteur de production générateur de la valeur, n'est plus aujourd'hui qu'un coût destiné à être limité. Le capitalisme est indiscutablement vainqueur mais les perspectives écologiques et environnementales sont sombres tandis que la destruction programmée du travail obère la solvabilité dont le système a besoin comme d'un carburant pour poursuivre son développement. Le capitalisme est opulent, repu mais seul, avec

un écosystème détruit et une population paupérisée vouée à la perspective de son inutilité.
Nous affirmions dans un précédent ouvrage que le capitalisme arrive à sa fin, qu'il a progressivement conquis la planète et absorbé dans sa sphère la totalité de la substance sociale. Ce qui advient désormais, c'est qu'il s'effondre sous le poids de sa puissance et de sa réussite : en parvenant à ses fins, il programme sa fin inéluctable. C'est à ce moment, justifié par sa toute-puissance, que le capitalisme trouve les zélateurs les plus convaincus et les plus dévoués à sa cause. Il faut proclamer son succès et maintenir l'assentiment de plus en plus fragile de populations étrillées par la dynamique des profits et des politiques publiques d'austérité qui l'accompagnent au nom d'une improbable croissance et de la maîtrise des déficits publics et de la dette.

Or, c'est précisément cette évidence, cette « naturalité » supposée du système économique qui doit être interrogée. Y a-t-il une pente inéluctable devant conduire les sociétés au capitalisme à travers les méandres de leurs histoires propres, doit-on nécessairement parvenir à cette « fin de l'histoire » que constituerait l'économie de marché capitaliste adossée à un système politique de démocraties représentatives.
Les leçons de l'histoire, à cet égard, sont édifiantes tant pour les finalités du système d'accumulation des profits que pour les choix des acteurs.
Nous examinerons successivement le fonctionnement des marchés, de type ou non capitaliste, et la diversité des comportements humains, interdisant de faire de la lutte de tous contre tous le modèle inévitable du fonctionnement social.

Le marché, quel marché ?

Depuis Adam Smith, l'économie classique considère qu'avec la propriété privée, notamment des moyens de production, l'économie de marché fondée sur la libre concurrence des offreurs de biens et de services constitue l'architecture centrale de la modernité économique telle qu'elle a émergé des systèmes féodaux, monarchiques et autoritaires de l'ancien régime. Le marché donc, mais quel marché, y a-t-il une logique spécifique au marché capitaliste ? La vulgate dominante, y compris dans la sphère de l'information et de la communication, considère comme allant de soi qu'il n'y a qu'un modèle d'économie de marché, celui installé par le capitalisme et qu'il n'est pas possible de penser autrement l'activité économique des sociétés. Pourtant un examen rapide des différentes sociétés à travers l'histoire permet de spécifier clairement la singularité de l'économie capitaliste et le fonctionnement qu'elle assigne au marché. Prenons deux exemples importants, par les civilisations qu'ils concernent et par la logique conceptuelle qu'ils portent : celui des civilisations de l'Islam et celui des civilisations de la Chine avant l'époque moderne.

L'Afrique du Nord et plus généralement l'Orient ainsi qu'une partie de l'Asie du Sud-Est ont connu très tôt l'institution du bazar pour assurer les échanges marchands. Du VIIème au XVème siècle, l'Islam va nouer un rapport singulier entre le droit, l'État et l'économie : le droit est l'instance première, vénérée, puisque le droit vient du prophète tandis que l'État n'est qu'une regrettable nécessité. En matière économique, une alliance très particulière est scellée entre le peuple et les marchands contre l'État. Les marchands vont se convertir à l'Islam et s'associer au peuple : une vision très positive du commerce va en résulter et permettre une économie de la confiance et du crédit : les travaux de Pierre Bourdieu en Kabylie confirment cette approche. L'institution du bazar irrigue une société de liberté humaine et de solidarité communautaire : pas d'esclavage dans une telle société, pas de dette culpabilisant et asservissant les paysans. Le marché permet la manifestation du principe d'entraide comme principe fondateur de la société, on devrait dire le « communisme », à condition de s'abstraire des expériences historiques qui, au XXème siècle, ont utilisé cette philosophie pour la dévoyer au service des intérêts particuliers d'une caste bureaucratique dominante. Optons donc pour le terme de communalité pour qualifier l'état d'une société harmonieuse où le collectif n'est pas un asservissement mais un moyen d'établir la paix, la concorde et la prospérité générale. Dans la même logique, l'Islam proscrit l'usure car le profit ne peut résulter que d'un travail dans la confection ou le transport des biens. Le marché pour l'Islam c'est donc le bazar, une institution centrale pour assurer la cohérence de la communauté autour du peuple et des commerçants.

La Chine, on le sait, a été la plus importante et la plus durable des bureaucraties dans le monde : ce qu'on sait moins, c'est que l'État confucéen s'est fait l'actif promoteur des marchés et a ainsi permis un développement beaucoup plus important de ceux-ci que partout ailleurs dans le monde. Ici encore il faut bien préciser ce que les chinois entendent par marché. Les confucéens ne jugeaient le profit légitime que lorsqu'il rémunérait le travail effectué par les négociants pour transporter les produits : comme pour l'Islam, le profit ne devait jamais être le fruit d'une spéculation. On peut affirmer que la Chine confucéenne favorisait le marché, les récits de Marco Polo aux XIIIème et XIVème siècles en attestent, mais qu'elle était contre le capitalisme, entendu comme le moyen d'utiliser l'argent pour en obtenir davantage : la monnaie est un moyen pour réaliser les échanges mais on ne peut admettre la recherche du profit pour lui-même. Ainsi, à partir d'une hostilité affirmée envers les marchands, l'État confucéen et sa bureaucratie de fonctionnaires ont instauré un contrôle efficace qui a conduit la Chine à présenter le plus haut niveau de vie des pays du monde jusqu'au début du XIXème siècle ; ce n'est, en effet, qu'en 1820, bien après le début de la révolution industrielle, que la Grande-Bretagne dépasse la Chine pour le niveau de vie global.

Deux exemples majeurs, avec l'Islam et la Chine, pour un marché harmonieux, instrument de pacification, de développement et de solidarité communautaire. Avec le capitalisme, une rupture décisive s'instaure. Le marché n'est plus un instrument pour les échanges et la société en général, il devient la finalité, il faut échanger pour dégager des profits et accumuler la richesse. Le capitalisme n'est donc pas le marché, entendu traditionnellement dans toutes les sociétés du monde comme le moyen de réaliser des échanges, il est une instance autonome rivée sur sa propre prolifération. En ce sens, comme l'a nettement argumenté Fernand Braudel, on peut penser capitalisme et marché comme des contraires ! Précisons cette distinction majeure à partir de la formalisation simple du circuit de l'échange selon qu'il a une vocation instrumentale ou qu'il est à lui-même sa propre fin.

Quand un marché est construit comme un moyen d'échange, la monnaie est l'intermédiaire entre les produits pour permettre leur conversion. Ainsi un échange de céréales (A) contre des tissus (A') correspond au cycle A-M-A' (où M représente la monnaie). À l'arrivée, les céréales et les tissus ont changé de mains, conformément aux attentes des parties en présence et la monnaie n'est que le moyen pratique pour assurer l'échange.

Quand un marché est construit comme une institution permettant d'accroître la richesse, donc la quantité (M) de monnaie détenue par un investisseur, la formule devient M-A-M' et la marchandise A n'a plus guère d'importance en elle-même, sinon qu'elle permet le dégagement d'une plus-value. On comprend ici que l'évolution du capitalisme vers des produits de nature financière, anticipant virtuellement des variations futures, est déjà là dans la nature première du capitalisme. On l'a ignoré le plus souvent mais le capitalisme est indifférent à ce qu'il produit : automobiles, avions, ordinateurs, biens de consommation… Seul compte le potentiel de profits réalisables. Cela ne nie pas le rôle moteur qu'a pu jouer le capitalisme dans la construction d'une société moderne, techniquement et technologiquement, permettant de satisfaire les attentes multiples des populations, en particulier après la seconde guerre mondiale lors de la période des trente glorieuses.

On comprend aussi que le marché libre et concurrentiel n'est pas celui qu'on croit et qui se prétend l'être. Le marché chinois ou le bazar permettent une confrontation des offreurs faisant jouer librement la concurrence pour le plus grand bien des acheteurs pouvant ainsi réaliser leurs arbitrages. Avec le marché capitaliste où le profit est la loi, ce qui anime les offreurs, et particulièrement les plus puissants, compte tenu des moyens de tous ordres dont ils disposent, c'est la recherche d'un monopole, officiel ou de fait. L'histoire du capitalisme est jalonnée de la proximité qui s'établit entre les marchands, les financiers, les industriels et l'autorité politique représentée par les princes ou les élus du système démocratique. Le discours officiel est assurément celui de la concurrence, toujours et partout, « concurrence libre et non faussée ». Pourtant, la réalité est tout autre comme en témoigne la pratique des rescrits fiscaux (tax rulings) mise en place par exemple par le Luxembourg en faveur des entreprises multinationales, en particulier du GAFA, au détriment des entreprises européennes qui paient leurs impôts et… des contribuables citoyens qui sont dans la même obligation. Ces pratiques de paradis fiscal ont été initiées et coordonnées par Jean-Claude Juncker, aujourd'hui Président de l'Union Européenne, sans doute en raison de ses hauts faits de guerre économique et fiscale.

Derrière la rhétorique manipulatrice à destination des populations, les véritables affaires continuent dans l'opacité la plus totale, heureusement perturbée par quelques citoyens exemplaires qui résistent encore au broyage de l'idéologie dominante prédatrice. Après le Luxembourg, les exemples de la Belgique et de la Suisse confirment que la concurrence principale est désormais entre les États pour obtenir une taxation, fût-elle minime, des firmes multinationales.

Le marché capitaliste n'est donc pas un marché des échanges ou plutôt la dimension de l'échange n'est qu'accessoire à la finalité de dégagement du profit ; quant à la concurrence, elle est présente lorsque s'ouvrent des activités nouvelles de production de biens et de services mais les offreurs s'emploient à la réduire le plus possible dès lors qu'ils conquièrent des parts de marché significatives. C'est ce qu'affirme tranquillement Robert Thiel, dirigeant de la Silicon Valley, pour qui la concurrence est précisément ce que les firmes multinationales veulent éviter en développant leurs avantages compétitifs et leurs réseaux.

Les acteurs, quels acteurs ?

Présenter le capitalisme comme l'accomplissement de l'économie de marché est donc parfaitement discutable puisque c'est la finalité du profit et de son accumulation qui importe et non la possibilité de nouer des échanges. Si l'on s'arrête à présent à la seconde dimension affirmée du capitalisme, la liberté des acteurs sur le marché, offreurs et consommateurs devant y trouver les conditions les plus propices à la matérialisation de leurs échanges, on bute sur une nouvelle difficulté. En effet, les acteurs libres sont soit les propriétaires des moyens de production, libres d'organiser leurs investissements dans la perspective la plus favorable pour la génération des profits, soit les consommateurs, non propriétaires des moyens de production, libres d'acquérir des biens et des services que leurs revenus, le plus souvent salariaux, leur permettent de s'offrir. La question de la propriété privée est ici décisive et bien qu'elle soit présentée, à l'instar des conventions les plus discutables des théories économiques ou politiques, comme une évidence qu'il ne faudrait pas interroger, nous nous proposons ici de l'aborder selon deux angles. Le premier envisage la place sociale, selon qu'il s'agit d'une propriété personnelle, renvoyant à la sphère privée, ou d'une propriété industrielle, commerciale et financière renvoyant à la sphère économique et politique de la société. Le second examine la lente et apparemment inexorable absorption des collectifs, des « communs » par la propriété privée entendue comme seule instance acceptable pour penser les sociétés modernes.

Propriété privée… biens personnels, biens de production

« Liberté et égalité », proclament les slogans révolutionnaires de 1789 et si l'égalité bat de l'aile, en raison précisément de la généralisation du capitalisme, la liberté s'épanouit, à tout le moins rhétoriquement et se pose en fondement de l'anthropologie nouvelle, celle de l'homo economicus, libre de ses choix, affranchi des asservissements et des contraintes de la tradition. Un individu libre, plus individu que citoyen, défini par son potentiel de consommation, dont la satisfaction se mesure à la pulsion acquisitive constamment excitée et destinée à être comblée.
Deux dimensions doivent être distinguées en matière de propriété privée, selon que l'on aborde celle-ci comme attribut du citoyen ou comme facteur de l'organisation économique de la société.

Personne physique

L'individualisme est la caractéristique majeure des sociétés issues de la tradition et des régimes monarchiques ou féodaux. Qu'il soit nécessaire d'affirmer le droit de l'individu citoyen à la propriété privée de ses biens personnels ne peut être contesté : les biens d'habitation, de transport, les biens immobiliers comme les biens mobiliers, qu'ils soient matériels, immatériels ou financiers s'inscrivent dans la définition patrimoniale de l'individu moderne comme ils ont pu s'y inscrire dans les sociétés antérieures. Il ne peut être question de contester le droit positif pour chacun de détenir un patrimoine, de le protéger et de le faire fructifier. La question qui doit être posée et qui doit recevoir des réponses effectives et précises est celle de la propriété collective, qu'elle ressortisse de la sphère de l'État, de la société civile en tant que telle ou de structures juridiques spécifiques créées au cours de l'histoire pour des objets variés. Ces structures juridiques ont permis la constitution des personnes fictives et notamment des personnes morales.

Personne morale

Le monde est aujourd'hui dominé par les firmes multinationales qui assurent l'essentiel du commerce mondial (70 % du commerce mondial pour les 500 plus importantes firmes d'après Forbes) et animent un réseau dense de partenaires et de sous-traitants. L'entreprise, présente juridiquement sous la forme d'une société commerciale, d'une compagnie (d'une « corporation » au sens anglo-saxon) est une réalité d'évidence au XXIème siècle partout dans le monde puisque les activités économiques sont portées par ces entités (personnes morales) qui regroupent des personnes physiques mettant en commun leurs capitaux pour réaliser des projets. Pourtant cette situation singulière, considérer une entité collective comme une personne, est relativement récente historiquement et génère des conséquences considérables. C'est au Moyen Âge, en 1250, que l'église introduit pour la première fois en droit canon le concept de *persona ficta*, de personne fictive. Le concept s'applique à une compagnie considérée comme une personne immortelle, pouvant poursuivre et être poursuivie en justice, détenant des terres et pouvant établir des réglementations pour les personnes naturelles dont elle est composée. Les premières entités auxquelles s'est appliqué le concept de personne fictive sont les monastères auxquels se sont jointes ensuite les universités, les municipalités et les corporations. Selon le médiéviste Ernst Kantorowicz, la personne fictive doit être pensée comme un être angélique ainsi que le conjecturait Thomas d'Aquin, les anges étant pour lui la personnification des idées platoniciennes. Faut-il voir dans les *business angels*, les investisseurs à la recherche de projets innovants et rentables, les lointains héritiers des conjectures thomistes ?

Les entreprises, quelle que soit leur taille, leur activité ou leur implantation ne sont pas des entités naturelles, nécessaires et inéluctables. Elles sont le résultat d'une création contingente, originale et pour tout dire exotique. Aucune grande tradition n'a produit un tel objet, l'Islam par exemple, jusque récemment, a résisté à la reconnaissance des « corporations ». Comme souvent dans le processus de la mondialisation, la proposition occidentale originale est dans un premier temps rejetée avant de s'imposer en raison du rapport de force défavorable aux autres traditions. Historiquement, les entités collectives médiévales se sont engagées dans des affaires financières complexes sans que la recherche du profit, au sens contemporain, ne constitue l'aiguillon des projets. Les ordres monastiques, en particulier cisterciens, ont pratiqué une agriculture commerciale avec une main-d'œuvre de frères convers, en fait de véritables salariés, ce qui a pu être présenté comme un « capitalisme monastique » (Randall Collins, *Weberian Social Theory*). Le véritable développement des activités organisées sous forme de compagnies, constituant le prélude véritable au capitalisme moderne, vient des marchands qui se sont organisés pour s'assurer des monopoles, de droit ou de fait, et éviter les risques ordinaires du commerce, particulièrement pour les expéditions. Les compagnies marchandes proposaient des structures associant des marchands riches et âgés à de jeunes négociants afin de contrôler les activités et les ventes sur les foires. Ce sont les ancêtres des compagnies par actions qui se sont développées à partir du XVIIIème siècle. Avec les sociétés par actions qui sont, aujourd'hui, le système de référence au niveau mondial, la personne fictive opère de plein droit pour acheter, vendre, dégager des profits et thésauriser. Elle permet d'occulter la détention des capitaux : les sociétés sont anonymes ou à responsabilité limitée, elles participent de l'illusion « naturaliste » qui voit s'affronter sur le marché les Google, Total ou Microsoft sans que soit explicitement présenté que ces sociétés ont des actionnaires et que ces actionnaires, propriétaires d'une part de capital, décident de la stratégie et des conditions de fonctionnement de ces entreprises. C'est une mutation décisive que l'instauration de la personne fictive a permis d'opérer puisque les individus peuvent déléguer une partie de leur patrimoine et de leur pouvoir à une entité abstraite éternelle (les contrats de société prévoient une durée de 99 ans mais cette durée est renouvelable), opérant pour leur compte sur le marché des biens et des services. L'essor des sociétés commerciales aux XVIIIème et XIXème siècles n'aurait pas été possible sans ces objets juridiques permettant de réunir sous une même autorité une puissance financière et des projets économiques de développement. Nous sommes désormais familiers de ces entités abstraites dont le « mérite » est, notamment, d'occulter l'action des acteurs réels en prise avec les enjeux économiques. Ce sont les entreprises, leurs contraintes et leur « gouvernance » qui imposent les décisions douloureuses pour l'emploi, la dette et les équilibres budgétaires. Tout découle logiquement de mécanismes lointains dont le fonctionnement n'est pas analysé : les entreprises, particulièrement les firmes multinationales, ont pris le contrôle de l'économie mondiale pour le compte d'intérêts coordonnés, concentrés et puissants et l'appareil médiatique en organise la célébration soumise.

Communs

Les communs sont généralement mal connus : ils sont, en outre, l'objet d'une critique sans appel de l'économie néoclassique qui ne s'intéresse qu'aux pratiques individuelles, « *there is no such thing as society* » disait effrontément Margaret Thatcher. Or ce que montrent les communs dans la palette extrêmement variée de leurs occurrences, c'est qu'il existe des normes sociales et des comportements collectifs qui dépassent la seule addition des comportements individuels. Outre l'intérêt personnel, indéniable moteur de l'action, les humains mobilisent également des aptitudes au partage, à la coopération et plus généralement à la sociabilité. L'homme est *sociabilis* avant d'être *economicus*, n'en déplaise à l'économie classique : il n'y a pas que le marché pour produire de la valeur économique, les communs sont décisifs particulièrement parce qu'ils sont le substrat social dont se saisit à présent le marché pour poursuivre inlassablement sa quête taraudante de transformation en marchandises de toute institution, bien ou ressource, situés en dehors de sa sphère. S'inquiéter de la privatisation des ressources publiques, de l'omniprésence de la publicité jusque dans les moments les plus privés de nos existences, de l'aggravation sans cesse plus manifeste des déséquilibres environnementaux, c'est penser en termes de « communs ». C'est développer une approche citoyenne et innovante pour protéger et développer notre richesse sociale partagée et lui interdire d'être captée par des intérêts commerciaux dont la volonté est de la transformer en richesse privée sous forme de marchandises appropriées exclusivement par des propriétaires autoproclamés. Comme l'indique le titre de l'ouvrage de David Bollier, *Vol silencieux*, notre ignorance des communs rend possible « le pillage privé de notre richesse commune ». C'est principalement avec le mouvement dit des « *enclosure*s » en Angleterre, à la fin de la période médiévale, que la notion de « communs » a pris toute sa force : en termes clairs, les domaines qui étaient traditionnellement exploités en commun par les villageois (pâturages, forêts, gibier, eau...) ont été déclarés propriété privée par le roi, l'aristocratie et la petite noblesse terrienne. Les *enclosures* ont poursuivi deux objectifs : accaparer les ressources avec l'approbation de la loi et amorcer une mutation idéologique ouvrant le champ libre à l'extension physique et symbolique du marché. En s'attaquant aux communautés, à leurs pratiques et à leurs traditions, les *enclosures* entendent convertir un système de gestion collective et de mutualité sociale en un ordre de marché organisant la propriété privée, les prix, les rapports mercantiles et le consumérisme. Il faut s'arrêter sur cette pratique des *enclosures*, en premier lieu parce qu'elle n'est pas un phénomène isolé historiquement - les *enclosures* durent toujours - et en second lieu parce qu'elle est l'acte de naissance de la société libérale moderne où l'État et le marché œuvrent de concert.

La propagation des enclosures dans les campagnes anglaises a créé les plus grandes difficultés aux populations paysannes qui dépendaient du bois pour leur feu et leur chaume et des glands pour nourrir leurs cochons. Les champs partagés en commun pour la culture des légumes, les prairies ouvertes à tous pour récolter des fruits ou des baies constituaient le socle de l'économie villageoise. C'est la fermeture de ces espaces communs qui a provoqué la longue et durable migration des paysans vers les villes. Transformer ces paysans organisés collectivement en salariés et en consommateurs individualisés, tel a été l'objectif de la révolution industrielle. Les enclosures ont privé les populations du contact direct avec la nature et leur ont imposé un isolement social et spirituel. En un siècle et demi, de 1700 à 1850, c'est 15 % des terres communes anglaises qui furent ainsi privatisées avec les conséquences les plus désastreuses en termes d'inégalité et de pauvreté urbaine. Promouvoir une société de marché c'est développer l'individualisme et la propriété privée : les « communs » n'y ont pas leur place. On sait que Karl Polanyi s'est particulièrement attaché à l'analyse de ce moment historique qui, avec les enclosures, signe la fin des communs et l'avènement des marchés. Polanyi explique dans *La Grande Transformation* que les systèmes économiques étaient anciennement fondés sur des systèmes de réciprocité, de redistribution ou d'économie domestique ; avec la propagation des enclosures, la production matérielle des biens et les profits générés devinrent les principes centraux d'organisation des sociétés. Tout devient marchandise, « marchandise fictive » selon Polanyi car tout doit devenir objet d'achat et de vente : eau, nourriture, carburant, bois, et plus généralement toutes les ressources de base doivent être acquises désormais sur un marché à partir d'un prix déterminé. Les enclosures sont, pour Polanyi, « la révolution des riches contre les pauvres », l'ordre social est bouleversé et l'économie de marché impose sa logique à la nature, au travail et à la vie sociale : tout a un prix.

Penser que les enclosures sont un vestige du passé, une scorie médiévale sans signification aujourd'hui, est une complète erreur. Les enclosures ont, bien au contraire, proliféré, tant géographiquement que par le type d'institutions concernées. Géographiquement ce sont des millions d'hectares de terres qui sont cédés en Afrique, en Asie ou en Amérique latine, par des fonctionnaires gouvernementaux soucieux de générer des revenus fiscaux (et accessoirement de toucher de substantielles commissions) au mépris des « droits d'usage coutumiers » des populations vivant sur ces terres depuis des temps immémoriaux. Les acquéreurs (Arabie Saoudite, Inde, Chine, Corée du Sud...) exploitent les terres pour produire des agrocarburants ou des cultures commerciales destinées à l'exportation : ils s'installent avec d'autant plus de facilité que les habitants des terres ne disposent pas de titres officiels sur leurs terres. Les conséquences sociales des accaparements des terres sont immédiates : abus écologique, communauté décimée, insécurité alimentaire et migration vers les villes afin de tenter de trouver des emplois et de la nourriture. Pillage des terres communautaires, vente à des acteurs privés du patrimoine public à des prix défiant toute concurrence, triste situation se parant pourtant des atours de la loi. Ce qui vient d'être évoqué pour la terre se décline dans les mêmes termes pour l'eau. Ne retenons que l'exemple célèbre de la Bolivie où, en 2000, ont commencé les « guerres de l'eau ». Après de longues luttes, les populations de Cochabamba ont imposé l'annulation du contrat conclu par la ville avec la société Bechtel pour la privatisation du service de l'eau. Plus généralement, les firmes multinationales de la boisson s'approprient les ressources d'eau souterraine dans le monde pour la mettre en bouteille alors que le coût des réseaux d'eau publique est de l'ordre de 1 à 1 000 par rapport au coût d'une bouteille d'eau de marque !

En matière alimentaire, la menace contre les ressources communes, en particulier la biodiversité naturelle, est patente et pas uniquement dans les pays les moins développés. David Bollier mentionne l'enclosure des pommes aux États-Unis dont on comptait plus de 6 500 variétés il y a un siècle et qui se résume aujourd'hui à onze variétés pour 90 % de la production dont la moitié pour la seule Red Delicious. Le même phénomène se constate pour la banane avec 99 % des exportations pour la variété Cavendish. Pommes, bananes, mais surtout l'uniformisation et la mauvaise qualité en même temps que la disparition des traditions gastronomiques locales : certes les mouvements des « locavores » promeuvent la diversité alimentaire et les circuits courts (*Slow Food*, Amap, agriculture biologique…) mais les efforts sont importants pour qu'une prise de conscience émerge sur la nécessité de la biodiversité génétique en tant qu'assurance écologique.

Des formes plus insidieuses, mais conformes au modèle du marché capitaliste, apparaissent à présent avec la financiarisation des ressources naturelles. Comment fonctionne, en effet, l'économie capitaliste : elle utilise des actifs dont elle détecte et développe le potentiel de génération de richesse : un actif doit produire des flux de liquidités, de façon régulière, pérenne afin d'accumuler des profits et complémentairement de générer des plus-values sur la valeur de l'actif. Les ressources naturelles lorsqu'elles ne sont pas exploitées, au sens capitalistique, sont inutiles : elles ne génèrent pas de revenus. Or, pour le capitalisme, toute ressource naturelle a vocation à devenir un actif pouvant être monétisé et susceptible de produire des profits pour ses propriétaires. Ainsi les ressources naturelles ne sont plus, dans cette optique, la condition de l'équilibre des écosystèmes locaux mais le substrat à partir duquel les investisseurs vont pouvoir engranger des profits réguliers. On privatise des forêts communales pour constituer des réserves écologiques permettant l'accumulation de « crédit carbone » et on développe des « dérivés climatiques » permettant des spéculations sur les épisodes météorologiques (un marché de 45 milliards de dollars, multiplié par cinq en un an, est déjà en place depuis 2006). Des instruments financiers sont mis en place par des *hedge funds* pour titriser les revenus générés par des systèmes naturels renouvelables comme l'eau, le bois récoltable et les stocks de poissons. Un marché à terme de *futures* se met en place pour l'eau sur le modèle de celui du pétrole. Les gouvernements cèdent leurs ressources (eau, forêts, poissons…) pour compenser les pertes de leurs bases fiscales, le plus souvent issues de politiques fiscales désastreuses en faveur des plus fortunés (particuliers ou entreprises, notamment multinationales). On frémit de penser à un marché global intégré de l'eau (non encore réalisé mais parfaitement envisageable dans les conditions actuelles du rapport de force entre les firmes multinationales et les gouvernements des pays concernés), car la politique des investisseurs sera d'augmenter le prix de l'eau pour obtenir les marges les plus confortables comme cela a été tenté à Cochabamba avec des hausses de tarifs de 50 % : c'est le sort des écosystèmes locaux qui devient extrêmement problématique.

Ce qu'il faut dire avec netteté, sans être banalement taxé de pessimisme, c'est que l'industrie financière, pointe avancée du capitalisme mondialisé, développe ses projets sans état d'âme et sans frein. La logique est de remplacer les financements publics, encore actifs dans certaines régions du monde, pour implanter des équipements d'infrastructure ou d'extraction financés par des investisseurs privés. Le capitalisme mondialisé, porté par les firmes multinationales et les fonds d'investissement, ne fait qu'une bouchée de structures gouvernementales faibles, sans moyens et souvent corrompues. Les marchés financiers entendent inscrire dans leur sphère les marchandises qui concernent l'alimentation, l'électricité, la terre, les métaux, les forêts et les autres ressources mais ils agissent également pour que ces ressources quittent une approche politique, sociale et écologique pour n'être plus que des actifs financiers relevant d'une cotation et d'un marché dont l'objet premier est la spéculation. Les exemples sont nombreux qui illustrent ce champ institutionnel, social ou culturel, laminé par la marchandisation. Mentionnons-en quelques-uns. Les marques commerciales envahissent les espaces publics et la pratique du *naming*, droit de nommer les lieux (souvent des stades sportifs), se développe. En matière de savoir et de culture, les *copyrights* voient leur durée d'existence prolongée tandis que la loi américaine a ouvert la voie au brevetage des bactéries, des gènes, des tissus vivants et des formes de vie naturelles ou génétiquement construites. Les infrastructures sont particulièrement visées car elles permettent à une entreprise de s'assurer des revenus confortables et récurrents. Les autoroutes, les aéroports, les ponts, les systèmes de télécommunications, internet lui-même, sont en ligne de mire car les infrastructures combinent tout que le capitalisme préfère : un profit sans risque, récurrent et régulier, affranchi de la concurrence.

Avec Michael Sandel, dont nous avons déjà mentionné l’ouvrage, on serait tenté d'affirmer que tout, même la conscience du consommateur, est aujourd'hui à vendre et qu'il n'y a plus de limite à un marché tout-puissant. C'est tout simplement la pâte sociale qui se dissout sous les coups de boutoir de la marchandisation, de la quantification et du profit donnant rétrospectivement raison à Margaret Thatcher : il n’y a pas de société mais un marché complet, dominant et liquide assurant les transactions qui, seules, intéressent les consommateurs et les entreprises qui leur proposent les biens et les services. Une telle formulation simpliste, prétentieuse et inculte aurait, il y a encore quelques temps, discrédité son locuteur mais l'époque actuelle, portée par la fièvre de justification et de légitimation de l'ordre économique existant, ne recule plus devant aucune vulgarité, ni sottise : c'est bien de cela qu'il s'agit au fond, la digestion progressive de tout ce qui constitue une société, une culture, une civilisation par un monstre vorace consacré à l'accumulation des profits.

CHAPITRE I : Quelques repères pour expliquer l'avènement du capitalisme

Le procès intenté au capitalisme en tant que chrématistique (recherche du profit pour lui-même) développe l'idée générale que le capitalisme est une anticivilisation ou un antihumanisme, c'est-à-dire un type de civilisation intrinsèquement pervertie, parce que l'homme ne peut pas ne pas y être dénaturé.
Jean Baechler, *Le capitalisme*

Deux réalités majeures adviennent à la charnière des XVIIIème et XIXème siècles en Europe : la démocratie représentative dans l'ordre politique et le capitalisme dans l'ordre économique. Pourquoi ? Pourquoi ce surgissement contingent au sein d'un monde monarchique et aristocratique s'appuyant sur la religion, l'autorité et la tradition et contenant l'ordre économique comme une dimension subalterne, « encastrée » dans la pâte sociale. Comment le capitalisme a-t-il pu advenir ? Quel fond anthropologique, religieux, technique l'a-t-il rendu possible ? Nous proposons dans ce chapitre de formuler quelques considérations générales permettant de mieux situer l'individu contemporain baignant dans l'univers capitaliste. Nous retiendrons trois repères, celui de la néoténie humaine et de son impact sur la culture, celui de la religion, notamment appréhendé par Pascal Boyer et celui du chiffre et du calcul avec les apports, notamment, de Pythagore et de Luca Pacioli.

Néoténie et culture

Un détour par quelques considérations sur l'espèce humaine et sa singularité biologique peut être précieux pour formuler des hypothèses plausibles sur l'individu contemporain baignant dans l'univers capitaliste. À la différence des autres espèces, l'être humain nait avant terme. Il nait inachevé, non fini. L'être humain est celui qui nait trop tôt. Dès les années 1930, Jacques Lacan défend la thèse « d'une prématuration spécifique de la naissance chez l'homme » en utilisant les travaux d'anatomie de l'époque et, en particulier, Louis Bolk pour qui « l'homme est, du point de vue corporel, un fœtus de primate parvenu à maturité sexuelle ». Desmond Morris (*Le Singe nu*) et Konrad Lorenz (*Trois essais sur le comportement humain*) prolongent cette réflexion en insistant sur l'extrême vulnérabilité des petits humains et sur le long processus de socialisation nécessaire. Dany-Robert Dufour, pour sa part, va plus loin : c'est parce que nous sommes inachevés (non finis) que nous avons besoin de culture pour parachever notre développement, à la différence des animaux pour lesquels la programmation instinctuelle suffit. On peut affirmer que l'être humain est culturel, par nature en quelque sorte, et que sa nature véritable est de ne pas en avoir : sa véritable nature lui est donnée par la culture. Ainsi l'être humain poursuit-il inlassablement sa quête d'achèvement ontologique mais sans jamais l'atteindre : le néotène est celui dont la nature lui échappe toujours, celui que le manque originel oblige à se réinventer sans cesse. La destinée humaine porte dès lors le dépassement de soi comme une exigence, ce qui implique autrui ou un tiers pour combler le manque premier : qui, mieux que Dieu, est en mesure de produire le récit permettant de donner la direction et de combler le vide originel ; on peut raisonnablement penser que les productions de l'humanité, qu'elles soient artistiques, religieuses ou philosophiques visent à combler un manque premier et à proposer une démarche. C'est ainsi que la pensée humaine se déploie, en tant qu'instance fondatrice du rapport à soi et aux autres, sous l'égide d'un tiers qui lui donne son sens : c'est la pensée trinitaire qui implique un Autre indispensable au fonctionnement des sociétés. C'est cette pensée trinitaire que Dany-Robert Dufour voit progressivement disparaître depuis quelques décennies. Pour lui, les sociétés humaines sont menacées dans leur fondement trinitaire avec l'avènement d'une pensée de la binarité ouverte avec la postmodernité par le structuralisme et la cybernétique. Le principe de dépassement de soi que sous-tend la pensée trinitaire devient caduc, je n'ai plus besoin d'une instance tierce qui me dépasse pour accéder à moi-même comme à autrui, ni d'atteindre ce qui me transcende, la fiction d'un dieu créateur ou d'un grand projet salvateur pour agir se dissipe puisque l'efficacité machinique et informatique permet des relations binaires qui sont, à elles-mêmes, leur propre finalité. La disparition de l'humain peut, dès lors, s'envisager : au lieu d'un être humain porté à son amélioration permanente, une configuration nouvelle apparaît avec un univers unidimensionnel où seul l'ego fantasme sa toute-puissance ; l'ego est à la fois une instance première et une instance dernière, une fin en soi comme le projet transhumaniste le manifeste explicitement avec notamment Ray Kurzweil, désormais « gourou » chez Google.

Ce que les sociétés anciennes ont toujours redouté et qu'elles ont combattu ardemment avec leurs fictions stabilisantes, ce sont les pulsions qui menacent directement l'architecture des sociétés. La plus importante est la pulsion d'accaparement, le désir d'avoir toujours plus, la pléonexie (littéralement le plus-avoir). Il faut limiter l'appât du bien, l' « hubris » et empêcher la « chrématistique » (Baechler), soit la recherche du profit pour le profit et non pour le projet qui le permet. Ce qu'autorise et favorise le projet libéral, à rebours de l'ancienne morale antipléonexique, c'est la libération des pulsions, à commencer par la pulsion libidinale sommée de s'exprimer par le marché. C'est toute une réorganisation de la psyché contemporaine. En effet, la névrose, produit d'une culpabilité pulsionnelle refoulée et sublimée, tend à disparaître au profit de la perversion rejetant la loi des hommes et de la société. La névrose autoritaire s'efface devant la perversion libérale, la modernité laisse libre cours aux pulsions jadis les plus fustigées et produit une véritable inversion des valeurs contemporaines. Bernard Mandeville (*La Fable des abeilles*, 1704) occupe une place décisive dans ce basculement en proclamant que les vices privés font les vertus publiques : « soyez aussi avides, égoïstes, dépensiers pour votre plaisir que vous pourrez l'être, car ainsi vous ferez le mieux que vous puissiez faire pour la prospérité de votre nation et le bonheur de vos concitoyens ».

Tout ce qui avait fait tenir les sociétés humaines se volatilise avec la libération revendiquée des pulsions, mais cette « libération » s'effectue au nom d'un nouvel enfermement dans l'individualisme primaire qui ne retient que le soi consommateur dont se nourrit le marché. C'est la possibilité même des limites qui est récusée, car signe d'une répression inique et indue. Rien ne peut faire barrage au déferlement de l'ego, saturé de pulsions et volatilisant les frontières : le pléonexe préfère détruire le monde que de renoncer à l'illimitation. La néoténie humaine est, pour le libéralisme, un terrain d'expérimentation précieux. Que cherche, en effet, le capitalisme en tant que système économique inscrit dans un projet politique démocratique et libéral : que les individus soient libres, affranchis des tutelles de la tradition et du carcan des valeurs collectives ; qu'ils puissent se réaliser et satisfaire leurs désirs en consommant ce qui doit leur apporter des satisfactions. Mais c'est là que se situe le problème : l'individu non fini, structuré par le manque, ne peut trouver de satisfaction dans l'acquisition continue d'objets. C'est même cette acquisition compulsive qui lui révèle les symptômes de son manque. La culture est le seul horizon envisageable pour l'être humain, elle lui est nécessaire, consubstantielle, pour accompagner son parcours existentiel. En réduisant l'homme à son potentiel de consommation (à sa *life time value*) en ne lui assignant comme seule perspective qu'une pratique répétitive, continue et boulimique de consommation, le capitalisme produit anthropologiquement l'humain dont il a besoin pour ses desseins rentiers mais, en même temps, il l'installe dans l'insatisfaction durable. Là est le paradoxe : l'homme inachevé ne peut accepter son destin que grâce à la culture ; or, c'est précisément ce que le capitalisme détruit car il a besoin d'une axiologie neutre où seule compte la pulsion acquisitive. C'est bien une pratique pulsionnelle, addictive, qui se développe dans nos sociétés modernes pour le plus grand bien du modèle consumériste mais sur fond de vide existentiel et de dépression pour les populations.

Deux références permettent d'illustrer ce modèle consumériste addictif, lénifiant et anesthésiant : les guerres de l'opium et le *tittytainment*.

Les guerres de l'opium, guerres commerciales opposant la Chine de la dynastie Quing au Royaume-Uni rejoint ensuite par la France, les États-Unis et la Russie, aboutirent à une défaite de la Chine, contrainte d'autoriser sur son territoire le commerce de l'opium, de signer des traités inégaux et d'ouvrir son commerce ; la conséquence sociétale, au-delà des enjeux économiques et politiques, fut le développement des fumeries d'opium annonçant une humanité « zombie ».

Le terme de *tittytainment* a été utilisé pour la première fois, le 27 septembre 1995, à l'hôtel Fairmont de San Francisco lors d'une rencontre des « grands de la terre » (Gorbatchev, Bush, Thatcher, Gates...) organisée par l'ancien conseiller du président américain Jimmy Carter, Zbigniew Brzezinski. Partant du constat, partagé par l'aréopage éminent de l'assistance, que le nouveau millénaire n'aura besoin que de 20 % de la population active pour faire tourner l'économie mondiale, Brzezinski s'interroge sur le sort des 80 % restants qu'il faudra occuper pour éviter leur révolte. Il propose d'endormir la masse de la population en recourant au *tittytainment* (*tit*, le sein maternel, apaisant, et *entertainment* le divertissement), cocktail formé d'aliments, de boissons et de loisirs divers afin de convaincre les individus que la situation actuelle ne peut être modifiée et que le mieux à faire est de se distraire. Dans la droite ligne de l'idéologie libérale, il faut affirmer que la situation économique du monde actuel n'est que le développement naturel de l'homme et non la création d'un système servant les intérêts d'une oligarchie. « La propagande est à la démocratie ce que la matraque est à la dictature », dit Noam Chomsky. Le *tittytainment* a le mérite, rare, d'exprimer sans retenue le programme de l'oligarchie régnante, occuper les populations par une addiction puissante et anesthésiante, mais elle ne règle pas la question de la solvabilité des populations en déshérence, sans perspective et sans projet. En filigrane, une question cruciale : va-t-on vers une démission définitive ou une résistance farouche de classes moyennes mises hors-jeu du fonctionnement social.

Religion

Le sociologue Pascal Boyer (*Et l'homme créa les dieux*) propose des explications sur le fait religieux et son importance explicative pour les sociétés modernes. À la différence de Freud, pour qui la névrose obsessionnelle est l'essence de la religion, Boyer considère qu'aujourd'hui des réponses peuvent être apportées par la psychologie cognitive, l'anthropologie, la linguistique et la biologie de l'évolution. Réconforter les humains, justifier les phénomènes naturels et mentaux mystérieux, fonder une morale au prix parfois d'explications illusoires (il est plus difficile de réfuter que de croire), la religion est sans doute tout cela. Ce qui intéresse Boyer, c'est que ce qui se passe dans notre cerveau ne peut être limité à de la pensée consciente et à du raisonnement. L'homme est un animal social, nous ne sommes pas un assemblage hétérogène d'individus mis en groupe, contraints de débrouiller les problèmes que cela soulève. Nous possédons un équipement mental composé à la fois d'émotions et de façons de penser particulières : cet équipement mental est conçu pour la vie en société. Boyer l'appelle l'intelligence sociale ou l'esprit social : pour lui, la religion émerge de la sélection des concepts et de la sélection des souvenirs.

L'information est inférée d'un contexte qui permet la création de concepts à partir d'un schéma initial. Ce qu'il constate systématiquement dans les concepts religieux, ce sont des combinaisons particulières entre des représentations mentales respectant deux conditions : d'une part l'adoption de prédictions contraires aux catégories ontologiques générales (une vierge devient mère, un Dieu se fait homme…), d'autre part la préservation de la plupart des catégories ontologiques acceptées. Il se produit un hiatus, une syncope puisque certains concepts religieux incluent des informations contraires aux attentes « logiques » tandis que d'autres s'y conforment. Le point majeur de sa réflexion pour la compréhension de nos sociétés modernes, en phase d'ailleurs avec la tradition sociologique, est que l'homme ne fait sens qu'inscrit dans une structure sociale qui l'englobe, le contient et lui permet de se réaliser. La vie en société, quelle que soit sa forme particulière, est ce qui permet à cette alchimie subtile d'émotions et de pensées de développer une histoire. Il n'y a pas d'homme seul, tel Robinson sur son île déserte, et l'homo economicus produit par le libéralisme, pour fonder les choix rationnels d'un individu cherchant à optimiser sa satisfaction de producteur via le profit ou de consommateur via la satisfaction de ses besoins, doit être reconnu pour ce qu'il est : une pure fiction dont le système politico-économique a besoin pour valider son modèle de fonctionnement et sa supposée naturalité.

Le travail de Boyer sur la religion doit, pour nous, s'élargir aux représentations collectives que l'histoire nous permet de colliger. Par-delà les situations très différentes des sociétés s'étant déployées avant l'économie de marché capitaliste, une constante apparaît : le recours à un grand Autre, un Sujet structurant, se situant, par rapport au social à un niveau supérieur, un principe d'explication de la réalité. Ce métaniveau c'est Dieu, les dieux, les esprits, les ancêtres… et le relais effectif est le Roi ou les instances politico-religieuses qui assurent la jonction entre les sphères terrestres et célestes (… « Un roi chantait en bas, en haut mourait un Dieu » dit Victor Hugo dans *Booz endormi*). C'est la pensée trinitaire : il n'y a pas de société possible sans un Autre qui la domine, la subsume et la fonde. Ce grand Autre est indispensable à la cohésion, au ciment social et c'est pourquoi le libéralisme tente de relayer le religieux, aujourd'hui en déshérence sociale, par une instance qui disposerait de son caractère absolu et indiscutable : le Marché. Sauf que cela ne marche pas ou, plus exactement, pas comme l'acceptation d'un système religieux par des croyants. Ce qui fait qu'une religion est agissante, est reconnue et pratiquée par une population, c'est qu'elle est à la fois une instance explicative de l'ordre du monde pour les fidèles et une instance morale définissant les rapports entre les êtres sous l'égide du grand Tiers qu'est Dieu : connaissance et action, raison et éthique, tels sont les axes de déploiement du religieux. Le marché, entendu comme le marché capitaliste et non comme le simple lieu de l'échange, a bien comme objectif de constituer un principe explicatif de l'ensemble du système social mais ce principe souffre d'un vice constitutif : il n'appréhende que la dimension instrumentale du monde, la possibilité d'une calculabilité générale et infinie permettant d'apprécier l'activité (la croissance... attendue comme Godot chez Beckett) et l'accumulation de la rente mais en aucun cas la dimension expressive, celle qui renvoie aux valeurs, aux émotions, à l'ethos puisque l'économie de marché capitaliste fait précisément de l'absorption des valeurs son objectif afin que rien ne vienne freiner l'accumulation des richesses. Le marché donc, le « divin » marché, mais pour une société qui ne requiert qu'une dimension technique, chiffrée et calculatrice. Or, l'homme, animal social par excellence, ne peut durablement se contenter de n'être que l'instrument passif d'un processus abstrait qui l'ignore en l'utilisant. Certes, on peut développer des addictions, organiser le marché pour que la satisfaction œuvre puissamment en faveur de la consommation des produits. À cet égard, le Système a bien compris le parti qu'il pouvait tirer de la néoténie humaine : cet humain inachevé, né trop tôt, est une cible parfaite pour des satisfactions acquisitives illusoires mais renouvelées. Le manque à être se convertit facilement en manque à avoir (« la mauvaise monnaie chasse la bonne » dit la loi de Gresham) et la consommation opère comme un baume sur une plaie qu'elle ne calme que provisoirement et jamais pleinement.

Le Marché ne peut relayer les grands sujets de jadis (Dieux, Rois, Sages…). Il dispose d'une population reconfigurée anthropologiquement autour de la disparition des valeurs collectives et doit l'investir dans la satisfaction compulsive de l'avoir sous forme de biens à consommer ou à conserver par la thésaurisation.

Conséquences

Il est une interrogation taraudante pour la pensée moderne : celle qui prend acte d'un basculement décisif et apparemment inéluctable à la sortie de l'ancien régime et des sociétés organisées autour de la tradition religieuse, monarchique et aristocratique. On ne peut pas ne pas s'interroger sur cette occasion manquée et sur les raisons de cet échec. Les peuples s'émancipent de systèmes autoritaires, parfois tyranniques, ils tracent les conditions d'une voie démocratique noblement illustrée par le triptyque liberté-égalité-fraternité mais ils sont repris par un mécanisme économique, politique et anthropologique qui les domine et les assujettit à nouveau. Pourquoi ?

Le détour que nous proposons pour mieux approcher le fond anthropologique de l'humanité peut nous y aider. La plasticité humaine, sa puissance d'action et de pensée, sa capacité à innover et construire mais aussi à conserver, résister et reconfigurer, tous ces facteurs sont des atouts pour un système dont la logique postule un humain libre et souverain, gestionnaire attentif et scrupuleux de ce qu'il considère être son désir et son choix. Le capitalisme ne pouvait advenir dans les sociétés antérieures à la période moderne pour la simple raison que la personnalité restait inscrite dans les schémas de la tradition impliquant des liens de type religieux et social. Le « néotène » d'hier trouvait dans la religion les réponses à ses interrogations et dans la culture le cadre des valeurs et des pratiques de sa société. En clair, il était inscrit dans un ensemble qui formait un tout, certes divisé, traversé de conflits et d'oppositions, mais dont l'unité idéologique procédait d'un garant externe à la société dont le caractère était religieux. Quelque chose d'externe, de métaphysique, apportait le sens et le projet. Les humains n'étaient pas livrés à eux-mêmes mais contenus, organisés et conduits par des élites assurant la courroie cognitive et opérationnelle entre le monde prosaïque et quotidien et les forces mystérieuses, d'ordre surnaturel, agissant pour les humains. Ce qui tombe avec la tradition, ce qui bascule avec l'entrée dans un monde laïcisé, c'est la réponse sociale à l'inachèvement humain : un réseau dense de représentations religieuses et culturelles permettait à la société de trouver une unité par-delà les inégalités de statuts et de conditions. Ce qui s'est ouvert à ce moment a été proprement vertigineux pour les humains de l'époque, la lecture attentive de la révolution française en atteste grandement : comment se penser, se fonder, s'autoriser de sa pleine puissance sans le roi et sans la religion ? Le recours, à titre de simple exemple, à l'Être suprême témoigne des affres et des incertitudes des acteurs de la révolution et, en particulier, de Robespierre.

On pense souvent l'émancipation, conformément à sa construction sémantique, comme un processus d'affranchissement d'une servitude, d'une tutelle ou d'une sujétion ; on oublie généralement que la sortie d'une condition servile, que l'affranchissement laisse démuni l'individu ou le collectif qui est à l'origine de cette action. C'est bien pourquoi les mouvements d'émancipation portent des espérances puissantes mais s'accompagnent souvent de cortèges de doutes, de régressions et d'échecs. Penser l'émancipation est simple, penser un état nouveau dont on dispose de la maîtrise l'est beaucoup moins. C'est ainsi que la modernité, ouverte par les révolutions française et américaine de la fin du XVIIIème siècle, a remanié le socle anthropologique et culturel en relayant les grands récits et les grands Sujets de la tradition par une instance nouvelle habilement présentée comme neutre, objective et nécessaire au fonctionnement de la société. Il n'y a plus de dieux, plus de rois, plus de despotes décidant du sort et du destin des populations mais il y a une instance nouvelle qui doit fixer le cap pour les sociétés : cette instance, c'est l'économie, la recherche des biens permettant la consommation et la thésaurisation. Pour que son fonctionnement soit optimal, l'économie doit recourir au marché, entendu à la fois comme le lieu de l'échange et le lieu de l'accumulation. Le marché, redéfini par le capitalisme, ne se limite plus à sa dimension instrumentale de lieu de l'échange pour les biens les plus variés venant des lieux les plus divers, il devient à lui-même sa propre finalité. Il permet et concrétise l'accumulation de la richesse : il est le lieu de la génération et de l'accumulation du profit. Il s'affirme en même temps que le système axiologique s'effondre, il a besoin des valeurs pour s'établir, pour qu'un cadre de civilité, de *common decency* assure la loyauté des échanges mais il n'en a plus besoin pour perdurer, les valeurs constituant pour lui un obstacle puisqu'elles nuisent à la consommation. C'est donc un humain démuni, « un singe nu », qui sort de la chrysalide de la tradition sans disposer de l'armature de son émancipation et qui accepte un nouvel assujettissement : hésitant à formuler et promouvoir les conditions politiques et sociales de son autonomie, il devient la proie facile d'un système qui va postuler sa liberté et sa prééminence pour mieux l'inscrire dans une stricte instrumentalité consumériste : « consomme et tais-toi ».

Le chiffre et le calcul

Nos sociétés relèvent d'un marché mondial. Tout est marché désormais et la variable financière, puissamment appuyée par la technologie, est l'instance décisive permettant de traduire les activités et leurs résultats. Tout est marché, tous les acteurs sont en concurrence et c'est l'argent qui est la sanction recherchée.

Dans ce paysage, aujourd'hui indiscutable, le chiffre, la quantification, le calcul prend une importance centrale qu'on ne rencontre dans aucune société antérieure. À l'exception de quelques sociétés archaïques ou primitives, les sociétés humaines manient depuis longtemps la quantification et s'en servent pour les rythmes de la vie quotidienne et pour les transactions monétaires. Il faut pourtant remarquer que le nombre n'a pas valeur universelle : les Pirahäs d'Amérique latine l'ignorent et disposent d'une vaste palette pour signifier l'abondance ou la rareté, l'intensité ou la fadeur, la force ou la douceur sans d'ailleurs dichotomiser ces notions. Il faut également remarquer combien l'appréciation du temps, par exemple dans l'ordre de la vie quotidienne, s'est progressivement transformée dans les sociétés agraires occidentales. Pour ne prendre qu'un exemple, l'aube, le crépuscule ou le zénith constituaient des propositions suffisamment claires pour ne pas nécessiter une mesure abstraite issue de paramètres extérieurs à la vie des champs il y a quelques siècles. Ce n'est pas l'objet de reprendre ici la lente construction d'une assignation à des temps, spécifiés, valorisés et mesurés que l'industrie, en particulier, a réclamé pour son processus de normalisation et de standardisation.

Ce qu'il faut analyser, dans nos sociétés mondialisées, financiarisées et numérisées c'est le sens des liens existant entre capitalisme, finance et nombre. Pourquoi la quantification se généralise-t-elle, pourquoi s'autonomise-t-elle, pourquoi ce qui était instrumental devient à lui-même sa propre finalité et se met à tourner en boucle ? Quel principe fondateur est à l'œuvre dans ce mouvement d'abstraction, de standardisation et d'homogénéisation ? Faut-il penser le chiffre et son cortège normatif et institutionnel dans les termes du religieux ?

On peut sommairement et volontairement, à grands traits, situer trois temps dans l'histoire des sociétés.

Dans un premier temps, des sociétés diverses se fondent et se développent à partir d'une symbolique qu'elles installent, qu'elles « bricolent » au sens de Lévi-Strauss. Elles définissent un comment vivre pour des humains organisés collectivement dans le rapport à ce qui les dépasse… Dieu ou les dieux. Dans leur volonté de construire une « bonne société », elles procèdent toutes, par des cheminements différents, à la distinction du sujet (l'humain, le citoyen inscrit dans la structure sociale) et de l'objet qui doit servir le sujet et lui procurer des satisfactions pour ses désirs et ses projets. Instrumental par définition, l'objet apporte au sujet, par exemple dans l'ordre économique que chaque société appréhende à un moment de son histoire, les biens et les richesses qu'il désire acquérir et dont il souhaite jouir. Des marchés se constituent pour permettre ces échanges comme le bazar oriental ou le marché confucéen de la Chine ancienne.

Dans un deuxième temps, la société occidentale, installant le capitalisme en même temps que la démocratie, permet à l'objet de s'autonomiser, de s'abstraire : le marché des biens, des marchandises, devient la référence ; la pensée se fait calculante.

Dans un troisième temps, c'est l'homme lui-même qui s'objective, qui se considère comme une chose, comme l'objet d'un calcul. Ce qui le constitue, matériellement comme moralement, doit se convertir en argent, la dette comme le péché. Ce que nous vivons depuis trois siècles n'est qu'un long processus, s'accélérant depuis quelques décennies, de laïcisation et de marchandisation ; c'est à la fois la sortie du religieux et son recyclage sous une forme marchande. Affronté à l'impossibilité de se fonder lui-même, l'homme « invente » le métasocial dont il a besoin et le système symbolique d'organisation incluant en particulier le pouvoir. Avec la laïcisation, les mythologies tombent en déshérence, les dieux disparaissent et le chiffre s'impose comme signifiant nouveau et explicatif. Le triomphe du nombre, du chiffre, du calcul, vient de sa puissance ainsi que le numérique en atteste aujourd'hui. Il vient aussi de son objectivité et de sa neutralité apparente, le chiffre est vérifiable, il dispose d'instruments de preuves simples et jugés indiscutables. Il est clair qu'il s'agit, en fait, d'une nouvelle idéologie. Avant de la développer, reprenons les interrogations anciennes sur le nombre telles que les philosophies, les religions ou les sagesses les ont proposées et arrêtons-nous sur deux figures majeures, celle de Pythagore et celle de Luca Pacioli.

Pythagore

Tout est nombre dit Pythagore, les choses sont des nombres et les nombres sont les premiers principes de la nature. Arithmétique et géométrie sont liées puisque les nombres expriment aussi les figures (le point, la ligne, le plan, le volume). Dix, le nombre complet, est la somme des quatre premiers nombres, soit la somme des quatre états correspondant aux figures géométriques mentionnées ci-dessus : un (le point) + deux (la ligne) + trois (le plan, le triangle) + quatre (le volume, la pyramide). Le nombre exprime la nature, il ne s'en affranchit pas. L'arithmétique développe une mathématique démonstrative, mais également religieuse, elle propose une pluralité ordonnée, structurée numériquement. La musique bénéficie de la découverte par Pythagore des lois de l'harmonique : il existe une relation entre la longueur d'une corde vibrante et la hauteur du son qu'elle émet, le son est mathématique. La géométrie recourt au calcul pour apprécier les proportions, ce qui ouvre au théorème célèbre et au nombre d'or, la divine proportion : cette divine proportion est atteinte quand la longueur d'un segment (A+ B) est au plus grand segment (A) comme ce dernier est au plus petit (B), donc quand (A+B)/A = A/B. L'astronomie est un ordre (cosmos) pour Pythagore qui affirme, avec Parménide, la sphéricité de la terre bien avant Copernic. Ce qui deviendra au Moyen Âge le quadrivium est déjà en place : l'arithmétique, la musique (l'arithmétique sensible), la géométrie et l'astronomie (la géométrie sensible). Le nombre donc mais comme principe explicatif de la nature, de l'ordre du monde là où d'autres philosophes recourent à un des éléments fondamentaux : l'eau, l'air, la terre ou le feu.

Luca Pacioli

Deux millénaires après Pythagore, une autre figure marquante vient inscrire le nombre, le chiffrage et le calcul dans l'histoire politique et économique. Religieux franciscain et mathématicien italien, Luca Pacioli est l'auteur d'un ouvrage majeur, *La summa de arithmetica, geometria, de proportioni et de proportionalita* publiée à Venise en 1494. C'est un traité d'algèbre et de géométrie, mais c'est surtout la théorisation de la comptabilité, prenant acte de l'instauration par le pape de la personne morale. Les nombres conduisent à la comptabilité, instance de traduction de la scission des patrimoines. Il y a comptabilité, dite en partie double, parce qu'une fiction apparaît au Moyen Âge, reconnue au XIIIème siècle par la papauté : la personne morale, personne fictive, entité personnifiée, abstraction. C'est la persona, le masque de théâtre en latin archaïque : c'est une fiction, mais qui devient réalité puisque sa reconnaissance, avec les premiers développements de structures collectives, va changer le monde religieux dans un premier temps, le monde politique, social et économique ensuite.

Avec la personne morale s'ouvre une brèche décisive pour scinder les patrimoines personnels et affecter un patrimoine propre à la réalisation d'un intérêt collectif. La Rome antique avait esquissé les premiers contours d'une personne morale non encore systématisée, notamment pour les biens en indivision. Mais c'est au Moyen Âge que l'intérêt collectif trouve avec la personne morale l'instrument adapté à ses missions. L'Université relève du droit canon et du droit public ; une sorte d'économie mixte avant la lettre irrigue les secteurs de l'éducation, mais aussi de la santé avec l'hôpital public. La personne morale, entité personnifiée, s'inscrit dans l'autonomie du logos, du droit pur des sociétés modernes selon Max Weber. Elle s'exprime principalement par le contrat, essentiel en droit romain, mais aussi aujourd'hui dans le droit anglo-saxon, particulièrement américain. Acquérir ou céder des droits subjectifs, protéger des intérêts collectifs, tels sont les objectifs.

La « *persona ficta* » a ouvert le champ de la personne morale, elle permet aussi à l'époque moderne l'explosion des structures fictives et des prête-noms permettant le blanchiment d'argent et l'évasion fiscale. Comment fonctionnent ces sociétés écrans entre des bénéficiaires cachés et les activités économiques réelles ? Les sociétés écrans sont des prête-noms, nommées trusts ou fiducies en droit anglo-saxon. Elles proposent un transfert irrévocable, contrairement au mandat de droit français, de la propriété de fonds ou de biens à une autre personne (fiduciaire ou *truster*) chargée de les gérer dans l'intérêt d'un ou de plusieurs bénéficiaires. Le trust, originellement de droit anglo-saxon, n'est pas soumis à un enregistrement car il est considéré comme un simple contrat et non comme une entité juridique. La brèche est ainsi ouverte dans laquelle s'engouffrent les fiduciants et les bénéficiaires en quête d'anonymat. Le mécanisme est ainsi très recherché en matière de succession, il est, de façon plus générale et massive, le moyen privilégié pour instaurer un secret bancaire absolu. En effet, la possibilité est offerte au fiduciant de s'instituer comme le bénéficiaire de l'opération, ce qui interdit les investigations de l'administration fiscale.

Synthèse

La personne morale a lentement émergé dans le corpus juridique parallèlement à la personne physique. Destinée à protéger des intérêts collectifs, elle joue un rôle majeur historiquement pour les monastères, les universités et les institutions éducatives et de santé. Elle permet également de reconnaître des institutions de droit public. Avec le développement du capitalisme, appuyé sur l'armature contractuelle du droit anglo-saxon, la personne morale, via les sociétés écrans de type trusts ou fiducies, apporte l'instrument idoine aux paradis fiscaux et judiciaires dont se servent abondamment les firmes multinationales. Quelques repères rapides permettent de confirmer massivement cette assertion. On dénombre selon les critères retenus par différentes listes près de 200 paradis fiscaux, soit un État sur deux pour l'ensemble de la planète. Le nombre de paradis fiscaux a triplé en trente ans. Chaque année, 150 000 sociétés offshore se créent. Deux fonds alternatifs sur trois sont hébergés dans des paradis fiscaux. On dénombre 2 400 000 sociétés écrans. 50 % du commerce mondial transite par les paradis fiscaux alors qu'ils ne représentent que 3 % du PIB mondial. 50 % des prêts bancaires et 30 % des investissements directs à l'étranger (IDE) sont enregistrés dans des paradis fiscaux. La liste est interminable des facteurs illustrant l'implantation et la puissance des paradis fiscaux. Plus de 10 000 milliards de dollars d'actifs gérés déjà en 2008. Selon le réseau dénommé Pour la justice fiscale, les dix principaux paradis fiscaux, retenus à partir du degré d'opacité et du poids dans l'économie mondiale, sont, dans l'ordre décroissant, l'État du Delaware aux États-Unis, le Luxembourg, la Suisse, les îles Caïmans, la City de Londres, l'Irlande, les Bermudes, Singapour, la Belgique et Hong Kong. Les « îles à palmiers » y sont certes représentées, mais elles ne sont pas, et de loin, représentatives d'une réalité trop souvent réduite médiatiquement à une dérive exotique et provisoire que des mesures gouvernementales rigoureuses, au plan mondial, seraient en passe de corriger. Des contre-feux se sont créés tant dans l'ordre intergouvernemental que dans l'ordre des associations non-gouvernementales Ainsi, le GAFI, Groupe d'Action Financière, organisme intergouvernemental, a été créé par le G7 en 1989 pour lutter contre le blanchiment d'argent et le financement du terrorisme. Dans la même veine, la confédération d'O.N.G. Oxfam luttant sur les terrains politiques, économiques et humanitaires contre la pauvreté et l'injustice dans le monde, s'est également saisie du dossier des paradis fiscaux. Des actions existent donc au niveau mondial mais sans moyens d'investigation et surtout sans réels pouvoirs. Car les paradis fiscaux sont pleinement intégrés au système mondial de captation et de prolifération de la rente financière. Leur fonction est explicite : s'affranchir des lois et des dernières velléités réglementaires des États. Il s'agit aussi bien des lois pénales relatives aux fraudes, des lois fiscales relatives aux impôts que des réglementations bancaires relatives aux institutions et à leurs règles de fonctionnement. Le paradis fiscal est un terrain de jeu parfait pour les fonds spéculatifs… mais quels fonds aujourd'hui ne sont pas spéculatifs (même les « anciens fonds conservateurs », comme le puissant fonds Calpers, investissent désormais dans les start-ups, les technologies nouvelles et les produits les plus risqués… mais potentiellement les plus rentables) ? Ces fonds, *hedge funds* ou fonds d'investissement, disposent de la planète comme d'un échiquier ou d'un tablier de go (*goban*). Ils se jouent des lois et des réglementations promulguées par des États isolés, concurrents et généralement plus soumis que déterminés à changer une situation qui les prive de leurs derniers pouvoirs.

Sur ce sujet comme sur de nombreux autres liés à l'inexorable prolifération d'une logique financière implacable, il faut absolument faire œuvre de clarté au plan de l'analyse et de résistance au plan de l'action. Les paradis fiscaux ne sont pas une dérive, une anomalie regrettable au sein d'un système juste et vertueux. Ils sont la nécessaire traduction institutionnelle d'un fonctionnement mondial qui récuse l'ancrage des États. Ils sont l'acmé du marché souverain, ne procédant que de lui-même et n'acceptant aucune régulation, aucune réglementation car celles-ci entravent son développement exponentiel et ses perspectives illimitées de profits. Il ne faut donner aucun crédit aux propos lénifiants assurant que les gouvernements œuvrent de concert pour éradiquer les paradis fiscaux et supprimer les transactions financières délictueuses. Les « Panama papers », révélés au printemps 2016 par un consortium international de journalistes n'en sont qu'une illustration flagrante, à partir d'un seul pays, le Panama et d'une seule officine, Mossack Fonseca ! Tout le volet offshore du commerce et des transactions internationales exprime la mondialisation en marche, sa logique et son succès. Prendre sérieusement en compte l'évasion fiscale et la puissance des paradis fiscaux, gestionnaires des flux financiers de la planète, c'est s'affronter à un système dont on ne peut imaginer de l'amender dans un sens contraire à ses intérêts. Il n'y a pas d'alternative… en ce sens Margaret Thatcher avait raison. Soit on accepte le système capitaliste, aujourd'hui mondialisé, numérisé et financiarisé. Soit on le rejette parce qu'il n'est pas un projet de civilisation pour des humains inscrits dans leur environnement : dans ce cas, il faut d'abord lui résister pour contrarier sa prolifération et ensuite le changer… en inventant un monde nouveau.

CHAPITRE II : Tableau général de la logique capitaliste

Chaque chose autant qu'il est en elle
s'efforce pour persévérer dans son être.
Spinoza, *Ethique, III, proposition 6*

Le capitalisme arrive à sa fin, affirmions-nous dans un récent ouvrage. Porté par les démocraties occidentales naissantes, il a progressivement conquis la planète et absorbé dans sa sphère la totalité de la substance sociale. Construit à partir de l'imaginaire de la croissance, de la consommation et du progrès, il a généré une accumulation de marchandises à partir d'une exploitation sans frein des ressources naturelles et du travail des hommes. Pour la première fois dans l'histoire du monde, un système, le capitalisme, fonde son modèle sur l'absence de limites ; or ce sont précisément ses limites qu'il rencontre aujourd'hui. Comme les empires de jadis, il s'effondre sous le poids de sa puissance et de sa réussite. Il parvient à ses fins mais cette réussite programme sa fin inéluctable. Deux facteurs décisifs l'expliquent : le cadre contextuel naturel dans lequel s'inscrit le système économique car les ressources se raréfient tandis que l'écosystème vacille et le cadre intrinsèque au système lui-même puisqu'avec la disparition progressive du travail et son remplacement par la technologie, c'est la logique d'accumulation de la rente qui fait défaut : sans travail, il n'y a plus de solvabilité pour écouler sur le marché les biens et les services et pour dégager une demande capable d'absorber l'offre. Nous sommes bien conscients qu'affirmer sans ambages et si nettement que le capitalisme touche à sa fin (annoncer *urbi et orbi* la fin du capitalisme comme Francis Fukuyama annonçait, à la fin du siècle dernier, la fin de l'histoire) peut paraître présomptueux, téméraire et pour tout dire inepte à l'heure où la puissance et la concentration des entreprises multinationales n'ont jamais été aussi considérables et où les fortunes, qu'elles soient déclarées ou dissimulées dans les paradis fiscaux via différentes structures juridiques, aussi extravagantes et vertigineuses. Le capitalisme est aujourd'hui financiarisé et mondialisé, il a « absorbé » la nature et le travail ; il est, en outre, doté, avec le numérique, d'un outil efficace, rapide et intrusif et ne rencontre, dans le déploiement de sa domination, ni alternative constituée, ni dynamique de transformation sociale. Une explication est donc nécessaire pour comprendre et justifier l'hypothèse de la fin… fin de l'histoire ou fin du capitalisme. Quand Fukuyama formule sa thèse, si mal comprise à l'époque, il analyse le développement des sociétés modernes à travers le double prisme de la démocratie représentative et de l'économie de marché et présente cette double réalité politique et économique comme l'aboutissement d'un long processus historique. Il n'affirme pas qu'il n'existe que l'économie de marché et que tous les pays présentent des régimes politiques démocratiques mais il dégage une logique sociale qui se généralise sans exclure des exceptions ou des régressions.

Dans le cadre d'une démarche d'analyse similaire, nous développons l'hypothèse d'une articulation étroite entre démocratie et capitalisme : à la suite de Jean Baechler et de Jean-Claude Michéa, nous plaidons pour l'hypothèse d'un champ unifié dans lequel les approches politiques et économiques se soutiennent, s'articulent et se transforment. Les valeurs qui fondent la démocratie ont créé les conditions pour la naissance d'une économie de marché : elles ont rendu possible le capitalisme. Ces valeurs démocratiques ont permis le développement du capitalisme et assuré son succès. En retour, le capitalisme impacte la démocratie et en transforme les perspectives premières. L'ethos démocratique est nécessaire pour que le capitalisme puisse s'y installer mais, en s'y installant, il corrode cet ethos et le vide de sa substance pour n'en conserver que les procédures et les protocoles. Le capitalisme devient un obstacle pour une démocratie véritable, qui ne soit pas uniquement formelle. La démocratie le permet, crée les conditions de son développement mais en subit en retour les effets néfastes. Les formes sont sauves puisqu'un système politique électif, multipartite, formellement égalitaire et respectueux des droits de l'homme sert de cadre institutionnel. Pourtant, la société devient strictement marchande, la richesse est sa finalité, la rente prolifère et les inégalités se creusent. Le système se libère et s'automatise rapidement : il tourne en boucle, apparemment sans pilote, mais la réalité c'est que les marchés financiers en constituent la référence agissante. Le système économique et financier est parfaitement contrôlé par une oligarchie réduite mais puissante qui organise la prédation tant que les conditions de son exercice sont réunies. Et c'est là que notre thèse sur la fin du capitalisme se justifie. Le capitalisme n'est pas moribond, même si la succession des crises, des bulles et des plans divers... d'équilibre, d'austérité, de stabilisation... voire de responsabilité ou de solidarité devrait interroger les thuriféraires les plus convaincus ; il semble toujours plus repu, *gorgeous*, les liquidités sont telles au niveau mondial que leurs détenteurs ne savent plus où les placer, les marchés constatent une progression continue sans relation avec l'activité économique réelle et les conditions de l'emploi. Tout va bien donc... pour les investisseurs, mais qu'en est-il de la pérennité du système ? Ce qu'il faut constater, c'est que le système a utilisé l'ensemble de ses armes pour affronter ses limites et maintenir le cap de son programme de génération de la croissance économique et de profits illimités.

Affirmer que le processus parvient à son terme, que l'épuisement des ressources, les destructions écologiques et les atteintes à la biodiversité conjuguées à la raréfaction du travail et de la solvabilité des consommateurs ne laisse guère d'issue à un mouvement de confortement des profits et de leur accumulation, telle est la proposition que nous entendons développer.

Capitalisme et mondialisation

Le capital est là... et bien là ! Son emprise est totale sur la vie économique, politique et sociale mais la source de génération de la richesse se tarit et la prédation s'épuise faute de combustible disponible. Entendons-nous bien. Le capitalisme n'a jamais été aussi puissant, aussi concentré, aussi inégalitaire. Ses capacités de rebond, souvent analysées par les économistes, sont certaines et sa plasticité, sa ductilité lui permettent de présenter de multiples visages, simultanément ou séquentiellement, de nombreux avatars afin d'obéir à sa loi unique : générer et accumuler des profits. Mais ce qui est nouveau, en ce début de XXIème siècle, c'est que le capitalisme déploie des trésors d'inventivité pour de nouveaux services destinés à satisfaire un individu « connecté » mais sans les gains de productivité qui ont accompagné l'essor industriel et l'informatisation et surtout sans la solvabilité des classes moyennes qui ont été l'agent décisif de réussite au moment des « trente glorieuses ». Celles-ci sont aujourd'hui les victimes des stratégies de confrontation du capital et du travail, particulièrement dans un contexte mondialisé se traduisant par des restructurations et des délocalisations. Malgré le numérique qui accélère la mondialisation et malgré les nouvelles étapes de généralisation du marché avec notamment le GMT (grand marché transatlantique) dont l'objet unique est d'installer le plus grand espace mercantile mondial entre les États-Unis, puissance dominante, et l'Europe, puissance vassale. Précisons que la vassalité politique ou plutôt la déshérence de toute affirmation d'une politique conduite par des citoyens souverains se traduit par l'exorbitante mesure permettant aux entreprises multinationales d'attaquer les États devant des tribunaux privés pour empêcher que ceux-ci ne puissent interférer dans la génération la plus fluide de leurs profits, notamment par des règles ou des normes spécifiques. Le capitalisme n'a jamais particulièrement développé une « fibre industrielle », il est indifférent aux activités qu'il propose ; mais l'industrie a constitué le champ principal de son extension et de l'expression d'une productivité considérable qui a longtemps permis d'assurer à la fois une croissance régulière et continue du pouvoir d'achat des salariés et une rémunération croissante des actionnaires via les dividendes et les plus-values des actions. Les services, l'agriculture et l'agroalimentaire sont venus compléter l'offre pour constater un PIB croissant et une valeur ajoutée en expansion. Désormais, l'activité industrielle est en forte diminution, particulièrement dans les pays européens à l'exception, provisoire, de l'Allemagne qui a bâti son modèle économique sur le choix de l'exportation au détriment de la demande intérieure et des rémunérations salariales. Les pays émergents ont une activité industrielle importante dans une perspective de rattrapage par rapport aux pays développés, mais, ce qui frappe, c'est l'extraordinaire développement des activités financières tandis que l'industrie, au niveau mondial, stagne ou régresse selon les secteurs. Plus important, l'approche en termes de stratégie industrielle, longtemps portée par les États, tombe en déshérence : l'Europe n'a qu'une obsession, la concurrence « libre et non faussée » (en réalité, une approche se limitant au prix, ce qui ne permet pas d'apprécier l'ensemble des caractéristiques d'un produit ou d'un service) tandis que les Etats sont hors course en face d'actionnaires dominants. Les entreprises multinationales constatent autour des années 1980 une mutation complète de leurs politiques : des stratégies industrielles ambitieuses, porteuses de développement d'activités et d'investissements importants font place à des stratégies actionnariales, impulsées par les marchés financiers, conduisant à la satisfaction de l'actionnaire (par les dividendes, les plus-values et les remboursements d'actions) au détriment des projets de l'entreprise.

Deux tendances illustrent cette orientation : la première est l'éclatement des conglomérats, trop complexes pour la quête rustique de la rentabilité par l'actionnaire (chaque secteur d'activité doit être distingué pour que puisse être appréciée sa capacité à générer des *cash-flows*), c'est le développement des « *pure players* », des entreprises mono-activité ; la seconde est la course à la concentration, aux fusions-acquisitions, pour regrouper des entreprises similaires par leurs activités et leur permettre de dégager des économies d'échelles supplémentaires.

Ainsi se généralise progressivement une économie mondialisée et financiarisée dont la caractéristique majeure est que le dégagement des profits s'effectue de moins en moins à partir des activités industrielles, agricoles ou de services et de plus en plus à partir des activités financières liées aux prêts (aux particuliers, aux entreprises et de plus en plus aux États) et aux produits spéculatifs, en particulier les dérivés de crédit (*swaps, futures* ou *options*). La mondialisation, puissamment aidée par la généralisation du numérique, c'est un vaste portefeuille d'actifs financiers interconnectés où les investisseurs sont des fonds d'investissement ou de retraites, des banques, des fonds spéculatifs (*hedge funds*) ou des particuliers fortunés. Ce portefeuille est transnational et ne prend en compte les États qu'en fonction des dernières prérogatives que ceux-ci maintiennent encore. Ainsi la dimension fiscale, hier encore emblématique de la souveraineté étatique avec la justice et la monnaie, n'est plus, à présent, qu'un « facteur de succès » au sens stratégique pour attirer les investisseurs. Illustrons-le avec, notamment, l'exemple de la Grande-Bretagne qui déploie une offensive de grande envergure pour proposer une fiscalité attractive pour les entreprises et les hauts revenus : l'impôt sur les sociétés, après avoir baissé de 28 à 21 % en 2014 s'est établi en 2015 à 20 %, une « boîte à brevets » (*patent box*) est introduite pour limiter à 10 % le taux d'imposition des profits réalisés sur les brevets, avec en outre des perspectives de diminution supplémentaire future qui concernent également l'impôt sur les sociétés, le chiffre de 20 % en 2015 devant diminuer à 15 % en 2020 ; en outre, l'imposition sur les plus hauts salaires, supérieurs à 180 000 euros, baisse de 50 à 45 % tandis que le statut dérogatoire des « *non dom* » (les étrangers vivants au Royaume-Uni mais fiscalement domiciliés dans un autre pays) est maintenu alors qu'il devait être supprimé. Le Royaume-Uni accorde également de nouveaux abattements sur la recherche et le développement, sur les investissements dans les machines-outils et pour les entreprises de jeux vidéo. Londres imite ainsi l'Irlande ou les Pays-Bas, en particulier pour l'arme fiscale des brevets très utilisée par Google et Apple et de plus en plus par les groupes fortement dépendants de leur propriété intellectuelle. Ainsi, dans l'industrie pharmaceutique où le groupe britannique Glaxo Smith Kline centralise toute sa propriété intellectuelle au Royaume-Uni tandis que l'américain Pfizer envisage de construire de nouvelles unités outre-Manche avec la montée en puissance de la *patent box*.

D'autres pays comme le Luxembourg ou la Belgique s'illustrent par des *tax rulings* qui offrent aux entreprises multinationales des conditions fiscales dérogatoires et exorbitantes par rapport à la taxation normalement imposée aux autres entreprises localisées dans ces pays. La Suisse, avec notamment HSBC, prolongeant l'action d'UBS, propose et installe un véritable système d'évasion et de fraude fiscale.

La mondialisation propose donc un tissu d'entreprises multinationales puissantes portées par des groupes d'investisseurs financiers et bancaires réduisant les États aux dernières stratégies de soumission pour conserver une ressource fiscale qui ne soit pas uniquement issue des revenus du travail. Ce qui frappe, en effet, les citoyens s'interrogeant légitimement sur les sociétés dans lesquelles ils vivent, c'est le sentiment de résignation, voire de prostration, combiné à une paresse intellectuelle confinant à une défaite de la pensée : on songe à « l'étrange défaite » de Marc Bloch dans un monde, il est vrai, a priori très différent du monde actuel, puisqu'il s'agissait de l'état de la France en 1940 mais, en réalité, pas si différent si on veut bien explorer le degré de fatalisme et de soumission copieusement distillé par le personnel politique, économique et médiatique chargé de propager le message de la mondialisation nécessaire et bénéfique aux peuples. Il faut, en effet, un mélange assez détonnant d'aveuglement, d'ignorance et de duplicité intellectuelle pour porter le discours de la mondialisation heureuse que l'union européenne serait chargée de favoriser car elle est, outre un facteur de paix, de démocratie et d'État de droit, le rempart protecteur dont les plus faibles ont besoin à l'époque contemporaine.

Mondialisation et Europe

Tentons un bilan sommaire mais argumenté des principales réalisations de l'Europe et jugeons sur pièces. Si l'inscription à l'actif de l'état de paix est indiscutable, n'oublions pas qu'il date de soixante-dix ans et que la pacification politique (d'ailleurs très relative pour l'Europe de l'Est, si l'on retient, par exemple, la situation de l'Ukraine), est largement le produit de la prévalence de l'économie dans les rapports internationaux (partout où il y a du commerce, il y a des mœurs douces disait déjà Montesquieu). Hors ce constat, le tableau est accablant pour l'ensemble des volets économiques, financiers, fiscaux, culturels ou sociaux : il est accablant mais d'une grande cohérence si on reprend les choix politiques qui sont à l'origine de la création de l'union européenne.

Dit assez simplement, la construction européenne est la parfaite réalisation sur une vaste région du globe de la mondialisation libérale entendue comme la démarche la plus complète de déréglementation de l'ensemble des marchés de biens et de services, d'humains ou de capitaux. Ce qui fonde la construction européenne est à l'exact opposé du discours protecteur érigeant l'Europe en « bouclier » pour faire face aux ravages de la mondialisation venue d'ailleurs, principalement de l'Asie et, notamment, de la Chine. C'est la mondialisation qui crée l'ajustement à la baisse pour le travail et c'est l'Europe libérale, financiarisée et déréglementée qui en assure la mise en œuvre avec notamment plus de 25 millions de chômeurs et plusieurs centaines de milliers de travailleurs déplacés.

Arrêtons-nous brièvement sur les premiers moments de la construction européenne, si importants quant à l'exposition des principes fondateurs et si décisifs quant au déroulement des étapes de généralisation du marché jusqu'à la phase actuelle du grand marché transatlantique. La fin de la seconde guerre mondiale laisse l'Europe exsangue et la volonté des dirigeants politiques et économiques est de reconstruire un vaste espace de libre-échange, une Europe des marchés. Celle-ci doit se réaliser sous égide américaine en contournant le dirigisme des États-nations. La paix recherchée et pérennisée est certes essentielle mais elle sert largement de prétexte pour impulser un marché, sinon mondial à cette époque, du moins atlantique, associant les États-Unis et les pays européens ne relevant pas du « bloc de l'Est » autour de l'Union soviétique.

La proposition programmatique était déjà formulée avant la guerre, notamment en août 1938, lors du colloque Walter Lippmann : face aux économies planifiées des régimes socialistes et fascistes, il faut réinstaller le marché comme mode d'allocation des ressources. La conception du marché reste encore très liée à l'action de l'État : le marché est compris comme une construction historique et institutionnelle dont le garant doit être l'État. Il s'agit d'un libéralisme très différent de celui du XIXème siècle (essentiellement dirigé contre l'État) puisqu'il entend clairement se servir de l'État pour se réaliser. Et c'est ainsi que trois courants de pensée vont s'affirmer après la guerre : l'ordolibéralisme allemand, le planisme français et le libéralisme anglo-saxon. Explicitons le fonctionnement de ces trois courants et la « victoire », lente mais, semble-t-il, irrémédiable du troisième courant s'appuyant habilement sur le premier. Qu'est-ce que l'ordolibéralisme allemand, dont l'essor date des années 1920, au moment de la récession économique allemande consécutive à la guerre et qui a conjugué chômage et inflation. C'est un libéralisme « rénové » dont quatre caractéristiques le différencient du libéralisme du « laisser-faire » du XIXème siècle :

- l'organisation de l'économie sous l'égide de l'État,
- la recherche obsessionnelle de la stabilité monétaire,
- la défense d'une concurrence réelle sur les marchés en s'opposant aux ententes et aux cartels qui monopolisent le pouvoir économique,
- l'approche traditionnelle du monde social conjuguant une hostilité viscérale envers le collectivisme et un souci d'association des mondes du travail et du capital à travers la cogestion des organisations.

L'ordolibéralisme allemand a impulsé les politiques de l'après-guerre avec, en particulier, le souci de préserver l'ordre concurrentiel en évitant la concentration des pouvoirs économiques et de conduire des politiques « sociales » de marché dotées d'un cadre légal et institutionnel. La France s'est difficilement inscrite dans cette triple orientation d'un marché dominant, d'un ordre concurrentiel strict et d'une impulsion de l'État.

Parallèlement à la philosophie économique et politique allemande, la France propose un modèle dans lequel l'État joue un rôle de régulation et de planification : le Commissariat général au plan existera jusqu'en 2006 ! La conjugaison, souvent conflictuelle, des modèles allemands et français créera une force de résistance puissante à l'extension et à la généralisation du marché, mais la logique libérale d'inspiration anglo-saxonne s'imposera, en particulier au moment des années 1980 : selon les termes de Michel Albert, le capitalisme anglo-saxon affirmera complètement sa prééminence sur le capitalisme rhénan ou scandinave, voire d'inspiration planiste française. Après plusieurs décennies de résistance depuis les années 1950, le modèle actionnarial financiarisé et mondialisé trouve avec l'Europe sa pleine réalisation. Résistance en effet car la signature du traité de Rome le 25 mars 1957, instituant la communauté économique européenne (CEE) pose les principes d'un marché unifié pour lequel la France n'est pas « prête » et doit se mettre en « conformité ».

Les principes du marché commun, selon les termes de l'époque, sont la libre circulation des marchandises, des travailleurs, des services et des capitaux impliquant la levée graduelle des barrières douanières et la fixation des règles du jeu concurrentiel encadrant les ententes et limitant les aides des États aux entreprises. Dès l'institution du marché commun, le patronat allemand manifeste son hostilité à toute harmonisation sociale tandis que des coordinations inédites entre politiques nationales permettent aux États d'imprimer leur marque particulièrement pour l'agriculture et pour les transports. La France, avec le plan Pinay-Rueff (septembre-décembre 1958) parvient à se « qualifier » pour la CEE en diminuant ses dépenses publiques, en augmentant les impôts et en dévaluant sa monnaie : c'est l'instauration du nouveau franc. En remplissant les conditions pour entrer dans le marché commun, la France accepte de facto de renoncer à sa souveraineté pour se fondre dans un super État dominé par la puissance économique allemande. C'est alors que prospère l'antienne si souvent utilisée depuis selon laquelle les lois de la compétition internationale imposent de limiter les salaires si on veut garder les emplois : à l'époque, conserver l'emploi restait encore un objectif affiché et affirmé. Les années 1960 et 1970 sont celles de la mise en œuvre du traité de Rome avec la politique agricole commune (la PAC) et l'accent mis sur la concurrence (« la concurrence libre et non faussée ») : celle-ci se traduit principalement par la surveillance des abus de position dominante et de l'attribution des aides aux entreprises par les États. C'est la figure du consommateur qui est érigé en censeur des pratiques commerciales et c'est toujours au nom du consommateur que la concurrence se justifie : comme l'indiquent alors Gilles Deleuze et Félix Guattari, le capitalisme produit le consommateur dont il a besoin pour assurer l'écoulement de ses produits. L'ordolibéralisme allemand vient en soutien de la constitution d'un marché unifié puisqu'il aménage l'ordre juridique de la concurrence en tant que la condition de l'établissement de l'ordre économique. Il n'y a pas de politique industrielle européenne puisque c'est le libre jeu du marché qui doit assurer les choix industriels des entreprises, se constituant en firmes multinationales de plus en plus puissantes. Pourtant les États, en particulier la France, maintiennent une stratégie de résistance à la domination complète du marché : c'est la stratégie des « champions nationaux » qui n'est rien d'autre qu'un moyen puissant pour s'opposer aux principes du traité de Rome. Successivement et complémentairement, Charles-de-Gaulle et Georges Pompidou ont développé des politiques industrielles, notamment dans les domaines de la chimie, du pétrole, de la sidérurgie. Mais progressivement le modèle actionnarial devient dominant tandis que les monnaies nationales s'arriment au mark à la fin des années 1970 (Serpent monétaire puis Système monétaire européen) et que le premier ministre, Raymond Barre (1976-1981), s'aligne sur les thèses ordolibérales en libérant les prix industriels.

En synthèse, on peut retenir deux éléments pour caractériser la construction européenne sur une période d'un demi-siècle.

D'abord la référence (« révérence ») absolue au marché, seul espace pertinent pour assurer une activité économique concurrentielle dirigée par les actionnaires des entreprises se constituant en marchés financiers incluant les banques et les fonds d'investissement. Le marché devient le seul horizon, ce qui implique que les nations sont dépassées malgré quelques « raptus » indiscutables de résistance : assez vite, les droits de douane baissent et les barrières tarifaires sautent mais les barrières non tarifaires prolifèrent dans des contextes économiques de récession : normes techniques, sanitaires et réglementaires sont des remparts fragiles érigés pour contenir les flux d'importation. Trente ans après le traité de Rome, l'Acte unique européen (février 1986) est adopté pour mettre en œuvre dans les cinq ans les objectifs majeurs du traité de Rome ! Trente ans plus tard, les négociations entre l'Europe et les États-Unis reprennent pour débarrasser les marchés des dernières scories liées aux normes et aux réglementations et pour aboutir à un marché parfaitement « lisse » et standardisé : c'est l'ambition du grand marché transatlantique, aussi appelé TTIP (*transatlantic trade and investment partnership*) ou TAFTA (*transatlantic free trade agreement*). Des actions de résistance longues, soutenues, virulentes mais le sentiment terrible que le bulldozer du marché finit toujours par l'emporter… au moins jusqu'à présent…

Ne retenons que deux illustrations factuelles dans ce tableau général d'une soumission absolue au marché : la directive européenne protégeant le « secret des affaires » (printemps 2016) ou la passivité de la Commission européenne pour réglementer les perturbations endocriniennes, malgré une alerte d'un rapport de l'Organisation mondiale de la santé et du programme des nations-unies, la qualifiant de « menace mondiale à laquelle il faut apporter une solution ». Mise en demeure de réagir, la Commission devait légiférer avant la fin 2013. Aucune décision n'a suivi.

Le second élément est le mécanisme de la monnaie unique qui assure la toute-puissance du marché en privant les États de leurs prérogatives souveraines. Déjà la Grande-Bretagne avait manifesté son refus de tout traité social européen. Parallèlement à ce refus, la libéralisation totale des marchés de capitaux, décidée en 1988 et appliquée en juillet 1990, s'effectue sans que l'idée même d'une harmonisation fiscale ne soit débattue. Enfin des seuils techniques sont imposés aux États par les institutions européennes pour limiter les déficits publics et le poids de la dette ; on sait que les déficits publics et le gonflement de la dette sont les conséquences des politiques fiscales pratiquées en faveur des entreprises et des citoyens les plus fortunés et du recours aux marchés financiers pour financer la dette, précédemment maîtrisée par les trésors publics et les banques centrales nationales.

Mais la situation actuelle, c'est que le marché est contrôlé par l'actionnaire financier tandis que la monnaie unique prive les États de leurs dernières prérogatives souveraines. C'est un peu le syndrome de la *Vénus de Milo* que vivent les États privés de leurs deux leviers d'action majeurs, le levier budgétaire et le levier monétaire. Une Europe marchande et monétaire mais pas d'harmonisation fiscale ou budgétaire, pas de traité social européen. Avouons qu'il a fallu être bien naïf (… au mieux) pour imaginer qu'il en soit autrement. Un marché dominant, porté par la puissance financière, un rapport entre le capital et le travail constamment dégradé au détriment du travail, des inégalités vertigineuses de revenus et de patrimoine et des États en déshérence se livrant à une concurrence sauvage pour conserver quelques maigres recettes fiscales face à des géants multinationaux qui se jouent des frontières, des législations et des acteurs politiques.

Quelle est cette Europe qui s'est construite depuis un demi-siècle ? Pouvait-elle être différente ? Peut-on encore envisager une inflexion majeure ? À ces questions, il est clair, avec le recul, que ce qui s'est construit n'est que le déroulement logique d'un projet libéral marchand atteignant son épanouissement avec la domination de la composante financière, l'appui technique du numérique et la globalisation géographique. C'est bien le retour des rentiers, d'une autre nature sans doute que ceux du début du XXème siècle, mais construit sur le même modèle : l'argent doit produire l'argent et le marché son espace vital.

On ne peut exclure que la « construction européenne » depuis la seconde guerre mondiale, voulue et organisée par les États-Unis, ait précisément retenu comme critère de réussite la constitution d'un vaste ensemble hétéroclite, sous domination américaine (par le dollar et les institutions internationales), arguant rhétoriquement de sa puissance, à partir de la monnaie unique, l'euro, et des différents pactes de croissance et de responsabilité. Faciliter la génération et l'accumulation de la rente, installer les marchés financiers en position dominante, tels sont au final les objectifs réels d'un projet qui a porté quelque temps les espoirs d'une réalisation ambitieuse articulant des choix politiques partagés et des ambitions sociales et culturelles. Ce n'est pas contre les marchés financiers mais pour les marchés financiers que s'est constituée l'Europe. L'Europe sociale n'aura pas lieu comme l'affirment déjà en avril 2009, François Denord et Robert Schwarz tandis que Robert Salais analyse comment une idée noble et généreuse a sombré dans « les eaux glacées du calcul égoïste » avec *Le viol d'Europe*. Pas d'Europe sociale car la construction européenne doit assurer le libre-échange ; viol d'Europe car le projet d'une communauté de peuples libres et égaux, s'unissant démocratiquement pour construire leur chemin propre dans le monde contemporain, s'est dégradé en un dispositif formel et bureaucratique facilitant l'emprise d'un ordre mondial marchand, dont la variable financière est le seul critère.

Frédéric Lordon insiste sur la « malfaçon » dans son travail sur la monnaie européenne et la souveraineté démocratique. C'est dans cette voie qu'il faut construire quelque chose qui s'apparenterait à une souveraineté populaire dont on n'a guère vu les manifestations historiquement. Les démocraties représentatives n'expriment que des captations élitaires-parlementaires (le capitalo-parlementarisme selon Alain Badiou). Construire une souveraineté populaire implique donc de disposer d'une lecture rigoureuse de la mondialisation dont la construction européenne n'est qu'un avatar, particulièrement important. Est-il possible de s'affranchir d'une vision marchande du monde, pour laquelle le seul horizon sociétal est celui de la consommation des biens et de l'accumulation des richesses. Le souhaite-on ? Question éminemment critique à l'heure où vacillent les derniers repères collectifs de nos sociétés centrées sur l'individu.

Europe et Euro

L'analyse de l'euro, de son fonctionnement et de ses conséquences politiques et sociales est rendue difficile puisqu'à la magie, nécessairement convoquée par la proximité de l'argent, s'ajoute le poids de l'idéologie et de ce qu'il est convenable et acceptable de penser sur le thème de l'Europe et de sa construction depuis quelques décennies ; or l'euro en est la déclinaison financière et monétaire. Toute critique énoncée relativement à l'euro est généralement discréditée avant analyse au motif qu'elle est nécessairement rétrograde et passéiste, qu'elle renvoie aux nations dont l'histoire a montré les affrontements dramatiques et qu'elle témoigne d'un manque de confiance et d'un pessimisme coupable à l'heure de la mondialisation triomphante

Pourtant, si l'on tente un bilan de l'euro après une quinzaine d'années d'existence, en empruntant notamment les pas de ceux qui en ont proposé une lecture sans complaisance (Lordon, Sapir, Todd et quelques autres), il semble qu'on puisse dégager deux aspects majeurs relatifs au fonctionnement de l'euro dans l'architecture du capitalisme financier mondial et à ses conséquences sur l'activité économique des pays de la zone.

Le premier, le plus décisif, pour apprécier la place centrale de l'euro dans l'architecture du capitalisme financier mondial est le choix des marchés financiers comme seule source de financement possible pour les États. Avec l'euro, monnaie unique et non monnaie commune, les institutions européennes, via les différents traités et accords, interdisent aux États soit de recourir à des avances de leur banque centrale à leur Trésor public, soit d'exiger des banques l'achat de titres de dette en proportion de leurs actifs. Les avances au Trésor public ou les « planchers obligatoires de la dette publique » dans les bilans des banques avaient été largement pratiquées après la seconde guerre mondiale et avaient procuré, par exemple, à un pays comme la France, un financement à un coût faible pour la reconstruction et le développement des équipements. Dès lors que les marchés financiers sont les seuls financeurs, ils vont contribuer au développement des dettes souveraines et sanctionner lourdement les États tant pour le montant de leur dette que pour leurs perspectives de croissance.

Le second aspect tient aux effets de l'euro sur l'activité économique des pays de la zone. Croissance, chômage et dette sont les paramètres principaux dans le contexte de crise économique. Or, la fixité des taux de change des monnaies dans la zone euro fige des situations économiques et sociales disparates et provoque une dégradation de la compétitivité pour de nombreux pays ne pouvant plus utiliser l'arme de la dévaluation pour procéder à des ajustements nécessaires. Des situations initiales différentes, mais aussi des institutions absentes pour encadrer la monnaie unique en termes de politiques budgétaires ou de réglementations bancaires. Les promoteurs de l'euro savaient bien qu'une monnaie unique n'a de sens que dans un État fédéral. Les conditions d'une unification des politiques n'existant pas, on a tenté d'imposer l'État fédéral en douce (un « fédéralisme furtif » pour reprendre l'expression de Jacques Sapir) et de capitaliser sur une vague idéologie européiste et le mythe des États-Unis d'Europe. Le bilan de l'euro aujourd'hui, c'est la déroute de l'industrie, l'installation de déficits commerciaux récurrents et le chômage à un niveau jamais atteint. Les responsables politiques européens ont joué, avec l'euro, aux apprentis sorciers, mais ce qu'ils ont créé ne répond en rien aux attentes initiales.

En matière d'activité, les pays de la zone euro ont connu une croissance régulièrement inférieure à celle des autres pays développés : la faute en incombe à la politique de taux d'intérêt pratiquée par la BCE et à la surévaluation de l'euro. Les pays de la zone euro sont en retard par rapport à ceux qui n'en font pas partie, comme la Suède, la Norvège ou la Suisse. Même l'Allemagne a connu une croissance particulièrement faible depuis l'introduction de l'euro. L'évolution de la parité euro/dollar depuis 2015 (de 1,3 à moins de 1,1) n'a guère changé la situation déprimée des économies des pays de la zone euro.

Monnaie commune ou monnaie unique ?

La perspective crédible, celle qui aurait dû présider au moment du projet, sans l'obstination notamment des socialistes français, est celle d'une monnaie commune venant s'ajouter, et non se substituer, aux monnaies nationales. Une monnaie commune sert d'instrument pour les échanges internationaux de marchandises et de capitaux pour une zone géographique donnée, elle offre à la fois les avantages de la stabilité d'une monnaie unique et la flexibilité des taux de change qui aujourd'hui fait défaut entre les pays de la zone euro. L'intérêt d'une monnaie commune, c'est que les rapports des taux de change entre les monnaies des pays membres peuvent être réajustés à certains moments pour tenir compte de problèmes particuliers à chaque pays, qu'ils soient de nature conjoncturelle ou structurelle, particulièrement l'évolution des gains de productivité modifiant la compétitivité du pays. La contrepartie de l'instauration d'une monnaie commune, c'est que des règles strictes doivent limiter les mouvements de capitaux et la spéculation induite. Une monnaie commune (Lordon) permet de reprendre la dynamique éventuelle de construction de l'Europe dans un cadre global, social et sociétal qui ne soit pas strictement financier et consacré à la prolifération de la rente. L'euro, monnaie commune, devrait être doté de représentants nationaux tels que des euros-francs, euros-lires, euros-pesetas… Dans ce dispositif, les euros nationaux ne seraient pas directement convertibles à l'extérieur, par exemple en dollars, en yuans… ni entre eux. Toutes les convertibilités (externes et internes) passeraient par une nouvelle BCE faisant office de bureau de change mais privée de tout pouvoir monétaire. Dans cette perspective, le pouvoir monétaire est rendu à des banques centrales nationales dont les gouvernements doivent reprendre les rênes dans un premier temps, pour amorcer ensuite, si tel est le choix démocratique, une unification monétaire comme conséquence de choix politiques, sociaux et fiscaux et non comme préalable.

Penser et mettre en œuvre une monnaie commune, c'est retrouver une souveraineté actuellement en déshérence au niveau européen. La construction européenne, libérale et monétaire, a dessaisi les États de leur souveraineté mais sans construire une souveraineté nouvelle ; il n'y a pas de souveraineté européenne et l'entre-deux monétaire permet un contrôle des marchés financiers dans le silence contraint des États.

L'euro est une erreur mais il n'existe que depuis moins d'une quinzaine d'années, ce qui est bien peu à l'échelle de l'histoire. Il existe, par ailleurs, environ deux cents monnaies dans le monde : revenir sur une erreur constitutive et la corriger est donc non seulement possible mais nécessaire. Il ne faut ni sous-estimer, ni surestimer la période de transition : la monnaie commune doit être comprise, non comme une régression comme le serait le retour au franc mais comme un progrès permettant de s'affranchir du carcan désastreux de la monnaie unique en avançant une perspective réellement européenne incluant, outre la monnaie, les volets budgétaires, fiscaux et sociaux.

Il faut opposer au brouet lénifiant de l'évidence de la pertinence de l'euro s'affirmant comme un argument d'autorité en faveur de l'Europe les analyses techniques en termes de compétitivité économique et de financement par la dette que nous avons proposées. C'est bien parce que l'Europe, l'Europe des peuples et des cultures, est notre projet qu'il ne faut pas la dévoyer : ce qui se construit actuellement est diamétralement opposé aux intentions démocratiques des citoyens. Il faut supprimer la monnaie unique pour reconstruire l'euro en tant que monnaie commune dans le cadre d'un projet européen démocratique associant les volets sociaux, fiscaux, budgétaires et monétaires. Etre pour l'Europe, ce que nous sommes tous, c'est agir ainsi.

CHAPITRE III : Les thématiques récurrentes et obsédantes du fonctionnement du système

Aucune ignorance n'est utile.
Jean-Claude Milner

L'Etat, la régulation ou la croissance sont des thématiques récurrentes et « obsédantes » que le système politico-médiatico-économique véhicule en permanence pour l'édification des populations.

Quelques considérations sur l'État

La question de l'État est centrale pour l'économie de marché : l'interrogation majeure est celle du rôle de l'État et de sa place dans le dispositif économique. L'État est-il le représentant de l'intérêt général, le garant d'un collectif citoyen ou agit-il comme l'instrument de l'accumulation de la rente ? État neutre au-dessus des intérêts partisans ou État de classe au service du capital. La recension des principales actions des États dans l'ordre économique, politique et social depuis la seconde guerre mondiale apporte des éléments de réponse assez éclairants. Distinguons deux périodes : les Trente glorieuses et la période ouverte par les années 1980.

Les Trente glorieuses

Avec les Trente glorieuses, après la seconde guerre mondiale et le partage du monde entériné à Yalta entre l'Est et l'Ouest, face à l'Est et au monde communiste, les démocraties occidentales entreprennent la reconstruction des équipements et des installations détruits pendant la guerre et expriment leurs ambitions politiques et économiques nouvelles. C'est le lancement de grands travaux et l'institutionnalisation des échanges et des partenariats avec la création de la CECA (communauté européenne du charbon et de l'acier) et de la Communauté européenne. C'est une époque politique engagée, conflictuelle, mais, progressivement, le système politique trouve sa légitimité avec des institutions reconnues. Les partis politiques développent leurs programmes dans des démocraties représentatives pluralistes, les syndicats ouvriers sont puissants et représentent une force sociale dûment prise en compte par le patronat. L'économie est libérale, le marché est la règle, mais l'État est un agent majeur pour assurer la protection sociale et développer les services. La place dévolue à l'État est un élément essentiel de cette période car, avec des nuances, tous les pays européens attendent de l'État une action en faveur des équipements collectifs. Pour la plupart des États européens, c'est d'une véritable politique industrielle qu'il faut parler avec des mesures concertées en faveur de grands groupes opérant sur les filières les plus promises à un développement important en raison des progrès technologiques et des innovations : transports, télécommunications, aéronautique… Pour la France, c'est avec les présidents De Gaulle et Pompidou que les actions les plus significatives sont entreprises non sans quelques difficultés parfois comme avec le plan calcul pour l'informatique initié en 1959. En clair, l'État est reconnu comme un acteur décisif pendant cette période, pour organiser politiquement le fonctionnement démocratique mais aussi pour assurer la régulation économique et sociale : il pérennise le système politique représentatif en même temps que l'économie de marché.

Le basculement des années 1980

Avec les années 1980 et le basculement vers un pouvoir actionnarial dominant, les États occidentaux, en plusieurs étapes, mais, avec la même ardeur et le même aveuglement, abandonnent leurs prérogatives régaliennes et multiplient les déréglementations et les dérégulations, en particulier pour les institutions monétaires, boursières ou bancaires. Les marchés sont installés en maîtres absolus du fonctionnement financier et budgétaire des États avec les conséquences les plus désastreuses en termes de politiques industrielles, sociales, éducatives ou culturelles. Des politiques fiscales favorisant les entreprises et les hauts revenus conjuguées au tassement de la croissance expliquent l'augmentation de la dette publique, surtout à partir de 2006. Progressivement, la sphère publique est captée et digérée par la sphère privée, notamment en matière d'équipement, de transport, d'éducation ou de santé avec en particulier les partenariats public-privé. Des États sans pouvoir, sans ressources financières, de plus en plus condamnés à restreindre leur champ d'action et, à terme, à dépérir. Les deux exemples de la France et des États-Unis permettent de préciser cette évolution et ses conséquences politiques.

La France et l'Etat

La France offre un tableau saisissant par la conjugaison de déclarations impérieuses et comminatoires couplées à des résultats remarquables par la constance des échecs : rodomontades et replis en rase campagne rythment la « politique industrielle » de la France, tant avec la présidence de Nicolas Sarkozy qu'avec celle de François Hollande : depuis Arcelor Mittal et la sidérurgie lorraine jusqu'à Alstom et Alcatel en passant par Numéricable et Vivendi, la liste est longue des camouflets infligés aux gouvernements successifs. Observons que cette situation d'un État impuissant, condamné à des postures de matamore face à un pouvoir actionnarial dominant porté par les marchés financiers ne peut constituer une surprise. Il n'y a plus de politique industrielle des États depuis le basculement de la déréglementation et de la financiarisation actionnariale des années 1980 : l'Europe s'est précisément constituée pour proposer un marché de capitaux à l'abri des interventions des États ; il faut toute la naïveté feinte des journalistes thuriféraires du libéralisme (Nicolas Baverez, Jean-Marc Sylvestre...) pour s'étonner de l'absence de politique industrielle du gouvernement quand le dispositif européen est centré sur la concurrence libre et non faussée et interdit toute action susceptible de « perturber » le fonctionnement du marché. La France présente ainsi les derniers sursauts d'une politique de souveraineté à laquelle ont depuis longtemps renoncé des pays comme l'Allemagne ou la Grande-Bretagne.

Les États-Unis et l'Etat

Le cas des États-Unis est sans doute plus intéressant encore car il illustre le caractère absolu de la domination du marché, en l'occurrence du marché des capitaux animé par les actionnaires et les investisseurs, en même temps qu'il présente un cadre de fonctionnement, notamment juridique, pour assurer pleinement cette prééminence du marché. Il y a quelque chose de l'ordolibéralisme allemand de l'entre-deux-guerres dans cette proposition institutionnelle, un ordolibéralisme implicite en quelque sorte : l'État est hors-jeu en termes économiques mais il assure le cadrage institutionnel pour faciliter la génération de l'accumulation des profits, en favorisant notamment les intérêts américains par rapport aux intérêts asiatiques et surtout européens. Un État minimal, procédural, sécuritaire, simplement destiné à maintenir le cadre du fonctionnement économique et social. La sécurité visée ici, complémentairement à celle des biens et des personnes, est la sécurité des contrats. Deux exemples emblématiques illustrent la position de l'État américain en matière juridique, mais également économique et politique : la restructuration de la dette publique de l'Argentine et le différend entre BNP Paribas et la justice américaine.

La dette publique de l'Argentine

Rappel des faits. En 2001, l'État argentin reconnaît un défaut de paiement sur une dette d'environ 100 milliards de dollars. Après négociation avec ses prêteurs, l'Argentine obtient une restructuration que signent 92 % des créanciers qui acceptent d'abandonner plus de 70 % de la valeur de leurs créances. Les 8 % restants refusent la restructuration et vendent à la casse leurs titres à des fonds spéculatifs nommés Elliott, Aurelius, Blue Angel… En 2004, ces fonds vautours assignent Buenos Aires devant un tribunal de New York pour obtenir le remboursement à 100 % de leurs titres et obtiennent gain de cause en 2012, auprès du juge Griesa qui préside la cour de Manhattan : cette opération devait dégager une rentabilité d'environ 1 600 % pour les fonds spéculatifs concernés. La question posée est juridique mais avec des conséquences considérables en termes de géopolitique et d'économie : dès lors qu'un État émet des titres tombant sous juridiction américaine, il se trouve en risque de blocage sur l'ensemble de sa dette. D'autres grands fonds spéculatifs américains (Knighthead Capital Management, Silver Point Capital, QVT ou Centerbridge Partners) conseillent aux régulateurs et aux gouvernements européens d'utiliser leur monnaie et le droit pour contrer le développement de l'impérialisme américain ! C'est d'ailleurs pourquoi ils ont souscrit en 2005, lors de la première émission de dette restructurée, de la dette sous droit anglais, en euros, afin de se prémunir d'une éventuelle reprise en main par les États-Unis.

Finalement, un accord est trouvé en 2016, entre le gouvernement argentin et les fonds vautours sur la base d'une décote de 30 % par rapport au prix initial. Pour des créances rachetées à la casse 50 millions de dollars, le remboursement s'établit à 6,5 milliards de dollars, soit 300 fois la mise initiale !

BNP Paribas et la justice américaine

L'amende infligée par les autorités américaines à la banque BNP Paribas le 30 juin 2014 pour 9 milliards de dollars apporte une seconde pierre à la démonstration du caractère extraterritorial et hégémonique du droit américain. Rappel des faits. La banque BNP Paribas, par le biais de filiales, notamment en Suisse, réalise des opérations commerciales et financières avec le Soudan, Cuba et l'Iran. Ces opérations sont légales au regard de la loi française ou européenne mais elles constituent des violations, au regard de la loi américaine, des embargos décrétés envers ces trois pays. Le problème vient de ce que BNP Paribas, un des leaders mondiaux du commerce international, a réalisé ces opérations en dollars ce qui provoque l'intervention de la justice américaine. Deux lois sont utilisées pour inculper BNP Paribas, la loi anticorruption (Foreign Corrupt Practices Act) et la législation sur les embargos (Trading with the Enemy Act), afin d'établir des infractions fédérales et de faire émerger un délit de droit commun. Au-delà de considérations spécifiques relatives au dossier, il faut s'arrêter sur les motifs juridiques de la sanction. Que les États-Unis aient besoin d'une législation anticorruption pour restaurer une égalité pour leurs entreprises confrontées à des entreprises d'autres pays prête à sourire quand on recense les moyens politico-militaires du « parapluie américain ». Que les États-Unis puissent imposer à la planète leurs choix politiques ou leurs rejets est inquiétant quand on constate que les embargos décidés par les États-Unis sont appliqués par leurs vassaux, notamment européens, tandis que les exemptions présidentielles américaines permettent de les contourner : c'est ainsi que, pendant que les Européens doivent cesser les échanges économiques et financiers avec l'Iran, les exportations américaines vers ce pays ne cessent de croître ! Comme l'indique Michel Rocard (Le Monde, 09/07/2014), c'est d'un véritable abus de pouvoir que les États-Unis sont coupables avec la volonté de tisser un empire universel : « *Americae est imperare orbi universo* (la destinée de l'Amérique est de diriger le monde) ».

Le rôle des États : les politiques fiscales

L'examen des politiques fiscales pratiquées par les pays européens et par les États-Unis conforte l'analyse d'un État en déshérence au niveau européen mais garant du système au niveau américain. Tandis que les États européens sont lancés dans une concurrence effrénée pour que les firmes multinationales s'établissent chez eux (diminution des impôts sur les sociétés, taxations dérogatoires des brevets, mesures en faveur de l'implantation des sièges sociaux...), les États-Unis favorisent les montages fiscaux permettant à leurs entreprises de dégager des profits à l'international et de les localiser dans des entités hors des États-Unis (paradis fiscaux notamment) afin d'éviter toute taxation : la règle est que la taxation n'intervient que lorsque les profits sont rapatriés aux États-Unis. Avec ce système, on subventionne par la fiscalité l'expansion internationale des fleurons des différents secteurs d'activité puisque le réinvestissement des profits à l'étranger est réalisé hors de toute fiscalité américaine. Google, Apple ou General Electric dans le cadre de la reprise d'Alstom sont emblématiques d'un impérialisme économique déjà dominant qui voit sa puissance de feu renforcée. Tant en matière fiscale qu'en matière législative ou réglementaire, Washington n'hésite pas à créer les conditions d'une rupture de la concurrence et à favoriser les intérêts américains au détriment de l'étranger. Le Buy American Act (1933) et le Small Business Act (1953) ont montré la voie. Le CFIUS (comité sur l'investissement étranger aux États-Unis) utilise la notion de sécurité nationale qui ne répond à aucune définition juridique pour soumettre les projets de rachat d'entreprises américaines par des investisseurs étrangers à une censure sévère. Parangon du libéralisme, les États-Unis récusent l'idée d'une nationalité des entreprises mais, lors du différend franco-américain sur l'Irak, ils engagent un boycott du groupe Sodexo, fortement implanté aux États-Unis et pourtant identifié comme français. Au fond, il n'y a que l'Europe qui constitue un territoire économique ouvert et offert aux intérêts de tous. C'est le seul espace économique et politique où les restrictions à la liberté de circulation des capitaux sont aussi limitées. L'Europe présente aujourd'hui la pire des situations, un entre deux : les souverainetés étatiques d'hier sont détruites et rien n'a émergé d'un projet possible commun. Il est clair que tout ceci se réalise pour le plus grand profit de l'*imperium* américain et, accessoirement, des pays émergents (Brics et autres…).

Les États ne sont plus qu'une courroie de transmission à la disposition des investisseurs gérant mondialement un vaste portefeuille d'actifs interconnectés. Ils se sont condamnés à une position défensive pour maintenir une fiscalité minimale permettant d'assurer ce qui reste des fonctions régaliennes et des politiques sociales ou culturelles. Ils sont impuissants devant l'architecture juridique et technique des flux financiers permettant aux paradis fiscaux de prospérer et plus généralement au pacte fiscal de s'effondrer : sus à l'impôt proclament les libéraux (rapidement suivis par leurs zélés comparses sociaux-démocrates), sus à la taxation des entreprises, des hauts revenus et du capital et c'est ainsi que s'effondre le pacte social et la notion même d'une société comme collectif citoyen. Un État reste au-dessus de la mêlée, ou plutôt assure l'organisation de la mêlée au profit de ses propres ressortissants : l'État américain. Le droit n'est que l'expression de la force ; les États-Unis l'expriment par une domination sans partage sur l'Occident via les institutions, monétaires, économiques et politiques. C'est, au fond, le monopole de l'universel que s'approprient les États-Unis, la Chine attendant son heure, patiemment pour le moment, mais avec une logique en définitive assez semblable. Tandis que l'Europe bêlante jouit de sa servitude volontaire (le grand marché transatlantique propose un nouvel avatar du cheval de Troie déjà puissamment installé pour dynamiter toute résistance européenne), la Chine se prépare. Elle jouit d'un capitalisme d'État puissant et cohérent pour affronter un marché mondial total, financiarisé et efficacement organisé par le dispositif juridique, institutionnel et monétaire américain.

Quelques considérations sur la régulation

L'amende de 9 milliards de dollars versée par BNP Paribas en 2014 est emblématique du fonctionnement des institutions politiques européennes dans leurs rapports avec les États-Unis. Que constate-t-on en effet ? L'approfondissement depuis une dizaine d'années de l'application extraterritoriale des lois américaines à partir du jeu habile et implacable du rapport de force. Le droit américain entend régir l'ensemble de l'espace occidental et la place prépondérante du dollar dans les transactions financières assujettit les acteurs mondiaux aux lois américaines. Ceci est tout à fait contestable en droit international puisqu'aucune disposition législative générale, aux États-Unis ou ailleurs, ne précise les conditions dans lesquelles une loi américaine peut avoir des effets extraterritoriaux. C'est la jurisprudence qui établit ces conditions. Un bref retour sur l'histoire politique et institutionnelle, en particulier pour l'Europe en relation avec les États-Unis, peut permettre d'y voir plus clair sur cette question de la nécessaire et possible régulation : sa nécessité ne fait guère de doute, sa possibilité est bien plus incertaine.

La crise de 1929 et la dépression économique qu'elle a provoquée constituent un bon point d'explicitation. À l'époque, en effet, les « riches » ont subi de plein fouet la crise financière qui a provoqué des faillites et des ruines spectaculaires. Ces situations ont eu le mérite d'autoriser des politiques de régulation et de maîtrise institutionnelle des pratiques économiques et financières. Tant en matière fiscale que bancaire, les États-Unis se sont donnés les moyens d'affronter la crise : une fiscalité adaptée sollicitant davantage les hauts revenus et les profits des entreprises et la séparation des banques d'affaires et des banques de dépôt (Glass Steagall Act, 1933) sont des décisions affirmant le rôle éminent de l'État dans la conduite des affaires économiques et financières.

Avec la crise récente et la situation nouvelle initiée par le grand basculement des années 1980, les termes de l'équation ont changé : non seulement les riches n'ont pas subi de pertes de patrimoine, mais ils ont considérablement accru leur richesse comme en attestent les études internationales, et notamment celle de la revue Challenges. La revue Challenges publie, chaque année depuis 1996, une étude sur la richesse globale des 500 premières fortunes françaises. L'analyse des données de 2013 et 2014 est particulièrement révélatrice de l'explosion des fortunes. Quelques chiffres synthétiques :

- les 500 premières fortunes s'établissant à 330 milliards d'euros, ont augmenté en 2013 de 25 % et sont multipliées par quatre en dix années pour atteindre 10 % du patrimoine financier des Français estimé à 3 400 milliards d'euros.
- si l'analyse porte sur les dix premières fortunes, le constat se confirme et s'amplifie puisque la hausse annuelle est de 30 % tandis que la multiplication des patrimoines est de sept en dix années : en une seule année, dix personnes s'enrichissent d'une somme (30 milliards d'euros) qui permettrait de rémunérer près de 2 millions de chômeurs à un niveau de salaire supérieur au SMIC pendant un an !

Tandis que la situation économique poursuit sa dégradation, particulièrement en France, le phénomène d'aggravation des inégalités se poursuit en 2014 avec à nouveau une croissance considérable de 15 % des patrimoines des 500 premières fortunes malgré un pouvoir d'achat moyen en stagnation et une activité étale. Rappelons que mathématiquement une croissance de 15 % équivaut à au doublement d'une fortune en cinq ans et qu'avec une croissance de 25 %, c'est un triplement qui est constaté.

Complémentairement à l'évolution des hauts revenus et des patrimoines, il faut apprécier l'exposition au risque pour les investisseurs. Les conditions de renflouement des banques les ont définitivement « rassurés » après les secousses de 2008-2009 : les citoyens sont présents pour éviter, via l'impôt, que les banques ne s'effondrent (*too big to fail*). Ainsi, contrairement à la période des années 1930, le monde de la finance (déjà infiniment plus puissant et concentré qu'à l'époque) ne rencontre plus d'obstacles pour ses stratégies de développement. Qu'une banque comme BNP Paribas puisse absorber sans sourciller une amende de 9 milliards de dollars infligée par la justice américaine, amende qui représente pour un pays comme la France le budget annuel du ministère de la Justice ou deux fois celui du ministère de la Culture, laisse rêveur, sauf à comprendre véritablement la nature du pouvoir financier qui s'est installé pleinement depuis les années 1980 dans le monde.

Tandis que l'actionnaire a dû patienter jusqu'aux années 1980 pour affirmer sa prééminence et en engranger les fruits, la réémergence du pouvoir des prêteurs s'est manifestée progressivement dès les années 1960-1970. La « dictature des créanciers » (Jean-Paul Fitoussi) a précédé l'affirmation du pouvoir de la finance (André Orléan) et la domination de l'économie par les investisseurs institutionnels et les marchés financiers d'actions et d'obligations. Sans l'appui des gouvernements des grands pays développés, le mouvement aurait été plus difficile : mais cet appui a été général et généreux : il a enclenché la grande vague de dérégulation et de déréglementation. À côté du capital industriel, un capital de placement s'est reconstitué dans un premier temps pour se développer considérablement ensuite.

Dans un premier temps, le marché de prêt aux États et aux grandes entreprises, dit marché des « eurodollars », se structure entre 1965 et 1973 : il bénéficie d'un statut offshore et est rapidement utilisé par les capitaux qui cherchent à contourner la réglementation financière de leur pays d'origine, notamment les États-Unis. Ce marché de prêt déréglementé est la première décision étatique d'importance permettant le développement autonome de la finance : il fait de la City le cœur de l'un des réseaux de paradis fiscaux les mieux organisés au monde. Un deuxième temps intervient après la brutale récession mondiale de 1974-1976 consécutive à la crise pétrolière : le placement financier prend le pas sur l'investissement industriel, la hausse du prix du pétrole provoque l'afflux de capitaux, les pétrodollars, à la recherche de valorisation. Le recyclage des pétrodollars permet de contribuer à la sortie de crise en ouvrant aux entreprises multinationales des pays développés des espaces géopolitiques nouveaux sous forme d'exportation ou d'investissements directs à l'étranger (IDE). Il renforce le pouvoir des prêteurs par rapport aux débiteurs et installe durablement la dette avec des montants contractés à des taux d'intérêt variables, indexés sur le dollar. Avec le relèvement simultané, entre 1979 et 1981, des taux d'intérêt américain et du taux de change du dollar (mesures Volcker), le piège se referme, particulièrement sur les pays du tiers-monde confrontés à des taux d'intérêt multipliés par trois ou quatre. Ce qu'on a nommé la « crise de la dette du tiers-monde » trouve là son origine avec un premier épisode au Mexique dès 1982. La dette, devenant insupportable pour le pays, est utilisée comme instrument de pression pour l'assujettir davantage. Ainsi, le gouvernement du Mexique doit-il accepter l'intégration du pays dans l'espace libéralisé et déréglementé de l'Accord de libre-échange nord-américain (Alena). Ainsi de nombreux pays d'Afrique, de la zone des Caraïbes ou de l'Amérique andine doivent-ils transformer une agriculture vivrière correspondant aux besoins de la population en une agriculture de plantation sous l'égide de la Banque mondiale afin de se procurer des devises permettant de payer les intérêts de la dette.

Le troisième temps est celui, pour les pays développés, de la dette publique qui ne prend de l'importance qu'à partir de la première moitié des années 1980. Rapidement, les montants en jeu dépassent largement la dette des pays du tiers-monde avec des impacts économiques et politiques plus diffus, mais plus pervers, notamment avec les systèmes de retraite par capitalisation (les fonds de pension) pour les États-Unis, les pays anglo-saxons ou le Japon. Il faut mesurer que ces fonds de pension ont été des acteurs importants de la financiarisation : c'est au moment où les mouvements de capitaux sont libéralisés, où les taux d'intérêt sont sensiblement relevés en même temps que le taux de change du dollar et où la titrisation des bons du trésor vient alimenter le marché obligataire public que les fonds de pension en développement recherchent des possibilités de placement de grande ampleur. Les États-Unis confrontés à une situation financière critique en raison de dépenses militaires extrêmement importantes s'appuient sur la libéralisation financière pour éviter l'inflation malgré l'explosion du déficit budgétaire : la titrisation des bons du trésor et le fort relèvement des taux d'intérêt permettent d'attirer des capitaux en quête de placements sur les marchés financiers américains. Les pays de l'OCDE suivent les États-Unis et la Grande-Bretagne sur la voie de la déréglementation et de la libéralisation. Comme les États-Unis, ils financent leurs déficits budgétaires par l'emprunt. La pierre angulaire de l'architecture du capitalisme financier mondial est précisément le choix des marchés financiers comme seule source de financement possible pour les États. La construction de l'euro, comme on l'a indiqué précédemment, via différents traités et accords, interdit aux États de recourir à des avances de leur banque centrale à leur Trésor public ou d'exiger des banques l'achat de titres de dette en proportion de leurs actifs. Dès lors que les marchés financiers deviennent la seule source de financement possible, les États s'interdisent de recourir à un élément essentiel de leur souveraineté, ayant pourtant fait ses preuves sur plusieurs décennies. Pour la France, c'est dès 1973, avec Valéry Giscard d'Estaing, ministre des finances, que l'État se met, potentiellement, dans les mains du marché. Il sera fidèlement suivi par les socialistes français qui, dans les années 1980 joueront un rôle moteur pour engager l'Europe dans la voie d'une libéralisation financière totale. Les marchés financiers vont contribuer au développement des dettes souveraines et sanctionner lourdement les États, tant pour le montant de leur dette que pour leurs perspectives de croissance. Les actifs financiers mondiaux explosent pendant les années 1980. D'environ 100 % du PIB en 1980, ils atteignent 200 % en 1990 et 300 % et plus à partir des années 2000. La dette, conséquence de la libéralisation, de la titrisation et de l'explosion des déficits budgétaires, est désormais durablement installée au niveau mondial. Il n'est pas exclu que le jugement de l'histoire soit sévère pour des hommes politiques qui, en moins d'une vingtaine d'années, ont livré leurs pays aux marchés financiers au motif que c'était la condition pour s'inscrire à une place privilégiée dans une mondialisation jugée inéluctable et bénéfique : pour la France, Valéry Giscard d'Estaing, François Mitterrand, Jacques Delors ou Pierre Bérégovoy ont indiscutablement eu une action décisive.

Qu'en est-il aujourd'hui ? Plusieurs événements récents sont susceptibles d'éclairer la réflexion sur la réalité d'une régulation appelée de toutes parts : est-elle effective, est-elle pertinente ? Retenons dans l'ordre bancaire, outre l'amende infligée à BNP Paribas par la justice américaine, la faillite de la banque portugaise BES (Banco Espirito Santo) et le scandale bancaire en Grande-Bretagne concernant les assurances crédit ; dans l'ordre de la libéralisation des échanges de services, le TISA (Trade in Services Agreement) ou Accord sur le commerce des services est également emblématique d'une société mondialisée et dérégulée. L'affaire BNP Paribas indique précisément que la justice américaine, appuyée sur le statut d'exception du dollar, confère un caractère d'extra territorialité à son droit national.

La faillite de la banque portugaise BES (Banco Espirito Santo) s'inscrit plus directement dans une logique de régulation puisqu'après un mois de tension, de turbulences sur les marchés et de craintes de contagion à l'ensemble de l'économie, le gouvernement portugais décide, début août 2014, d'intervenir pour sauver la banque en la scindant en deux entités : une nouvelle banque, Novo Banco, reçoit 4,4 milliards d'euros de fonds publics et regroupe les actifs sains de BES, soit les dépôts de 2 millions de clients et les crédits rentables tandis qu'une *bad bank*, ou structure de défaisance, conserve les actifs toxiques. Il s'agit de garantir la protection des dépôts et d'obliger les actionnaires (dont le Crédit Agricole français pour 14,6 %) à « assumer les pertes d'une activité bancaire qu'ils n'ont pas correctement contrôlé » selon les termes du ministère des finances du Portugal. Intervention d'urgence donc car selon la banque du Portugal « c'est le financement de l'économie et la stabilité du système financier national qui étaient en danger ».

Avec la Grande-Bretagne, c'est l'affaire des assurances-crédit, venant après les accusations de manipulation du marché des devises et des indices, qui constitue un scandale bancaire d'une importance inégalée dans l'histoire britannique. La vente d'assurances permettant à un particulier de couvrir le remboursement d'un emprunt (immobilier, consommation…) en cas de décès, d'invalidité ou de perte d'emploi a, pendant une décennie, permis aux banques de dégager des profits considérables dans des conditions litigieuses. Il apparaît aujourd'hui que le produit d'assurance (PPI, payment protection insurance) devrait coûter près de 50 milliards d'euros sur les trois prochaines années pour rembourser les clients spoliés par le dispositif d'assurance lié aux prêts. La Haute Cour a, en effet, tranché, en 2011, en faveur de plaignants auxquels le PPI avait été imposé illégalement ou qui ne remplissaient pas les conditions pour devoir y être assujettis. Le président d'HSBC, Stuart Gulliver, à l'occasion de la présentation des résultats trimestriels de la banque, fustige, en juillet 2014, l'avalanche de régulation qui s'est abattue sur son établissement. Il chiffre le coût à 700 millions de dollars par an, pour un personnel occupé d'environ 10 % de son effectif (24 000 personnes) et s'inquiète de l'impact de ces règles qui « rendent les salariés trop réticents face aux risques pour bien faire leur travail ». Là est probablement le fin mot de l'histoire : après l'épisode dit « des subprimes » et la crise financière puis économique en résultant, la fuite en avant des institutions bancaires, délaissant leurs activités traditionnelles et utiles de distribution du crédit, pour des activités « toxiques », virtuelles et spéculatives, ne pouvait se défendre rationnellement. Il était évident qu'il fallait, a minima, reprendre les mesures proposées aux États-Unis dans les années 1930 pour protéger les activités de dépôt en les scindant des activités d'investissement ou de spéculation. On sait que le lobby bancaire mondial, concentré, organisé et efficace, est « monté au créneau » pour obtenir des délais s'apparentant à de la procrastination (Grande-Bretagne) ou à la défense d'un modèle original dit de « banque universelle » (France). Les mises en cause d'HSBC en matière d'organisation et d'évasion fiscale pour leurs clients, actuels ou spécifiquement démarchés, viennent encore charger la banque pour des montants considérables (180 milliards de dollars au minimum).

Pas de régulation donc, au sens d'un contrôle effectif des activités bancaires, de leur utilité et de leur rapport à l'économie, mais une vaste usine à gaz où des procédures multiples et enchevêtrées conduisent à l'impossibilité de contrôler et donc de modifier la situation existante. Assistées de leurs conseillers juridiques (*lawyers*) les banques les plus importantes admettent explicitement que leurs stratégies d'opacité via l'amoncellement des règles formelles sont nécessaires pour préserver leur capacité à accumuler les profits. Que Stuart Gulliver se rassure, ou plutôt que notre lucidité s'impose face à une puissance démesurée et en expansion : les oripeaux administratifs surabondants ne sont que le prix (limité) à payer pour que la puissance financière poursuive son accumulation rentière.

La libéralisation des services, avec l'accord TISA sur le commerce des services, apporte une autre pierre, décisive, à la réflexion sur la régulation. Tandis que le rejet par l'Inde, en juillet 2014 de l'accord de Bali sur la facilitation des échanges de biens de décembre 2013 signe vraisemblablement la mort du cycle de Doha (initié en 2001) et la perte de légitimité de l'OMC (organisation mondiale du commerce), Wikileaks révèle, en juin 2014, qu'une importante négociation tenue par cinquante pays a conduit à la production d'un document de travail confidentiel sur un accord sur le commerce des services (TISA, Trade in Services Agreement) visant à réduire les barrières réglementaires aux échanges internationaux de services. C'est un groupe de pays autoproclamés, *really good friends of services* (« vrais bons amis des services »), qui a lancé, en mars 2013, les négociations parallèles sur les cendres du cycle de Doha de l'OMC. Les pays concernés sont, principalement, les États-Unis, l'Australie et les vingt-huit États membres de l'union européenne qui négocie, via la Commission, sur la base d'un mandat validé par le Parlement européen et après accord du conseil de l'Union européenne. Les services représentent 75 % de la richesse mondiale brute mais 20 % seulement des échanges internationaux. Moins de barrières, plus de concurrence, c'est baisser les prix pour des secteurs jusque-là fermés ; c'est aussi spécialiser des pays avec une prime au plus fort ; c'est également mettre en danger les services publics, en principe exclus du dispositif, mais avec une définition très restreinte qui ne concerne ni l'eau, ni la santé, ni l'éducation…

Il faut craindre qu'un tel accord ne conduise à un moins-disant réglementaire en raison notamment des clauses *standstill* et *ratchet*. La *standstill clause* impose le statu quo et interdit à un pays d'établir dans le futur un niveau de régulation supérieur à celui en vigueur au moment de la signature de l'accord. La *ratchet clause* ou clause de cliquet établit pour chaque nouvelle dérégulation un plancher irréversible. Outre le contenu du projet TISA, les conditions d'élaboration de l'accord interrogent en raison de leur opacité puisque les consultations se font moins avec les O.N.G. et les *think tanks* qu'avec les grandes entreprises et les lobbys professionnels. Faut-il être rassuré quand la Global Services Coalition représentant la Fédération bancaire européenne « se réjouit de travailler étroitement avec les négociateurs de TISA dans les mois à venir » (Le Monde, 05/08/2014). L'annexe dévoilée par Wikileaks portant sur la libéralisation des services financiers précise clairement que le document de travail doit rester secret pendant cinq ans après l'adoption du texte, ce qui ne constitue pas véritablement un progrès démocratique. La dérégulation poursuit donc son chemin, pour les services en l'occurrence, en attendant les développements du GMT (grand marché transatlantique).

La régulation en revanche, tant prônée par les économistes, n'est le plus souvent qu'un habillage sémantique pour des mesures contraignantes, lourdes et complexes s'apparentant davantage à un système de sécurisation contractuelle pour garantir la fiabilité des transactions. Un déluge de règles et de protocoles s'abat sur les conditions de réalisation des échanges, particulièrement dans le domaine financier, mais ainsi que le reconnaissent les responsables du système bancaire c'est pour préserver le statu quo et interdire des changements véritables quant aux missions des banques et aux types de produits financiers : « que tout change pour que rien ne change » disait déjà le prince de Lampedusa dans son ouvrage Le Guépard paru en 1958 à titre posthume.

Des régulations qui échouent ou qui, tout simplement, n'en sont pas, voilà qui ne devrait guère nous étonner lorsqu'on analyse la nature du système économique parvenu à son autonomisation dans sa phase financière. Le capitalisme est un système inscrit dans sa démesure qui ne se maintient que par son développement : comme la bicyclette qui tombe à l'arrêt, le capitalisme ne peut se maintenir sans la captation des ressources naturelles, l'exploitation du travail et l'accumulation des profits. Réguler le capitalisme c'est lui faire subir le sort du lion amoureux de La Fontaine auquel on rogne les griffes et on lime les dents : « sans dents ni griffes le voilà, comme place démantelée ».

Réguler le capitalisme, c'est admettre que l'économique reste encastré (*embedded* au sens de Polanyi) dans la pâte culturelle et sociale, c'est tout simplement affirmer d'autres finalités sociales plus éminentes que la génération des profits et l'accumulation de la rente. Dès lors que la sphère économique s'autonomise au sein de la société et qu'elle procède de la seule décision des investisseurs actionnaires appuyés par les prêteurs (les marchés financiers) le pouvoir politique ne propose plus que quelques initiatives tardives pour contenir le déferlement exponentiel dévastateur. Un scénario-type est à chaque fois constaté : d'abord un refus hautement proclamé, par exemple pour les OGM, pour le gaz de schiste ou pour les manipulations génétiques ; puis la nécessité de procéder à des expérimentations pour ne pas décider à partir de « considérations idéologiques », enfin, l'acceptation des techniques ou systèmes nouveaux au motif qu'ils permettent un développement économique dont on vérifiera la « soutenabilité » et la compatibilité avec le respect de l'environnement.

Réguler le capitalisme, ou plutôt le re-réguler après plusieurs décennies de dérégulation et de déréglementation, ce serait le faire « rentrer dans sa boîte », comme le diable des farces et attrapes. Mais l'histoire n'est pas un dispositif lisse disposant d'un curseur qu'on déplace indifféremment de droite ou de gauche, vers le futur ou faisant retour sur le passé. Comme l'affirmait H. R. Halderman, homme d'affaires et chef de cabinet de Richard Nixon à la Maison Blanche, « une fois le dentifrice sorti du tube, il est difficile de l'y faire rentrer ». Ce sont des États encore puissants, maîtres potentiels de leurs souverainetés démocratiques qui ont délibérément enclenché et accéléré, pendant les années 1980, le processus de dérégulation permettant aux marchés financiers d'actions et d'obligations (gérant l'actionnariat et la dette) de prendre le pouvoir sur l'économie et sur les finances publiques. Aujourd'hui, ces États constatent leur déshérence ; aussi leur agitation a-t-elle quelque chose de pathétique dans ce qu'elle révèle de leur impuissance. Quand on a donné les clés du camion, il ne faut pas s'étonner de ne plus pouvoir le conduire !

Réguler un système financier fondé sur l'exponentialité et l'illimitation, qui a désormais assujetti les sphères politiques et institutionnelles pour l'atteinte de ses objectifs, relève du défi impossible. La régulation est une gageure dans le cadre du système économique et politique qui nous régit : soit on continue sur le chemin actuel et la prolifération de la rente s'enfle jusqu'à l'explosion, soit on repense collectivement nos sociétés, ce qu'on entend en faire et pour quels objectifs (Alcatel est repris par Nokia mais on parle d'un leader européen et on ajoute, « en faisant les gros yeux », que l'État sera vigilant en termes de préservation de l'emploi). On se demande parfois jusqu'à quel degré il est possible de prendre les citoyens pour des imbéciles ! Ce ne sont pas des mesures cosmétiques et formelles qui sont nécessaires mais un véritable projet démocratique citoyen.

Quelques considérations sur la croissance

L'activité stagne, la croissance est en berne : à l'exception (provisoire) des pays émergents, on constate partout que les niveaux de croissance du PIB de 5 % et plus constatés pendant les Trente glorieuses appartiennent manifestement à un passé révolu. Plusieurs économistes font l'hypothèse que le monde entre dans une période sans croissance ou, à tout le moins, de croissance faible, plate, atone. D'autres considèrent que cette situation est une « chance » pour envisager un futur apaisé en termes de transition écologique et de choix sociaux : c'est le cas de Jean Gadrey (*Adieu à la croissance : bien vivre dans un monde solidaire*) et de Tim Jackson (*La prospérité sans croissance : la transition vers une économie durable*) ou de Dominique Méda (*La mystique de la croissance*).

L'activité stagne, mais surtout elle change de nature dans les pays développés : l'industrie est sinistrée après des décennies de délocalisations, tandis que les services se développent, particulièrement les services financiers. Dans ce contexte d'essoufflement de l'activité, la situation de l'emploi témoigne de la gravité des déséquilibres économiques et sociaux. Des gains de productivité considérables ont rendu le travail plus flexible, plus substituable et quantitativement moins nécessaire. Chômage important et conditions de travail dégradées expliquent que le travail perd sa dignité, son sens professionnel et existentiel pour n'être plus qu'une simple variable de coût à optimiser. Après trente années de relatif équilibre, les économies des sociétés développées ont basculé, à partir des années 1980, dans un système de prédation financière où la variable profit est le repère unique au point de déployer sa logique dans les conditions les plus extrêmes et les plus désastreuses. Ainsi voit-on l'économie virtuelle, centrée sur l'ingénierie financière, prendre le pas sur l'économie réelle, tandis que le chômage, conjugué au tassement du pouvoir d'achat, limite l'activité et les ressources fiscales des États.

Or, c'est à ce moment, confrontés à l'apparition logique de déficits publics importants, liés à la baisse des recettes fiscales et à la difficulté de maîtriser avec efficience la dépense publique, que les États sont sommés de réduire ces déficits et de rembourser la dette publique. Le discours dominant est le « moins d'État » et la diminution des recettes fiscales résultant de la concurrence entre les États (particulièrement européens) pour attirer les firmes multinationales sur leur territoire est tranquillement envisagée par de nombreux économistes : ainsi Xavier Fontanet (Les Échos, 03/07/14) constatant que la mondialisation va supprimer les politiques de redistribution et que les taux moyens européens de prélèvement fiscal ont baissé, en huit ans, de 24 à 21 % (d'après une étude de KPMG) table sur un taux unique (*flat*) de 16 % du PIB pour financer demain le budget des États. Rembourser la dette publique, maîtriser les comptes publics dans un contexte de stagnation de l'activité et de chômage accru ressemble un peu à la quadrature du cercle. Aussi constate-t-on qu'un nouveau tour de vis est proposé aux populations avec des politiques d'austérité drastiques impulsées tant par des gouvernements estampillés de droite que de gauche. Pourtant, l'austérité se révèle plus destructrice que bénéfique et la thématique d'un « retour à la croissance ou retour de la croissance » est assénée sans toutefois préciser de quel type de croissance il pourrait s'agir, ni quelles conditions seraient nécessaires pour l'initier. Des discours multiples, soufflant alternativement le froid et le chaud, le froid, quand il s'agit de mettre en œuvre des politiques d'austérité budgétaire (stratégie du choc), le chaud, quand l'austérité aggravant les résultats économiques, il devient nécessaire de proposer une voie de sortie et d'hypothétiques mesures de relance. Ainsi envisage-t-on pêle-mêle une réindustrialisation, mais sans revenir sur les délocalisations et sans maîtrise des décisions des acteurs privés, des actions pour l'emploi, mais sans réflexion sur le statut et la place du travail, un pacte de croissance et de responsabilité mais en dérégulant et en privatisant davantage. Une règle d'or est proposée pour équilibrer les budgets publics avec, en filigrane, la fin de l'État-providence et, plus généralement, de toute visée collective et sociale ne pensant pas la société comme une simple collection d'individus où le chacun pour soi est la loi et où l'autre ostracisé est toujours le responsable des désordres et des difficultés et, partant, le bouc émissaire.

C'est à partir de l'imaginaire de la croissance, du progrès et de la consommation que s'est constitué le capitalisme. Une croissance sans limite, un progrès permanent, une consommation qui devient le fondement identitaire de l'individu et qui lui offre la représentation de ce qu'il doit être. L'absolue singularité du capitalisme par rapport aux autres systèmes sociaux tient à ce que le capitalisme, pour la première fois dans l'histoire du monde, fonde son modèle de fonctionnement sur l'absence de limites. Cette dimension est majeure quant à la dynamique du capitalisme et à ses perspectives futures. Là où les autres cultures, sociétés primitives ou sociétés « historiques » depuis l'Antiquité jusqu'à la modernité impulsée par la Renaissance, s'établissent à partir d'un socle axiologique impliquant la mesure et l'équilibre, le capitalisme s'inscrit d'emblée dans une perspective de développement et d'augmentation régulière et illimitée. La démesure, « l'hubris », est constitutive de l'architecture conceptuelle du capitalisme : celui-ci ne se soutient que de sa propre expansion qui ne doit pas trouver de limites. En ce sens, la croissance est essentielle pour le capitalisme, conceptuellement car elle le légitime et pratiquement puisqu'elle lui permet de se pérenniser.

Philosophiquement, les racines de la croissance se trouvent dans la Genèse avec l'invite faite aux hommes par Dieu d'humaniser la nature, de la dominer, de l'assujettir : la nature est au service des hommes, ils doivent l'exploiter pour produire les richesses dont ils souhaitent jouir. La figure de l'homme propriétaire de la nature, libre d'en disposer à sa guise, se retrouve chez Hegel qui propose de détruire la nature pour mettre l'humain à sa place.

Pratiquement, la croissance rend le capitalisme « supportable » puisqu'elle augmente la richesse à partager, la valeur ajoutée, entre le capital et le travail. C'est ce qui a été le moteur des Trente glorieuses avec des gains de productivité et une croissance régulière du pouvoir d'achat. Pourtant, la croissance ne s'est véritablement installée dans l'histoire humaine qu'à partir du milieu du XVIIIème siècle dans les pays présentant les économies les plus dynamiques, soit la Grande-Bretagne dans un premier temps, les États-Unis ensuite.

Ce sont les révolutions industrielles qui ont complètement transformé le paysage économique : celle de 1750-1830 avec le charbon et celle de 1870-1910 avec l'électricité. La troisième, celle d'Internet crée une illusion d'optique dans la mesure où les innovations sont présentes et massives mais sans impliquer les gains de productivité de jadis. La vie quotidienne est changée par les tablettes, smartphones et objets connectés mais les changements sont moins considérables qu'avec les deux grandes mutations industrielles précédentes. Comme l'indique David Graeber (*Bureaucratie*), l'innovation technologique a commencé à ralentir après les inventions des années 1950 : fours à micro-ondes (1954), pilule (1957) ou lasers (1958). La plupart des progrès techniques visibles ultérieurs sont soit de nouvelles façons ingénieuses d'associer des technologies existantes (comme dans la course à l'espace), soit de nouvelles façons de les mettre à la disposition des consommateurs (le téléviseur créé en 1926 attend les années 1950 pour permettre à l'économie américaine d'éviter de glisser à nouveau dans la dépression).

Plusieurs événements structurels s'ajoutent pour contrecarrer la puissance de développement de la machine de la croissance. D'abord, le vieillissement démographique sauf, dans un premier temps, dans les pays émergents. Ensuite, l'inefficacité croissante des systèmes d'éducation. Enfin, l'impact du réchauffement climatique et du coût de la dette entravant la solvabilité et provoquant la montée vertigineuse des inégalités. C'est ainsi que de nombreux experts font les hypothèses les plus pessimistes sur les perspectives de croissance. Robert Gordon infirme en 2013 les propos de Robert Solow qui en 1959 affirmait que « la croissance économique est un processus continu qui durera toujours ». Plus récemment encore, l'ancien secrétaire d'État au Trésor, Larry Summers ressuscite, en novembre 2013, le concept né dans les années 1930 de « stagnation séculaire » : une longue anémie frapperait pour longtemps les économies développées.

Ce qu'indiquent différents travaux, notamment ceux de Gordon ou de Summers, c'est la combinaison de plusieurs facteurs défavorables :

- la raréfaction des innovations pour des budgets de recherche et de développement équivalents ou en augmentation,
- la quantité de capital nécessaire pour produire une quantité de richesse (l'entreprise pétrolière en est un bon exemple),
- l'effondrement de l'industrie manufacturière qui assurait l'essentiel des gains de productivité,
- la baisse du niveau de qualification des populations actives.

Pourtant, l'ensemble des forces politiques et sociales s'accroche à la croissance, via le PIB, sésame supposé de la réussite économique pour des sociétés en désarroi. Or le PIB (produit intérieur brut) représente la valeur monétaire de ce qui a été produit à l'intérieur d'un pays pendant un an : c'est la somme des valeurs ajoutées générées par les entreprises et constatées dans leurs comptabilités. Le PIB ne se soucie pas de savoir si ce qui a été produit est utile à la société : ce qui compte, c'est qu'une valeur marchande soit constatée. C'est ainsi que l'impact sur l'environnement est ignoré, l'environnement n'ayant pas de valeur marchande : l'épuisement des ressources naturelles, la pollution de l'eau, de l'air ou de la terre ne sont pas prises en considération. C'est pourquoi la commission Stiglitz-Sen-Fitoussi a émis des recommandations en 2009 afin de mesurer le bien-être de la société. Le rapport définit la qualité de vie à partir des dimensions suivantes : l'économie, la santé, l'éducation, les activités personnelles (dont le travail), la vie politique, les rapports sociaux, les conditions environnementales et l'insécurité (physique et économique). La dimension de la soutenabilité de la qualité de vie, notamment écologique, est également retenue. Indépendamment des perspectives du rapport Stiglitz-Sen-Fitoussi, le débat est animé sur les conditions de calcul du PIB afin de présenter les chiffres les plus favorables, notamment dans le cadre des enjeux budgétaires européens. C'est ainsi qu'un économiste aussi mesuré que Philippe Askenazy conseille à mi-mot à la France de manipuler sa comptabilité nationale pour « booster » son PIB face à ses partenaires européens : « jusqu'à présent, face aux exigences de Bruxelles, la France a choisi de négocier des délais ou de la « souplesse », au risque d'affaiblir sa position en Europe, pour, in fine, plomber sa croissance par l'austérité. Elle aurait plus à gagner à pratiquer la magie comptable » (Le Monde, 08/07/2014).

Comprendre cette fixation compulsive et hystérique sur la croissance, c'est au fond comprendre la logique du capitalisme. Un fond anthropologique particulièrement prégnant et une attention exclusive apportée à la mesure de ce qui s'établit sur le marché expliquent comment un système fondé sur l'accumulation des profits peut espérer se maintenir durablement. Car c'est bien là la question centrale : comment rémunérer sans cesse davantage des investisseurs quand la rentabilité réelle des activités économiques faiblit en raison de la concurrence vive pour obtenir les marchés. Certes, la pression sur les salaires, dont la détermination est de plus en plus mondiale (de nombreux économistes estiment que le coût moyen du travail journalier devrait tendre vers soixante à quatre-vingts dollars soit une croissance sensible pour les salariés chinois ou indiens, actuellement à quinze ou vingt dollars, tandis que les salariés européens constateront un écrasement de leur rémunération moyenne, actuellement autour de cent vingt dollars), permet d'améliorer le partage de la valeur ajoutée en faveur du capital, mais la création d'une richesse à répartir reste essentielle sauf à envisager une fuite virtuelle vers la génération de profits spéculatifs autoentretenus, ce que les politiques monétaires actuelles semblent accréditer.

La croissance reste le moyen le plus manifeste et le plus sûr pour présenter un gâteau en expansion même si la solvabilité des salariés s'essouffle. Retrouver, maintenir ou assurer la croissance des activités économiques, c'est donner au capitalisme un temps pour se maintenir et empêcher qu'il ne sombre : le déséquilibre, constitutif du mécanisme intrinsèque, fait cependant retour dès lors que la croissance comme fuite en avant ne maintient plus le système sur ses rails. Il n'y a pas de capitalisme sans croissance, un système dont l'illimitation et la progression exponentielle sont les ressorts de son fonctionnement. Il ne peut affronter durablement la stabilité des activités économiques : quand celle-ci s'installe, comme un soufflé, il s'affaisse et se détruit.

CHAPITRE IV : Caractérisation de la mondialisation

L'économie est une science triste.
John Maynard Keynes

Certains sujets sont chargés d'un tel poids cognitif, sensible ou relationnel, qu'il devient impossible de les aborder avec le recul nécessaire pour tout simplement comprendre de quoi il en retourne et ce qu'il faut raisonnablement en penser. On comprend que les chrétiens n'interrogent pas le mystère de la Sainte Trinité ou que les juifs religieux suivent à la lettre les préceptes de la Torah. On comprend moins que le monde laïc témoigne d'une même acceptation s'assimilant à une croyance lorsqu'il s'agit de domaines ne relevant pas de la sphère religieuse. La science donne l'exemple d'une démarche critique permettant à chaque époque d'interroger les expérimentations et de formuler de nouvelles hypothèses. Le corpus scientifique est en perpétuelle constitution, en perpétuel questionnement et remaniement : depuis Copernic et Galilée, la liste est longue des apports qui permettent de mieux comprendre l'origine et le fonctionnement physique du monde. Dans l'ordre politique ou économique, les choses sont différentes puisqu'il s'agit moins de vérités ou de réalités objectives à découvrir ou à mettre à jour que de projets sociaux à élaborer et à valider.

La mondialisation fait aujourd'hui partie de ces questions sensibles qui devraient relever d'une approche sociétale et qui sont abordées à partir de dogmes religieux puissamment aidés par des relais de type scientifico-techniques. Qu'entend-on en effet ? Que la mondialisation est une évidence, une nécessité et un objectif et que toute réserve par rapport à sa nécessaire progression est de nature éthique, le soufre du doute se mêlant à l'archaïsme de la préservation d'une civilisation perdue. La mondialisation est, en outre, inexorable (*there is no alternative*) et la révolution numérique et digitale lui donne, chaque jour, une puissance accrue et souhaitable. Elle ne peut être que bénéfique puisque, rien ne pouvant l'arrêter, les hommes doivent être capables de la maîtriser et de l'orienter en fonction de leurs aspirations : une sorte de fatalisme optimiste sert de toile de fond à un processus nouveau, rapide et inconnu mais dont l'acceptation est présentée comme un gage de dynamisme et de modernité.

Deux dimensions majeures nous semblent devoir être distinguées dans le mécanisme de la mondialisation : la dimension technique ou techno-scientifique et la dimension politique ou politico-économique. Il est clair d'ailleurs que cette distinction est elle-même discutable comme nos développements vont le montrer.

La dimension techno-scientifique de la mondialisation

La dimension technique est peu discutable : l'accélération des échanges, le développement de nouveaux moyens de communication, via particulièrement l'Internet, dotent la planète d'une porosité extrême favorisant l'information et la circulation des biens et des services. Notons que c'est principalement la dimension financière qui « explose » en termes d'informations ou de décisions : les marchés financiers sont interconnectés et il existe désormais un marché unifié sous égide américaine avec un contrepoint asiatique dominé par la Chine. Va-t-on vers une structuration bipolaire ou vers une structure unique dans laquelle la Chine et ses affidés se fondraient dans le modèle dominant américain, la question est posée. L'instauration d'une banque asiatique d'investissement en 2015 à laquelle, outre les pays asiatiques, participent de nombreux pays européens dont la France et des pays lointains tels que l'Australie, au grand dam des États-Unis, confirme les ambitions à long terme de la Chine. En tout état de cause, cette bipolarité actuelle n'entrave pas l'interconnexion unifiée et l'acceptation d'une logique financière unique : la Chine joue sa partition mais elle est un élève appliqué et couronné de succès de la mondialisation économique.

Il est clair qu'il est difficile de prendre toute la mesure du séisme que constituent la création, le développement et la généralisation de l'Internet en quelques décennies. Tout est potentiellement observable, analysable, comparable, ce qui donne aux stratégies développées par les acteurs économiques, politiques ou sociaux, une puissance de feu redoutable parce que non contrôlable. C'est, en effet, la question-clé, celle du contrôle, de la régulation de mécanismes nouveaux s'inscrivant dans une économie libérale dont le principe même est que toute régulation, toute réglementation est néfaste et qu'il faut attendre des mécanismes économiques qu'ils s'autorégulent … avec l'efficacité, qui a pu être constatée depuis plusieurs décennies !

La dimension politico-économique de la mondialisation

Mais la mondialisation n'est pas qu'un processus technique, évident et indiscutable. Elle permet une information et une communication potentiellement plus larges et apporte une aide considérable aux choix et aux décisions que doivent prendre quotidiennement les citoyens dans l'ordre des transports, de la santé, des loisirs ou des achats de biens et de services.

Elle est également l'apothéose d'un système, le capitalisme, dont elle tente d'assurer l'inéluctabilité et la pérennité : puisqu'il est désormais mondial, rien ne s'oppose plus à lui comme à l'époque de la guerre froide et de l'affrontement réel ou potentiel de deux blocs. Il faut être attentif au glissement sémantique subtil d'une évidence technique à une validation idéologique : puisque l'économie est mondialisée, puisque le politique assure via les principaux États, comme les États-Unis ou les regroupements d'États comme l'Union européenne, la courroie de transmission nécessaire pour que les projets politiques ne s'expriment plus que sous la forme d'objurgations économiques (limiter à 3 % le niveau de déficit public, limiter à 60 % le poids de la dette publique par rapport au PIB…), la mondialisation est dûment présentée par les médias, conformes à leur statut idéologique dans une société dominée et agie par les marchés financiers, comme une réalité d'évidence, comme un dispositif « naturel » et non comme un choix. Elle pourrait, par exemple, être présentée comme la conséquence d'un rapport de force nouveau entre le monde des investisseurs, des banques et des financiers et le monde du travail. Mais il faudrait qu'il existe encore quelque chose comme le monde du travail : on devrait plutôt définir ce monde en creux comme celui de la population citoyenne ne disposant pas des leviers de la maîtrise du politique, de l'économique, du social, du culturel et du médiatique.

Il est nécessaire de décrypter ce que signifie précisément la mondialisation, et la façon dont elle peut se déployer sur la planète. Qu'en est-il de son évidence, de sa puissance et de son impact ? Peut-on envisager autre chose que la mondialisation telle qu'elle se généralise aujourd'hui ? Qu'est-ce qu'un citoyen est en droit de comprendre et de tenter de changer dans la mesure où ce qu'il constate ne correspond pas à ce qu'il considère comme étant une « bonne société ». La mondialisation donc, quelle mondialisation ? Proposons-nous dans un premier temps de recadrer quelques repères historiques rapides permettant d'identifier deux temps forts de la mondialisation après un long développement des échanges à travers l'histoire. Nous tenterons ensuite de caractériser la mondialisation par la logique qui la porte et par la technique qu'elle mobilise.

Histoire de la mondialisation

De tous temps, les sociétés humaines ont connu des échanges permettant d'approvisionner en biens, le plus souvent précieux, les « grands de la Terre ». C'est dès l'Antiquité que les Chinois font transiter la soie à travers l'Asie pour le plaisir des souverains de la Perse. Pendant le premier millénaire et jusqu'à la fin du Moyen Âge, les échanges s'installent de façon souvent disparate en raison de l'insécurité des transports terrestres ou maritimes. Avec le XIVème siècle et les villes italiennes (Venise, Gênes) puis le XVIème siècle et le relais pris pour un temps par les villes flamandes (Anvers, Amsterdam) des économies-mondes se constituent, au sens de Fernand Braudel, provoquant d'importants échanges entre les villes-centre et la périphérie. Le commerce de longue distance prend de l'importance et la première Compagnie des Indes est créée dès 1602 par les hollandais : c'est la première société de ce type fonctionnant avec des titres mobiliers (actions et obligations) sous le contrôle de l'État. La France connaîtra, au siècle suivant, sous la régence, avec le système de Law, le développement de la Compagnie Française des Indes « dynamisée » par l'émission d'actions payables en billets de l'État.

Un centre, une périphérie, la mobilisation des féodalités locales et le recours à l'esclavage explique l'ouverture des marchés. Comme l'indique Emmanuel Wallerstein, l'économie des échanges, dès son origine, se pense monopolistique et elle utilise les capitaux et le crédit pour forcer les marchés. Pourtant, les mouvements protectionnistes se développent en même temps qu'une division internationale du travail tend, sous la pression des grandes puissances, l'Angleterre surtout, mais aussi la France, à spécialiser les économies des différents pays. Aux États-Unis, c'est la protection contre l'industrie britannique qui anime Hamilton (1791) car « sans elle, aucune industrie américaine ne pourra survivre ». En Grande-Bretagne même, des lois ont protégé l'agriculture (Corn Laws) tandis que l'Allemagne, sous l'égide de Friedrich List, a développé un « protectionnisme éducateur ».

Première mondialisation

La division internationale du travail s'approfondit, l'Angleterre néglige sa propre agriculture (la plus productive du monde à cette époque !) et renforce ses avantages en Inde et en Chine notamment : c'est le moment de la sinistre guerre de l'opium (1842) qui verra la levée de toutes les restrictions au commerce de la drogue au grand dam des autorités chinoises qui anticipent, avec justesse, le désastre pour la population. La première mondialisation s'installe à partir du milieu du XIXème siècle jusqu'à la première guerre mondiale. Elle est principalement, outre le renforcement des échanges, des transports et des communications, une mondialisation des usines, des infrastructures et des équipements (canaux, chemins de fer, routes...). De 1870 à 1913, les exportations mondiales croissent de 4,6 à 8 % du PIB. Comme au moment de la Renaissance, la première mondialisation se caractérise par l'émergence d'une nouvelle puissance, les États-Unis en l'occurrence, au début du XXème siècle. Est-ce le tour de la Chine en ce début de troisième millénaire ? Question délicate recevant, pour le moment, des réponses contrastées. Le mécanisme de la mondialisation est celui déjà constaté à l'aube du capitalisme : forcer les autres à ouvrir leur marché. Tandis que les pays européens constataient un excédent commercial de 7 % en 1830, c'est 20 % d'excédent qui est constaté en 1910. Parallèlement l'excédent des USA est croissant pendant cette période. On constate le même mécanisme avec la Chine pour la période récente.

Deuxième mondialisation

Ce n'est qu'à partir du milieu des années 1980 que les échanges retrouvent, au niveau mondial, le niveau atteint avant la première guerre mondiale. Trois facteurs marquent classiquement la deuxième mondialisation : la substantielle diminution des coûts de transaction, l'innovation et la financiarisation.

Les coûts de transaction sont d'une part les coûts de recherche et d'information, d'autre part les coûts de négociation et de décision, enfin les coûts de surveillance et d'exécution. Avec Internet, ces coûts s'effondrent, ce qui facilite les échanges.

L'innovation se développe particulièrement pendant la période dite des trente glorieuses et s'essouffle à présent, les nouveautés étant plus la monétisation des rapports sociaux (Facebook) ou la multiplication des dispositifs de communication (smartphones, tablettes...) que de réelles avancées industrielles majeures impliquant de nouveaux processus productifs interactifs.

Le troisième facteur, facteur décisif puisqu'il révèle, au sens photographique, la nature même de la mondialisation, est la dimension financière qui prend, avec les années 1980, une importance décisive au sens où elle est l'explication de l'ensemble du processus. Quelle est la nature de la mondialisation, que traduit-elle de l'état du capitalisme contemporain, quelle est la réalité de l'autonomie postulée de la dimension financière et plus généralement de l'hypothèse nécessairement bénéfique de la mondialisation au regard des attentes des populations. Une évidence pour commencer. La mondialisation est, bien entendu, une bonne chose si par mondialisation on entend ouverture, échanges, confrontation de cultures, de mœurs et d'ambitions. Qui peut, aujourd'hui, penser qu'un retrait du monde est un projet possible, à l'exception de religieux de diverses cultures pour lesquels le monde est soit illusion, soit danger dont il faut s'abstraire, et pour certains préparer un au-delà. On l'a rappelé, les échanges sont anciens et multiples entre les sociétés et les aires géographiques qui les abritent. Remarquons cependant d'emblée que les échanges de biens ne sont pas contradictoires avec une vision autocentrée des sociétés anciennes et une lecture en conséquence très méfiante des autres, de ceux qui ne font pas partie de la société telle qu'elle se pense et s'agit. Ce n'est pas par hasard que les sociétés primitives réservent à leurs ressortissants le statut d'hommes signifiant par-là clairement que les individus relevant d'autres sphères ne le sont pas. Cette coupure se retrouve encore chez les Grecs anciens pour lesquels les frontières délimitaient l'espace des citoyens, les Grecs, de l'espace des barbares, les autres.

Deux étapes historiques donc pour une mondialisation aujourd'hui accomplie. Quelle en est la logique profonde, quelles sont les techniques qui lui permettent de s'imposer ?

Logique de la mondialisation

La mondialisation, c'est le triomphe du capitalisme, son *achievement* au sens anglo-saxon, soit à la fois sa réussite et son impasse. Il n'y a qu'un capitalisme, né au XVIIIème siècle avec la révolution industrielle. Ses manifestations actuelles prennent une forme principalement financière mais c'est le déploiement de sa logique qui conduit à ce constat. Cette logique est des plus simples et des plus rustiques. Elle s'est néanmoins déployée en trois siècles avec plusieurs temps rendus nécessaires par le contexte politique, économique et social de sa réalisation.

Le profit

Le premier temps est celui de la génération du profit le plus susceptible de satisfaire les actionnaires, propriétaires des moyens de production, dans des conditions qui assurent la pérennité des prélèvements sous la forme de dividendes ; il faut doter les entreprises des ressources financières leur permettant d'investir pour assurer leur développement et la croissance de leurs activités. Deux variables sont décisives pour ce premier moment d'un capitalisme industriel, associant développement et investissement : le partage de la valeur ajoutée entre le capital et le travail, entendus comme générateurs de la richesse, et le partage du profit entre investissement et distribution de dividendes afin que les rémunérations d'aujourd'hui n'obèrent pas celles de demain.

Avec des variantes dans la position des deux curseurs de partage (entre capital et travail d'une part, entre investissement et dividendes d'autre part), on peut considérer que le capitalisme industriel présente un partage de la valeur ajoutée qui traduit le rapport de force entre capital et travail avec, notamment, une amélioration de la rémunération du travail pendant les trente glorieuses. D'après l'OCDE, le poids de la rémunération du travail est de 67 % de la valeur ajoutée en Europe en 1980. Parallèlement, les dividendes restent mesurés afin de consacrer l'essentiel de la richesse produite par l'entreprise (l'autofinancement) au développement de projets d'activités nécessitant d'importants investissements.

Avec la mutation actionnariale des années 1980, la mondialisation des marchés de capitaux et de travailleurs et le désengagement des États, les pressions se font plus fortes, d'une part sur le travail dans le partage de la valeur ajoutée (d'après les mêmes études de l'OCDE, le pourcentage tombe à 57 % en 2010 pour la part prise par la rémunération du travail), d'autre part sur le profit dans le partage entre les dividendes et l'autofinancement : la voracité actionnariale se déchaîne et les dividendes dépassent désormais 50 % des résultats pour la plupart des groupes européens pour atteindre souvent 80 % et plus pour les groupes d'origine anglo-saxonne et particulièrement américaine. A titre d'exemple, les sociétés relevant du CAC 40 ont versé, en 2014, 56 milliards de dividendes à leurs actionnaires bien que les bénéfices de l'année 2013 ne s'établissent qu'à 48 milliards d'euros ! Il faut d'ailleurs constater que la politique de dividendes élevés atteint désormais les entreprises de taille intermédiaire (ETI) et les PME d'après des études statistiques récentes : le démon de la cupidité actionnariale ne connaît plus de limites.

Ainsi, la créativité de l' « ingénierie » financière pour éviter de payer des impôts a trouvé une nouvelle parade, complémentairement au recours aux paradis fiscaux. Chaque printemps, au moment du versement des dividendes qui s'accompagne normalement de celui des impôts, les banques et les fonds de placement se livrent à un mécanisme d'arbitrage, sorte de « *spring break* » de la finance. Le principe consiste à transférer temporairement des actions éligibles à dividendes dans des institutions exonérées de taxes. Le retour à l'envoyeur se réalise ensuite et un partage du butin avec l'aimable porteur provisoire est réalisé sur le dos du contribuable qui n'y voit que du feu. Pour l'Europe, la somme soustraite au fisc dépasse les 100 milliards de dollars investis en actions (Le Monde, 11/05/2016, Stéphane Lauer) !

Le crédit

Le deuxième temps de la logique de développement du capitalisme et de son contrôle progressif de l'ensemble de l'espace social est celui du crédit porté à son impact maximal sur la profitabilité par le mécanisme du levier. Le crédit est ancien et largement antérieur au capitalisme mais, avec le capitalisme, il va s'inscrire dans une dynamique particulière permettant de générer des profits, non pas par l'activité économique de vente de biens et de services, mais par la captation d'une marge non réclamée par les prêteurs. Car c'est bien de la captation d'une marge qu'il s'agit lorsque le prêteur demande une rémunération pour des fonds qui vont permettre une opération de commerce ou d'investissement. Historiquement, les crédits ont surtout concerné les expéditions maritimes, notamment au moment de la Renaissance : rémunérer le prêteur, c'était lui attribuer une partie des profits attendus de l'expédition commerciale. Avec le crédit, à l'époque moderne, les transactions se précisent puisqu'explicitement le prêteur (généralement la banque mais de plus en plus les marchés financiers, particulièrement dans les pays anglo-saxons avec une tendance à la généralisation dans les autres pays) demande une rémunération forfaitaire, indépendante du profit attendu, avec un taux d'intérêt contractuel, fixe ou variable. Ce faisant, il permet à l'investisseur qui prend les risques de l'opération (opération commerciale ou, le plus souvent maintenant, opération d'investissement) de démultiplier sa rentabilité, de faire levier puisque, si tout se passe bien, la rentabilité du projet est supérieure au coût du crédit : avec un crédit à 5 % pour un projet dont la rentabilité effective est de 10 %, lorsque le crédit s'établit à la moitié des ressources nécessaires, l'investisseur-actionnaire capte le différentiel de 5 % (entre la rentabilité de 10 % et le taux du crédit de 5 %) qui vient s'ajouter à la rentabilité économique réelle de 10 % pour atteindre 15 % de rentabilité des capitaux investis. Il n'y a aucune magie dans ce mécanisme : si l'un (l'actionnaire-investisseur) gagne plus, c'est que l'autre (le banquier prêteur) gagne moins : rien ne se perd, rien ne se crée, tout se transforme conformément à la deuxième loi de la thermodynamique. Pourtant, affirmer que le banquier gagne moins est trompeur : il gagne moins que l'actionnaire investisseur puisque celui-ci prend le risque de la réussite plus ou moins flagrante du projet ou de son échec éventuel tandis que le banquier accepte délibérément une rémunération plus basse mais certaine : le seul risque pour le banquier, c'est que l'investisseur fasse défaut. Mais si le banquier permet à l'investisseur de démultiplier sa rentabilité, ce n'est ni par philanthropie, ni par sottise. Son modèle économique est différent de celui de l'investisseur bien que tous deux visent le profit maximal. Pour l'investisseur, c'est un profit maximal direct avec la mobilisation minimale de ressources, rendue possible par le recours au crédit qui supplée les ressources « normalement » apportées par l'investisseur. Pour le banquier, c'est un profit maximal indirect résultant de la différence existant entre le coût des ressources mobilisées par lui et la rémunération qu'il obtient pour les crédits qu'il consent.

Le métier de banquier, traditionnellement, c'est de pratiquer l'intermédiation. L'intermédiation comporte deux volets : la mobilisation de ressources et l'affectation de ces ressources à des opérations de crédit. La mobilisation des ressources, c'est colliger des fonds par les dépôts des particuliers et des entreprises, par des emprunts sur les marchés financiers, par des crédits obtenus des banques centrales (refinancement) et par des fonds propres, les fonds apportés par les actionnaires de la banque. L'affectation des ressources, c'est consentir des prêts à des particuliers ou des entreprises pour la réalisation de leurs projets d'investissement et de développement.

C'est toute la dynamique de la création monétaire : quand une banque prête, elle ne va pas chercher quelque part des fonds thésaurisés dont elle peut faire usage ; elle crée de l'argent par la seule opération de l'inscription du débiteur dans ses comptes. Le particulier ou l'entreprise, bénéficiaire du prêt, peut à partir de ce moment disposer de la somme contractuelle définie, elle lui appartient après avoir été créée de toutes pièces (si l'on ose dire) par l'accord de la banque. C'est parce que cette création ex nihilo est potentiellement explosive que d'une part on impose aux banques de disposer d'un minimum de fonds propres (8 % d'après les mesures de régulation bancaire européenne, dites Bâle III) et que d'autre part un refinancement est proposé par les banques centrales, garantissant en dernier recours les crédits. L'époque actuelle, particulièrement depuis la crise bancaire initiée par les subprimes en 2007-2008, voit les banques centrales distribuer très largement les crédits aux banques des différents pays à des taux d'intérêt dérisoires, nuls et même négatifs, ce qui a un effet d'aubaine certain pour les banques dont la rentabilité est assurée par de l'argent pratiquement gratuit prêté à des taux bas mais très rémunérateurs compte tenu du coût insignifiant des ressources.

La virtualité

Le troisième temps de l'épanouissement du capitalisme et de sa généralisation est celui du profit virtuel et futur dont on fait l'hypothèse qu'il doit advenir et qui permet, dès à présent, le versement de dividendes. Quel est le mécanisme ? Classiquement, le dégagement d'un profit consécutif à des ventes de biens et de services permet à l'actionnaire de procéder au versement d'un dividende, généralement annuel, mais de plus en plus souvent semestriel pour des grands groupes internationaux (c'est le cas, notamment, de LVMH pour les groupes d'origine française). Avec le développement du marché des capitaux et la constitution de vastes portefeuilles d'actifs interconnectés, les entreprises s'insèrent dans des groupes et disposent de filiales ou de participations tout en étant elles-mêmes un sous-ensemble d'entités plus vastes : ainsi Bouygues détient TF1 ce qui n'interdit pas la cotation respective des deux entités (la plus réduite TF1 et la plus large Bouygues). Dès lors qu'au sein des groupes les relations de détention capitalistique sont nombreuses, la logique du marché va venir percuter l'appréciation historique de la valeur économique. En clair, et ce sera aux normes comptables de le proposer, il ne faut plus se limiter au seul constat des profits déjà générés ou à la seule valeur historiquement enregistrée des actifs ; il faut intégrer les perspectives de profits futurs via l'appréciation des flux de liquidités qui seront vraisemblablement produits demain, tels que les plans d'activité (*business planning*) les établissent. Ainsi une société disposant de participations dans d'autres entreprises constate-t-elle dès à présent la rentabilité attendue demain de ses filiales et de ses participations par un profit correspondant à l'augmentation de la valeur de la participation détenue, traduite ou non par une cotation explicite sur une bourse de valeurs. Le principe de la *market value*, ou plus précisément *fair market value*, conduit à considérer qu'un actif doit s'évaluer au prix que le marché lui attribue ou lui attribuerait. Pourtant, malgré sa généralisation, le marché ne pénètre pas encore tous les interstices de la vie économique ; beaucoup de biens ne valent que parce qu'ils sont intégrés dans un processus plus large. Ainsi, une machine-outil n'a pas de valeur marchande, sauf à la casse, mais si elle est utilisée dans un processus de production, c'est justement parce qu'elle est utile à ce processus : la valeur qu'elle transfère au coût de revient des produits qu'elle permet de fabriquer a plus de sens que sa valeur intrinsèque marchande. Pour contourner cette difficulté et maintenir la valeur de marché en relation avec la génération des flux de trésorerie futurs, on retient le concept d'UGT, unité génératrice de trésorerie, qui permet de regrouper plusieurs actifs consacrés au même processus de production de *cash*. Un actif n'est plus un élément nécessaire à la stratégie d'une entreprise, personne morale, développant ses projets mais un bien détachable de l'ensemble, susceptible à tout moment d'être acheté ou vendu. Ce changement d'approche vient appuyer la mutation principale, de la stratégie d'entreprise à la stratégie actionnariale : une stratégie d'entreprise collige les actifs nécessaires aux options de développement, une stratégie actionnariale procède à l'inventaire des actifs pour les acquérir et les céder dans les meilleures conditions.

La liquidité

Le quatrième temps du déroulement de la dynamique capitaliste est celui de la liquidité, devenue la référence suprême, le signifiant-roi complétant l'inévitable recherche du profit. Quand les facteurs de limitation de la croissance s'accumulent, quand la solvabilité des consommateurs se contracte, quand on a épuisé les possibilités de dégagement du profit par l'activité, par le partage de la valeur ajoutée, par le recours au crédit et par l'intégration de profits futurs virtuels, il reste la « planche à billets », l'émission de monnaie arbitraire, non liée à la réalité de l'économie afin d'arroser de « montagnes de *cash* » les banques et les investisseurs ; ceux-ci, en investissant ce *cash* surabondant dans les marchés financiers, créent des bulles financières nouvelles qui permettent un temps de capter de confortables plus-values. La situation actuelle, dite de *quantitative easing* (assouplissement quantitatif) conduit les banques centrales à racheter des titres sur le marché pour augmenter la masse monétaire dans des proportions inconnues jusqu'ici. Depuis 2007/2008, les actions des banques centrales s'orientent délibérément vers la création monétaire. D'abord la Réserve fédérale américaine, puis la banque d'Angleterre, la banque du Japon et enfin la banque centrale européenne (BCE). Toutes les situations se résument à une pratique unique : racheter des titres sur le marché pour augmenter les liquidités en faisant l'hypothèse qu'elles permettront de financer les entreprises, notamment les PME ou les ETI afin de relancer l'activité, les investissements et la croissance. Mais les conditions structurelles de l'économie n'étant pas modifiées, ces « tombereaux de liquidités » ne conduisent qu'à une spéculation sur les actifs, notamment boursiers, sans impact sur le tissu économique, particulièrement industriel.

Synthèse de la logique de la mondialisation

Les quatre temps présentés ici le sont à titre explicatif et pédagogique. Il n'y a pas de succession chronologique : un temps ne disparaît pas avec l'arrivée d'un temps nouveau et aujourd'hui le capitalisme recourt concomitamment aux quatre possibilités décrites. La situation économique mondiale, en ce début de troisième millénaire, exprime, à un degré insoupçonné il y a trente ans, les tensions les plus vives quant à ses perspectives. Le marché est absolu, total et dominant. Par marché, nous entendons le marché capitaliste articulé sur la propriété privée des moyens de production et l'objectif de génération de profits. Comme on l'a indiqué précédemment, le marché n'a pas toujours été capitaliste ; il était un lieu d'échanges permettant certes aux commerçants de réaliser de substantiels bénéfices mais sans que ceux-ci ne structurent le dispositif. Ni les marchés de la Chine confucéenne ni le bazar des pays arabes au Moyen Âge n'ont visé autre chose que le contrôle de l'échange et la maîtrise des marchands. Mais aujourd'hui, évoquer le marché, c'est nécessairement évoquer le marché capitaliste puisqu' il recouvre et subsume toutes les situations antérieures. Le marché, c'est le marché financier, ensemble multiple regroupant les banques, les fonds de toutes natures (fonds d'investissement, fonds de retraite, hedge funds…) et les propriétaires d'actifs financiers, immobiliers, industriels ou commerciaux identifiés comme des personnes physiques (grandes fortunes) ou le plus souvent morales (fiducies, trusts…). C'est une vaste galaxie gérant un portefeuille mondial permettant de contrôler l'ensemble des activités économiques de la planète : les travaux sont peu nombreux sur la nature précise des marchés financiers en raison de l'opacité qui recouvre tant les transactions que les bénéficiaires. Ce n'est pas le moindre des paradoxes que de constater que la cristallisation la plus aboutie du système économique capitaliste prônant le libéralisme, la concurrence et la transparence produit un système financier opaque et dominateur à partir notamment de zones offshore échappant au contrôle des États. Le travail rigoureux de Geoffroy Geuens (*La finance imaginaire. Anatomie du capitalisme : des « marchés financiers » à l'oligarchie*) permet néanmoins d'appréhender le capitalisme réel, à l'opposé du mythe de la concurrence postulée comme un principe fondateur. Geoffroy Geuens constate la concentration des actifs et du capital des groupes industriels. Ses travaux sont corroborés par de nombreux chercheurs dont notamment trois chercheurs suisses (Stefania Vitali, James B. Glattfelder et Stefano Battiston) qui ont étudié la détention du capital des 43 000 plus importantes entreprises mondiales : ce qu'ils constatent, bien qu'étant prévisible, est absolument saisissant puisque 700 entreprises contrôlent à 80 % le chiffre d'affaires généré dans le monde. Geoffroy Geuens constate la centralisation des économies autour d'une poignée d'investisseurs institutionnels et l'hyper-centralisation des capitaux par le biais de participations croisées entre oligopoles financiers. On touche précisément à la nature du capitalisme réel contemporain et à ce qui existe sous l'épaisse formule de « marchés financiers » dont le succès médiatique rapide est révélateur de sa puissance et de son mystère… supposé. Les marchés financiers, ce sont bien l'union de la haute banque et de la grande industrie, ce sont aussi les fonds du « capitalisme sauvage » (*hedge funds* et capital-investissement) le plus souvent nés dans le giron de la haute banque : les liens de l'oligarchie financière sont assurés et consolidés grâce à un maillage très subtil et très efficace entre hommes d'affaires et personnel politique. Les marchés financiers, entendus comme il vient d'être précisé, sont les véritables seigneurs et maîtres de l'économie mais aussi de ce qui reste des options politiques : devant les échecs répétés de leurs politiques d'austérité, les politiques, particulièrement européens, n'ont d'autres discours que d'invoquer la nécessité de satisfaire les marchés financiers. La densité du maillage oligarchique et la complémentarité des différents acteurs de la puissance financière sont absolument sous-estimées par le public mais rien n'est fait pour l'éclairer !

Technique de la mondialisation

Il apparaîtra vraisemblablement surprenant à un observateur du futur de constater qu'en quelques années, depuis les années 1980, le système économique libéral capitaliste installé depuis plus de deux siècles a connu un ensemble de transformations en termes d'outils, de modes de fonctionnement et d'institutions qui bouleversent complètement le paysage et lui donne une puissance de feu incomparable et apparemment inéluctable.

Deux dimensions illustrent ces bouleversements : en premier lieu, le fait que les opérations économiques, quelles qu'elles soient, ont désormais une structuration financière comme objectif principal : on ne vend plus des produits et des services pour eux-mêmes, on réalise des montages financiers complexes pour construire des produits financiers dont on attend les rentabilités les plus élevées ; en second lieu, l'omniprésence du marché désormais sans limite, ni géographique ni fonctionnelle, ni même philosophique : tout ce qui existe dans la société ne peut se pérenniser que par le biais d'un prix, d'une cotation et d'un échange sur un marché liquide, immédiat et permanent. On précisera corrélativement que cette absolue domination du marché capitaliste, présentée comme « naturelle » et légitime rend caduques les dernières actions des États en matière de fiscalité ou de monnaie. On mentionnera enfin l'impact décisif pour la mondialisation d'une part de la révolution numérique, d'autre part des institutions assurant son emprise générale, les normes comptables et les agences de notation.

Extension de la dimension financière de l'activité économique

Le capitalisme, on l'a montré, n'est ni commercial, ni industriel par nature : il n'a pas vocation à faire le commerce des tissus, à fabriquer des automobiles ou des ordinateurs. Dès son origine, son principe fondateur agissant est la génération du profit afin de le distribuer sous forme de dividendes aux actionnaires-investisseurs et de le réinvestir sous forme de capital pour générer de nouveaux profits. Comme on a pu le préciser, la dynamique de réussite du capitalisme le pousse à élargir ses domaines d'intervention. Géographiquement, la colonisation et l'internationalisation des échanges permettent d'élargir les marchés et d'installer de puissantes firmes multinationales.

Substantiellement, tous les biens et les services sont progressivement insérés dans les échanges, y compris les biens gratuits, communs ou publics : les terres et l'eau font l'objet de toutes les convoitises et les partenariats public-privé assurent le retrait des interventions de la puissance publique au profit d'opérateurs privés. Jusque-là, rien de bien étonnant : le capitalisme est puissant, il se développe et conquiert les territoires qu'il trouve à sa disposition, territoires géographiques, types de biens ou de services, « appuis » aux collectivités publiques ne pouvant assurer le financement de leurs équipements et de leurs infrastructures. Ce qui est plus intéressant, c'est la mutation dans l'esprit même des objectifs que s'assigne le système économique. Nous retiendrons trois éléments illustratifs : la « crise » des produits surgelés, à l'hiver 2012 en France, l'instauration d'une pondération des risques pour les activités de crédit bancaire et la création des stock-options pour les dirigeants et l'encadrement supérieur des grandes entreprises.

Un produit alimentaire est un produit financier

L'hiver 2012 a vu la France être le théâtre de différents incidents alimentaires, constatés notamment à l'occasion de la commercialisation de produits surgelés défectueux. Ces incidents graves ont violemment choqué l'opinion publique pour des raisons évidentes de fiabilité et de qualité des produits. Pourtant, c'est moins la substitution d'une viande à une autre (en l'occurrence ici le cheval pour le bœuf) ou les difficultés de traçabilité rencontrées dans la conception même du produit qui doivent nous alerter. Ce qui apparaît brutalement dans la mise à jour de la chaîne agroalimentaire, c'est que le produit alimentaire s'efface devant le produit financier. La fabrication du produit alimentaire devient secondaire par rapport aux « contraintes » qu'impose le montage financier. Ce montage reprend les ingrédients habituels des produits financiers : les coûts les plus bas (fourniture de la viande par des sous-traitants domiciliés dans les pays de l'Est européen), le recours à des courtiers pour titriser les opérations (via Chypre et les Pays-Bas en l'occurrence pour les produits Findus incriminés à l'époque) et l'intervention d'intermédiaires divers et de structures logées dans des paradis fiscaux. La fièvre est retombée médiatiquement mais les montages perdurent : les catastrophes alimentaires et leurs conséquences lourdes sur la santé des populations ne font que commencer.

La pondération des risques bancaires

L'activité traditionnelle des banques, leur cœur de métier, a toujours été l'intermédiation qui consiste à mobiliser des ressources pour financer les projets des entreprises et des particuliers. L'approche classique consistait en un examen par le banquier de la demande du débiteur potentiel et de sa situation financière afin de décider s'il acceptait ou non de consentir un prêt. Le banquier procédait à une analyse des risques, étudiait les différents facteurs d'insolvabilité et arbitrait, après étude, en refusant le prêt lorsque les risques étaient trop importants à ses yeux : il prêtait ou il ne prêtait pas, l'analyse des risques conduisait à un choix d'acceptation ou de refus. Dit autrement, le risque était un facteur exogène à l'opération de crédit, il jouait un rôle de couperet quand les conditions de solvabilité n'étaient pas réunies. En quelque sorte il fonctionnait comme une condition éliminatoire dans un examen : il faut obtenir la moyenne générale dans un ensemble d'épreuves mais il est interdit, pour certaines épreuves, d'avoir une note inférieure à un certain seuil : un zéro en français ou en mathématiques est éliminatoire par exemple. Aujourd'hui, la philosophie en matière de risque s'aligne sur la rentabilité : le risque n'est plus un paramètre à considérer pour lui-même, comme un obstacle déterminant pour la transaction, mais comme un facteur lié à la rentabilité : plus la rentabilité attendue est forte et plus la prise de risque est acceptable et souhaitable. En fait, le raisonnement se fait de plus en plus en sens inverse de ce qu'il était initialement : acceptons des risques importants à condition d'imposer des tarifications élevées. Le crédit devient un produit financier comme un autre : on le note, on le structure et on le titrise. On le note par l'intervention des directions des risques œuvrant en interne ou par le recours aux agences de notation. On le « structure » en l'agrégeant à d'autres crédits ou produits financiers. On le titrise en le mettant sur le marché du crédit.

Le basculement est complet : les banquiers d'hier étaient dans une logique OTH (originate to hold), ils consentaient des crédits et les portaient jusqu'à leur terme de trois, cinq, sept ans ou davantage. Cette logique les conduisait à faire preuve d'exigence et de sagacité dans l'analyse des « contreparties » (les clients, dans le vocabulaire bancaire) et à ne prêter qu'à des emprunteurs présentant les meilleures garanties de solvabilité future. Désormais, la nouvelle approche bancaire est OTD (originate to distribute), le banquier limite son rôle à la mise d'un crédit sur le marché qui pourra ensuite être acquis par d'autres banques ou d'autres fonds grâce à la titrisation. Bien entendu, il faudra lorsque le crédit arrive à son terme qu'il soit remboursé... ou qu'un défaut de paiement soit constaté, mais entre-temps la propriété du crédit passera de mains en mains, au gré des arbitrages financiers. Il court, il court, le furet ! On comprend immédiatement que les garanties de solvabilité sont infiniment moins solides qu'auparavant puisqu'au fond, mettre sur le marché un crédit, c'est le jeu de « la patate chaude » : on touche de juteuses commissions et on s'en débarrasse ! L'emploi du substantif « structuration » des crédits est particulièrement paradoxal quand on pense que les crédits dits « structurés » sont des mille-feuilles de produits les plus divers dont on a vu les dangers au moment de la crise des subprimes. Rien de moins structurés que les crédits baptisés tels, rien de plus « poubelle » que ces feuilletés multiples à l'instar des lasagnes de bœufs mentionnés plus haut à propos des produits alimentaires devenus eux-mêmes produits financiers. Le profit comme référence unique donc et la mise immédiate sur le marché des crédits pour que tout circule et, si possible, fasse des petits.

Les stocks-options

Avec les années 1980 et le basculement des stratégies entrepreneuriales des groupes vers des stratégies actionnariales, un outil a joué un rôle décisif : les stock-options. Les stock-options sont des intéressements en actions à destination des dirigeants et de quelques cadres supérieurs dont l'objet est d'aligner les rémunérations sur les performances boursières. Classiquement, un dirigeant était jugé sur la stratégie mise en œuvre et sur ses résultats en termes d'activité, de parts de marché, d'investissement et de bénéfices. Avec les stock-options et l'ensemble des outils référant les rémunérations de direction aux paramètres boursiers (bons de souscription d'actions ou d'obligations, BSO, BSA...), la stratégie d'entreprise (*corporate*), nécessairement à moyen terme (trois ans en général) s'efface pour des résultats immédiats, à court terme, permettant de doper le cours des actions. Les stock-options ont été un élément décisif qui a accompagné et accéléré le basculement actionnarial. Comment s'étonner de l'effondrement industriel, particulièrement en Europe, lorsque l'actionnaire est la seule référence. Outre de considérables dividendes, obérant les capacités d'investissement actuelles et futures, les entreprises se livrent de plus en plus au rachat de leurs actions ce qui permet, par un effet de relution, d'améliorer mathématiquement la profitabilité constatée. Le profit financier supplante désormais le profit industriel à l'exception, provisoire, des pays émergents et de l'Allemagne, pourtant confrontée à la désindustrialisation mais dans des proportions moindres que la France.

Omniprésence du marché

Balzac, dans *La Maison Nucingen*, observe « l'omnipotence, l'omniscience » et même par un admirable néologisme « l'omniconvenance de l'argent ». Aujourd'hui, ce n'est pas seulement de l'argent qu'il faut parler mais du marché comme signifiant absolu hors duquel la société ne peut trouver de perspectives. Le marché, on l'a indiqué, a d'abord été une structure d'échanges permettant la circulation des biens et des services, particulièrement les biens rares comme les étoffes, les épices et les métaux précieux. Il est ensuite devenu le marché capitaliste c'est-à-dire ce dispositif destiné à générer des profits et à les accumuler pour constituer une rente augmentant exponentiellement, sans limite. Le marché capitaliste présente aujourd'hui son apothéose par la mobilisation de tous les leviers possibles susceptibles de favoriser le gonflement de la richesse, réelle ou virtuelle. En ce sens, il présente un état critique, une impasse : tout est succès pour le capital, maître du marché, mais tout est fermé pour le futur, avec une solvabilité en berne et la destruction des ressources naturelles et de l'environnement. Quand on prendra le recul historique qui s'impose pour comprendre la période actuelle, celle ouverte par les années de la fin du XXème siècle, on sera vraisemblablement frappé par la concomitance de deux facteurs décisifs pour la transformation radicale du monde : l'émergence, puis la rapide montée en puissance du numérique et la généralisation du marché capitaliste tant en termes d'extension que de mode de fonctionnement. Le numérique s'impose comme mode de pensée, le marché s'impose comme mode d'action.

La révolution numérique

C'est une banalité de l'écrire mais ce n'est sans doute pas une banalité de l'analyser : l'impact du numérique est majeur sur les changements constatés depuis quelques décennies en matière économique. L'économie capitaliste avait besoin du numérique, il lui était nécessaire (si l'on peut dire... avant d'exister) puisqu'il apporte la réponse technique permettant d'occulter le temps. Le numérique, ce n'est pas seulement la rapidité, l'immédiateté des connexions et des comparaisons, c'est un autre rapport au contenu traité. Si ce qui compte, c'est d'être connecté, connecté en permanence comme le sont les marchés financiers, c'est que c'est précisément la connexion qui fait sens, qui apporte les réponses aux questions essentielles. Il n'y a plus d'épaisseur, de recul, de distance critique permettant d'interroger un projet, une orientation, une stratégie : la réponse s'impose à travers un chiffrage, résultat d'un calcul immédiat ne laissant pas place à un quelconque ailleurs. La dimension abstraite du calcul rassure : il n'y a pas de vérités sous-jacentes, le marché est entièrement absorbé dans sa cotation permanente, immédiate et volatile ; pas d'ailleurs, pas d'instance légitimante ou disqualifiante, le pouvoir absolu du chiffre dans sa naïveté béate, dans son vide substantiel. Que les cotations sur les marchés financiers recourent désormais au HFT (high frequency trading), malgré quelques limitations provisoires, indique bien que ce qui importe est la combinatoire permettant des jeux en temps réel sur les cotations, véritable casino des temps modernes ! Pour un coût de 300 millions de dollars, l'entreprise Hibernia Networks installe 4 600 kilomètres de fils optiques, au fond de l'Atlantique, entre l'Europe et les États-Unis. Cet investissement « indispensable » permet un gain de moins de trois millisecondes (10 % du temps antérieur) sur les transactions dont le retour sur investissement est jugé très prometteur !

Nous développons plus loin la réflexion sur le numérique en nous demandant s'il est un instrument d'accomplissement ou de dépassement du capitalisme.

Le marché absolu

Hors du marché, il n'est point de salut.
Un marché impérieux, impérialiste, progressant tel un bulldozer à travers les derniers pans de la vie sociale et économique pour les arraisonner et leur donner un statut marchand, donc une cotation et une évaluation. C'est la titrisation inventée et rapidement développée à partir des années 1990 qui est l'illustration la plus emblématique de l'absorption tendancielle par le marché de toute la pâte économique, sociale ou culturelle jusque dans ses dimensions les plus extrêmes. Titriser un actif, c'est tout simplement le proposer sur un marché à des acquéreurs potentiels afin qu'ils puissent récolter les dividendes générés par cet actif et le revendre au moment qui leur apparaît le plus opportun. Ce sont principalement les crédits qui sont titrisés, mais tout actif générant des flux réguliers de liquidités futures (*cash-flows*) est susceptible d'être titrisé : une loterie, les concerts d'un artiste, un bien immobilier mis en location peuvent donner lieu à une opération de titrisation. Ici encore, ce que la titrisation opère, c'est un écrasement du temps, une concaténation visant à rendre immédiat, accessible et liquide ce qui résulte en principe d'un long processus de maturation : le remboursement d'un crédit, l'utilisation d'un immeuble, d'un local commercial ou d'une usine. Cet écrasement du temps a une autre conséquence : outre la suppression de toute épaisseur réflexive normalement associée à un projet, la mise sur le marché immédiate, permanente et compulsive des actifs les plus divers hystérise le mécanisme d'évaluation : la cotation est l'alpha et l'oméga du processus, toute fluctuation doit être

observée et interprétée avec des sources de comparaison mondiale, le *benchmarking* est permanent et la volatilité extrême puisqu'il n'y a plus de référent réel, de « sous-jacent » pour employer le langage bancaire. Parallèlement à la titrisation, « l'ingénierie » financière, conquérante et imaginative, a construit des dérivés de crédit, des produits (*swaps, futures* ou *options*) s'appuyant sur des crédits classiques pour les décliner sur différents registres. Ce sont des contrats d'échange, souvent sur des taux d'intérêt, des contrats de vente ou d'achat d'un actif à terme (pétrole, matières premières…) ou des contrats optionnels matérialisés par une garantie. Certains de ces contrats ont une utilité économique, par exemple quand une entreprise commerçant dans plusieurs pays ayant des devises différentes, se protège contre les variations de taux d'intérêt, mais l'immense majorité des transactions a trait à des opérations spéculatives sans rapport avec l'économie réelle. Les propos de Paul Volcker, ancien chairman de la réserve fédérale américaine, devant une commission du congrès américain, le 12 mai 2012, sont on ne peut plus clairs : « on peut se demander à quelle protection explicite ces produits sont destinés, on peut se demander de quel risque explicite ils protègent. » La masse des transactions réalisées sur les dérivés de crédit approche les 700 000 milliards de dollars, soit plus de dix fois le PIB annuel de la planète. Ces transactions s'opèrent largement à partir des paradis fiscaux dont le rôle-clé dans le système mondialisé et financiarisé est, une fois encore, attesté.

Société du chiffre, société du calcul permanent et hystérique, mais aussi société dans laquelle le marché omniprésent et incontesté dispose, outre sa propre logique proliférante et l'appui indispensable du numérique, de relais institutionnels puissants pour conforter sa légitimité, déjà bien assise : ces relais sont les normes comptables et les agences de notation.

Les institutions de la mondialisation

Les normes comptables

Les normes comptables doivent permettre de produire une information fiable, c'est-à-dire traduisant correctement l'activité, les investissements et les financements réalisés, la connaissance des charges et la génération du résultat. Elles sont le cadre de référence qui indique les principes et les mécanismes à respecter. Traditionnellement, la comptabilité est l'instrument de mesure des transactions sur le marché : celles-ci sont constatées et dûment enregistrées au prix effectif au moment de la transaction. On dit que la comptabilité constate la valeur historique, au moment de sa survenance, ce qui implique que cette valeur reste stable ensuite si le bien subsiste dans l'entreprise. La seule correction de cette valeur, à la baisse, peut intervenir par le mécanisme des amortissements et des provisions pour constater l'usure du bien, sa consommation dans le processus de production ou d'éventuelles difficultés liées à la recouvrabilité pour des créances ou à la cession sur le marché pour des marchandises mal adaptées à la demande : obsolescence, rotation lente... Ce système est prudent puisqu'il n'enregistre pas la hausse des actifs et réaliste puisqu'il ne prend acte que de ce qui a été réalisé sur le marché et qui a généré un résultat, un bénéfice ou une perte. Or, ce système, sous la pression des marchés financiers, désireux de constater en temps réel l'accroissement de la richesse, s'est progressivement modifié pour retenir, non plus la valeur historique constatée mais la valeur de marché ou *fair market value*, c'est-à-dire la valeur de réalisation, telle qu'elle serait appréhendable sur un marché réel ou simulé. Les normes comptables internationales sont les IFRS (International Financial Reporting Standards). Elles sont produites par un organisme privé et non public comme il serait légitime de l'attendre pour une institution qui propose la loi comptable s'imposant à l'ensemble des acteurs impliqués dans la vie économique, financière et sociale. Cet organisme, largement en phase avec les attentes des institutions financières, des entreprises et plus largement des investisseurs désireux de valoriser leur patrimoine, a, sans le savoir, introduit la boîte de

Pandore dans les rouages financiers. En effet, rechercher systématiquement une valeur de marché pour tout type d'entité économique inscrite dans le périmètre d'une entreprise, ou tout type de biens détenus par celle-ci, conduit à considérer l'entreprise, l'unité économique, la personne morale, comme une simple collection d'objets, un magasin dans lequel on collige différents éléments pour permettre d'en donner ensuite une valeur globale. Celle-ci ne vaut alors plus que par la sommation des constituants élémentaires et non par la capacité de l'ensemble, pris dans sa globalité, à générer des résultats. La *fair market value*, qui a remplacé la valeur historique, oblige à suivre les évolutions de prix et à pratiquer le *mark to market* ce qui, en phase avec l'ensemble des logiques financières développées depuis trente ans, conduit à des effets de bulles systématiques, à la hausse comme à la baisse. Les évolutions de prix sur le marché se transforment en effet immédiatement en profits pour les périodes d'euphorie et en pertes pour les périodes de crise puisque les actifs des entreprises et des banques sont immédiatement évalués au prix du marché.

Les agences de notation

Le travail des agences de notation est technique, historique et strictement dédié à la mesure d'une probabilité de défaut, c'est-à-dire d'une incapacité à payer une dette à une échéance précédemment définie. Il n'y a pas d'anticipation relative à des projets, des politiques d'infléchissement des actions et des résultats actuels. Il y a en revanche une forte procyclicité puisque tout doute émis par une agence renforce l'inquiétude des prêteurs, augmente mécaniquement le coût de la dette et diminue en conséquence les marges de manœuvre financière. La place des agences de notation dans le système économique et financier est généralement mal comprise. On pointe leur incompétence, par exemple lors de la crise des subprimes en 2008, et on s'insurge contre leurs pouvoirs exorbitants face aux États traités comme de mauvais élèves et durement sanctionnés. En réalité, les agences de notation ne sont pas incompétentes, si l'on excepte l'incompétence usuelle des organisations bureaucratiques (erreurs d'annonce et rétractations subséquentes). Les agences de notation sont un maillon nécessaire du dispositif, elles sont le carburant du rouleau compresseur qui, imperturbablement, inexorablement, met à plat le système social pour le réduire à un niveau de dette, une qualité de débiteur et en conséquence un niveau de taux d'intérêt à pratiquer. Les agences de notation sont les auxiliaires zélées de la rente : par leurs notes, elles « justifient » des niveaux d'intérêts extravagants et mettent en grande difficulté les débiteurs auxquels on demande néanmoins les efforts les plus importants pour se maintenir... « *The show must go on !* »

Bilan d'étape de la mondialisation

Ce que présente la mondialisation, en ce début de troisième millénaire, c'est un capitalisme se déployant pleinement, affranchi des limites antérieurement établies par les réglementations et les régulations et disposant de la puissance la plus large grâce à la technologie numérique qui lui offre efficacité, rapidité et complétude. Ce qu'interroge la mondialisation, en tant que paradigme d'un monde unifié sous l'égide des marchés financiers, c'est d'une part le sens que les sociétés contemporaines donnent à leurs actes et à leurs projets pour les individus qui les composent et c'est, d'autre part, la place qu'il est (ou non) possible d'assigner aux structures étatiques qui ont jusqu'à présent animé la dynamique institutionnelle des dites sociétés. Quel monde, quelle civilisation, quelle culture pour quels humains mais aussi, plus prosaïquement, quels relais étatiques ou institutionnels pour assurer la perpétuation des sociétés humaines.

Il ne fait plus de doute, même pour les moins informés des citoyens, que la sphère politique de la démocratie représentative n'est plus qu'une scène factice où sont colportés de vieux clivages qui ne concernent plus que les professionnels, ceux dont le fonds de commerce est précisément de stimuler l'électeur pour qu'il trouve encore quelque intérêt à choisir X plutôt que Y. En France comme ailleurs, dans l'Europe et le monde, il apparaît chaque jour que l'élection d'un camp ou d'un autre ne change strictement rien à la politique conduite ensuite, tout simplement parce que les choix véritables, ceux qui engagent la seule instance qui compte, l'instance économique, sont arbitrés en amont par la puissance financière mondiale relayée pour l'Europe par l'Union européenne. L'Union européenne a pour fonction explicite de réaliser les ajustements pour que tous les pays en relevant avancent dans la voie du libéralisme le plus « pur », associant un libre-échange sans entraves (les avancées dans l'opacité la plus complète du grand marché transatlantique en attestent notamment), une fluidité totale des marchés du travail et des capitaux et une instrumentalisation prosaïque des États nationaux réduits à une fonction d'enregistrement comptable des mouvements de leur caisse budgétaire et de leur en-cours de dette publique. Y a-t-il un autre débat aujourd'hui que celui des sacro-saints équilibres imposés (nouvelles tables de la Loi pour une société laïque dont la laïcité est précisément devenue la religion) s'exprimant en termes économiques et financiers par une limite imposée de déficit public (3 %) et un niveau maximal de dette (60 % du PIB).

Certes, le spectacle médiatique continue et on s'écharpe violemment autour de sujets sociétaux (en vrac, le mariage pour tous, le port du foulard « islamique », l'enseignement du latin ou du grec dans les lycées et collèges...) mais on sait bien que tout cela ne vise qu'à « amuser la galerie » et alimenter les pseudo controverses dont les médias ont besoin pour réactiver les clivages puissants de la « gauche » et de la « droite », du religieux et de l'athéisme, de l'identité et des différences de culture... Il reste encore un décor mais on s'épuise à y rejouer une pièce archaïque, éculée, à laquelle on ne peut raisonnablement prêter attention. C'est là pourtant qu'il faut pointer le rôle majeur, le dernier qui lui reste, de la classe politique (toujours puissamment soutenue par ses deux assesseurs dévoués, son assesseur médiatique et son assesseur économique, sous le costume des lobbys financiers, commerciaux et industriels). Car il faut bien faire admettre par la population, intuitivement portée à considérer que les politiques conduites sont contraires à ses intérêts, qu'il n'y a pas d'autre choix que ceux qui sont proposés : il faut « faire passer la pilule » de la façon la moins douloureuse. En plaidant l'impuissance, le regret, voire la consternation, en admettant implicitement qu'ils n'ont plus aucune prérogative réelle, les « politiques » présentent leurs décisions comme dictées par les contraintes extérieures auxquelles il n'est pas possible de déroger. C'est d'ailleurs bien la réalité mais, en agissant ainsi, le personnel politique tente de se défausser de ce qui, normalement, devrait être sa responsabilité. C'est habile dans un premier temps (« c'est pas moi, c'est l'autre ») mais dévastateur dans un second car la complicité associée à l'impuissance ne porte pas un idéal très roboratif. Des bouffons, des pleutres et à l'arrivée un massacre et un saccage social dont les signes les plus manifestes sont la déshérence de régions entières, le post-industriel agissant comme une anesthésie post-traumatique (Axel Kahn, *Pensées en chemin : ma France des Ardennes au Pays basque*), la compression du pouvoir d'achat et la lente remise en cause d'une protection sociale « qu'on ne peut plus se permettre » pour la France comme pour les autres pays européens. Un personnel politique hors-jeu donc, crispé sur ses privilèges et sa piètre rhétorique d'amortisseur des tensions et d'atténuation des méfaits de la mondialisation : il faut à la fois une bonne dose d'inconscience et de sottise pour avaler encore les fadaises médiatiques mettant en scène de supposées oppositions entre experts, témoins et bateleurs divers de « tous les bords » de l'échiquier politique. Mais si le personnel politique fait déshérence et n'assure plus que le spectacle dérisoire de sa continuité (« persévérant dans son être - ou son non-être en l'occurrence - au sens spinozien »), rythmé par de sempiternelles élections ne présentant ni projet, ni stratégie, ni rupture par rapport à l'inexorable envahissement de la rente spéculative et de son cortège de destructions économiques, sociales et culturelles, il faut se demander avec force où se situe le pouvoir, comment l'appréhender et identifier ceux qui l'exercent.

La réponse nous semble devoir être proposée à deux niveaux : une abstraction généralisée qui semble postuler un système hors-sol, tournant sur lui-même et proliférant sans contrôle, « un marteau sans maître », selon l'expression de René Char, et une réalité ploutocratique d'une puissance mondiale, organisée et cohérente dont les griffes sont fermement plantées dans la pâte sociale ductile, défaite et soumise.

La mondialisation, on l'a développé, c'est d'abord un système réticulaire dont l'extension géographique couvre désormais toute la planète et dont la puissance d'interconnexion permet de relier toutes les personnes (physiques et morales) pour quelque objet, information ou décision que ce soit. C'est le système qui fait sens, c'est le système qui relie, qui connecte et qui oriente les arbitrages, les propositions et les décisions dont la caractéristique financière doit nécessairement être dominante. Le capitalisme est pleinement intégré, la domination est globale et s'il est difficile de le cerner, de le circonscrire, c'est parce qu'il associe densité et volatilité. Il pèse car il charrie la fortune de la planète (dix fois le PIB mondial annuel pour les seuls « dérivés de crédit ») mais il est insaisissable car il est l'objet d'une cotation permanente et hystérique, seule instance légitimante.

Tout bouge, tout est mobile comme les flux financiers en recherche d'optimisation permanente, comme les êtres, pions blêmes d'un travail en déshérence, sommés d'être en concurrence pour capter les derniers vestiges d'activités devant leur assurer un mode de réalisation personnelle. Tout est nomade, sans lien, sans référent, comme les produits financiers autonomes, déconnectés de leurs sous-jacents et qui prolifèrent dans l'espace des réseaux numériques. Les lieux, les territoires, les constructions mentales des civilisations (récits, mythes, histoires…) sont des vestiges auxquels les êtres s'accrochent encore mais le virtuel calculatoire et traductible financièrement sature tout l'espace, laissant les humains hagards et étrangers à leur propre destin. C'est, fort logiquement, le moment où sont proclamées les valeurs d'autonomie, de solidarité et de liberté car il est habile de faire cheminer la vérité masquée par sa propre négation, la vérité « d'humains répartis comme des animaux, normalisés comme des choses et traités comme des esclaves » (François Meyronnis, *Proclamation sur la vraie crise mondiale*).

Mais tout est lesté, maillé et contrôlé en termes de pouvoir et d'institutions qui dominent la planète : tout est pesant et lourd pour assurer la pérennité du capital. Nos sociétés sont dirigées par des oligarchies compactes et interconnectées qui accumulent une rente extravagante dont la prolifération la fait déborder de ses bases, ce qui donne un deuxième souffle à une spéculation déjà vertigineuse. Il faut comprendre que la combinatoire convergente des techniques, des procédures et des institutions activées par le capitalisme depuis les années 1980 le conduit à des résultats inespérés, y compris par lui-même, tant les rentabilités, les plus-values et les flux de liquidités générés sont exceptionnels. Les amarres sont larguées et le système flotte sur un océan de profits liquides. L'argent est partout, on le croit virtuel, hors-sol ; en fait il dispose de ses bases arrière pour se protéger, il circule sur les marchés mondiaux et se replie dans les paradis fiscaux. Les territoires ne le concernent pas, la loi ne le contrôle plus, il se déploie sur son aire et soumet le monde avec la complicité des États : peu importe la destruction régulière, méticuleuse et programmée du monde qui en résulte, sa seule politique est son expansion sans fin que rien ne doit entraver. Certes, des « accidents » arrivent, ils arrivent même régulièrement (l'explosion des « bulles » depuis trente ans est récurrente) mais ils sont partie prenante du système, ils en sont la conséquence logique : un système spéculatif, emporté par sa pulsion acquisitive sans limite ne peut que s'affronter à des chocs avant de reprendre sa marche autiste en avant. Penser naïvement et proposer doctement que des régulations permettent de maîtriser le système et d'éviter les explosions périodiques, c'est ne pas comprendre la nature d'un système dont l'objet même est l'enrichissement spéculatif (les enrichissements industriels et marchands n'ont été que les premières étapes d'une dynamique implacable). A-t-on depuis 2008 encadré la finance de l'ombre (Shadow Banking), a-t-on procédé à l'éradication des paradis fiscaux ? Cette finance parallèle ne s'inscrit pas directement dans le système bancaire, elle offre un crédit opaque, parfois moins onéreux que celui des établissements ayant pignon sur rue : en volume de transactions et de produits financiers traités elle dépasse la finance officielle ! A-t-on soumis cette finance opaque à des contraintes et des réglementations minimales ? A-t-on imposé une séparation des banques de dépôt et des banques d'investissement afin de réduire aux seuls investisseurs le risque spéculatif qui repose depuis 2008, définitivement, sur le contribuable des différents pays ? C'est le risque systémique, le « *too big to fail* » qui engage les États et renforce encore (elle n'en n'avait vraiment pas besoin) la recherche de profits risqués puisque « l'ardoise » sera épongée au moment des pertes, inévitables compte tenu des pratiques bancaires. A-t-on simplement procédé à la partition des mastodontes bancaires dont la taille menace l'ensemble du système financier ? S'agissant des paradis fiscaux, pour lesquels des déclarations tonitruantes ont été largement diffusées, notamment par les dirigeants français, a-t-on institué de véritables régulations autres que les échanges automatiques de données ne concernant que les particuliers (on sait que les transactions transitent par des trusts et des fiducies qui occultent l'identité des véritables détenteurs mais ces structures opaques ne sont pas concernées par les mesures, timides et limitées, prises sur les échanges de données) ? Est-on surtout dans la dynamique d'une suppression des paradis fiscaux qui concentrent une part sans cesse plus importante de l'activité financière échappant à la réglementation et à la taxation des profits ? Que fait-on d'ailleurs pour taxer les transactions financières, vieux serpent de mer pour lequel l'Europe est en passe de proposer un enterrement définitif sous la forme d'une taxation dérisoire préservant les différents modèles bancaires dont l'inénarrable « banque universelle » française défendue par le gouvernement français et, en particulier, pour le chiffre d'affaires réalisé sur les dérivés de crédit dont l'impact, nocif lors de la crise de 2008 et inutile le reste du temps, est désormais avéré ? Paradis fiscaux, place, rôle et puissance des banques et politiques fiscales sont avec la monnaie le cœur du système capitaliste, de la caste ou du consortium de l'appareil médiatico-économico-politique, le Système qui gère la planète. Il n'est pas question que, parvenu à ce moment où, après de longues années incertaines (le capitalisme a vraiment eu peur du développement de l'Union soviétique et de son impact majeur sur les forces politiques et syndicales en Occident ; il a vraiment lutté, pendant les « Trente glorieuses » pour freiner la progression du pouvoir d'achat au détriment de la rémunération du capital ; il s'est vraiment inquiété des mouvements nombreux qui, dans le monde, ont tenté d'impulser une émancipation des classes ouvrières et paysannes et d'affranchir la jeunesse des carcans autoritaires et conservateurs d'hier), à ce moment donc où le capitalisme a semble-t-il définitivement gagné (« la lutte des classes existe indubitablement et c'est nous qui l'avons gagné », Waren Buffett), il ne profite pas de ses avantages pour instaurer durablement l'organisation sociale et politique dont il a besoin. Il est clair que le pendant de l'omniprésence et de l'omnipotence du réseau est l'absence de toute instance souveraine, de tout pouvoir politique pouvant s'opposer au lacis réticulaire : les États sont partie prenante du réseau qui les utilise pour approfondir la mondialisation, notamment pour l'extension des transactions commerciales ou pour les dernières salves de déréglementation, de dérégulation et de suppression de toute approche institutionnelle locale ne participant pas de la standardisation de la planète et des biens et des services qu'elle doit proposer.

Mais il faut aller plus loin. Le capitalisme mondialisé, intégré et numérisé, c'est aussi le terrain de jeu parfait pour les activités criminelles : parallèlement, et avec les marchés financiers, les grandes sociétés organisées du crime (Mafia, Ndrangheta et Camora en Italie, Triades en Chine, Yakusas au Japon, organisations criminelles russes, géorgiennes, albanaises, mexicaines…) prolifèrent dans un monde où les États ont renoncé à leur souveraineté. Les activités délictueuses et criminelles génèrent des profits considérables se chiffrant en milliers de milliards de dollars : le jeu, la drogue, les armes, les métaux et le commerce des êtres humains alimentent les flux financiers que l'économie officielle recycle sans renâcler. Comme l'explique Jacques de Saint-Victor (*Un pouvoir invisible*), la marche des affaires s'accommode parfaitement de pactes entre les oligarchies financières mondialisées et officielles et la haute criminalité organisée ; on peut même ajouter que « l'argent n'a décidément pas d'odeur » et que sa prolifération implique à présent la dimension délictueuse, sinon criminelle. La confusion est totale entre les activités licites et illicites, la distinction tend d'ailleurs à ne plus faire sens puisque seule importe la génération des profits et leur accumulation soustraite au regard des États. Le *shadow banking* n'est que le prétexte pour échapper à la fiscalité et aux derniers contrôles, régulations ou réglementations en vigueur. Geoffroy Geuens, déjà cité, montre également combien le tissage est subtil, dense et puissant entre les sphères de la haute finance traditionnelle largement aristocratique, la bourgeoisie d'affaires traditionnelle et les financiers « voyous », ceux qui gèrent les fonds dans les conditions d'opacité les plus extrêmes. En y ajoutant la grande truanderie et les milieux politiques (ne mentionnons que la figure d'un politicien italien d'hier, Giulio Andreotti, mais l'exemple vaut par ce qu'il révèle de ce qui est caché), on obtient un ensemble qui fait système, qui fait bloc pour donner au capitalisme un raisonnable sentiment de toute-puissance et d'impunité. Pendant que les affaires prospèrent dans les conditions les plus inquiétantes, on peut continuer à « balader le bon peuple » avec des sornettes médiatiques autour du voile islamique, de la nourriture dans les cantines scolaires, de la fraude aux prestations sociales (évidemment condamnables mais insignifiantes au regard de l'impact de la fraude fiscale organisée via les paradis fiscaux) … Débattez, débattez, « bonnes gens », les affaires continuent !

CHAPITRE V : Traces et rémanences

La consommation consiste en un pur et simple cataclysme anthropologique. Cette nouvelle « culture » capitaliste exige des hommes dépourvus de liens avec le passé (qui comportait l'épargne et la moralité) : le seul acte existentiel possible est la consommation et la satisfaction de ses exigences hédonistes.
Pier Paolo Pasolini

La domination du marché capitaliste est sans partage et l'action de ce dernier travaille en profondeur les ressorts les plus décisifs et les plus intimes de la vie sociale. Mais on n'éradique pas facilement, en trois ou quatre décennies, des civilisations millénaires, des cultures démocratiques, un sens de l'État et des valeurs constituant un « ethos » partagé, même contradictoirement. Il faut rechercher sous l'épais *mainstream* d'un hyper-individualisme apparemment accepté comme une vulgate incontestable et d'un rejet de toute axiologie qui ne serait pas la compagne du marché souverain, ce qui perdure encore, de façon plus ou moins latente, de l'anthropologie humaniste antérieure afin, d'une part, de mesurer le désastre en même temps que la résistance et, d'autre part, de conserver si cela est possible quelque espoir quant à une sortie de la nasse contemporaine dont l'*imperium* économique dévaste le champ politique, social et culturel. Comment rester ou redevenir des humains, là est la question décisive. Deux aides seront mobilisées pour ce cheminement : Emmanuel Todd et son travail ethno-anthropologique de géographe tentant de comprendre les comportements sociaux, Philippe Murray et sa lucidité corrosive cherchant dans la littérature un môle de résistance face au déferlement de la multitude et au massacre culturel.

Structures économiques et fondements religieux

Le travail d'Emmanuel Todd présente l'intérêt majeur de croiser l'analyse des fondements religieux de nos sociétés, répertoriés géographiquement, avec l'organisation économique et ses transformations récentes. Il associe la famille comme instance déterminante en lien avec la religion et évalue le degré « d'égalitarisme » qui caractérise les sociétés régionales de l'ensemble français. Ce qu'il veut élucider, dans une perspective « wébérienne » classique, c'est-à-dire une perspective sociologique scientifique, c'est qu'il ne s'agit pas de discerner le bien du mal, mais d'aider les hommes à comprendre le sens profond de leur choix et de leurs actes, au fond de les conduire à admettre ce que sont les valeurs latentes qui les orientent vers tel ou tel choix politique ou idéologique. Ce que dit Todd, c'est que l'anthropologie perdure, persiste encore sous le cuir épais qu'installe le marché. Les traditions religieuses et les structures familiales impactent encore les humains, le plus souvent non conscients de ce qui les agit. Il est certain que des couches culturelles anciennes, profondément ancrées anthropologiquement, protègent les hommes et leur donnent une capacité de résistance face à l'abstraction réductrice et galopante du marché. Pourtant, dès 1944, Karl Polanyi doute et situe très précisément la menace que l'érosion de ces couches protectrices par le marché fait courir à l'humanité. La citation suivante est issue de *La Grande Transformation*, l'ouvrage central de Polanyi, écrit à la fin de la seconde guerre mondiale au moment où il envisageait encore une régulation possible du marché : « permettre aux mécanismes du marché (nous ajouterions capitaliste pour le distinguer des marchés d'échanges traditionnels) de diriger seuls le sort des êtres humains et de leur milieu naturel, et même en fait, du montant et de l'utilisation du pouvoir d'achat, cela aurait pour résultat de détruire la société. Car la prétendue marchandise qui a nom « force de travail » ne peut être bousculée, employée à tort et à travers, ou même laissée inutilisée, sans que soit affecté l'individu qui se trouve être le porteur de cette marchandise particulière. En disposant de la force de travail d'un homme, le système disposerait en plus de l'entité physique, psychologique et morale « homme » qui s'attache à cette force. Dépouillés de la couverture protectrice des institutions culturelles, les êtres humains périraient trop exposés à la société ; ils mourraient, victimes d'une désorganisation sociale aigüe, tués par le vice, la perversion, le crime et l'inanition ». Texte prophétique proposé il y a plus de soixante-dix ans, prophétique parce qu'il envisage déjà les deux plaies de notre société moderne, le chômage (la force de travail laissée inutilisée) et l'addiction consumériste (l'inanition, c'est-à-dire moins le jeûne que le vide, l'absence d'enjeux). Ce que montre Todd, à la lecture de Polanyi, c'est que des habitudes d'encadrement des individus par des restes de coopération et d'entraide catholique ont permis de protéger, ces trente dernières années, une partie des régions françaises (les régions périphériques), ce qui a cruellement manqué à la France centrale, égalitaire et individualiste anthropologiquement. Todd nomme « catholicisme zombie » cette force anthropologique et sociale née de la désagrégation de l'Église dans ses bastions traditionnels. Ce qu'il constate, c'est la survie, après la mort, de cette forme résiduelle de la subculture catholique périphérique qu'il considère être le phénomène social le plus important des années 1965-2015. « Cette réincarnation a fini par entraîner la France dans une aventure idéologique aux multiples facettes, incluant la montée en puissance d'un socialisme d'un genre nouveau, la décentralisation, un regain européiste, une politique monétaire masochiste, une dénaturation de la république et une forme particulièrement sournoise d'islamophobie et, probablement, d'antisémitisme » (Emmanuel Todd, *Qui est Charlie, Sociologie d'une crise religieuse*). Sous le marché, le religieux articulé à la structure familiale, poursuit son travail même après la mort des croyances. Il faut prendre le religieux au sérieux, particulièrement lorsqu'il disparaît. Cela ne signifie pas que l'économique n'est pas dominant mais que sa domination se déploie sur de longues périodes et que l'idéologie reste puissante même dans sa phase de déclin. Ainsi pour Maastricht en 1992, Todd avait fait l'hypothèse que le vote « oui » pour Maastricht était catholique. En réalité, c'est le vote d'électeurs, certes venus du catholicisme mais l'ayant abandonné, qui a fait basculer la France. Sur la longue durée, il y a peu de temps entre l'abandon du Dieu unique et l'adoption de la monnaie unique. « Ce n'est pas la religion qui a déterminé l'adhésion à un projet économique, c'est le reflux de la religion qui a conduit à son remplacement par une idéologie, en l'occurrence à la création d'une idole monétaire, que l'on peut indifféremment appeler euro ou veau d'or ». On constate à quel point le substrat religieux peut être mobilisé par l'idéologie du marché capitaliste tout-puissant et combien la plasticité intégratrice du marché le rend redoutable pour une organisation de la société qui ne soit pas que la conséquence de ses choix rentiers. C'est la logique économique qui est déterminante… en dernière instance (comme le formulait l'économiste Nicos Poulantzas) mais la prégnance de facteurs issus du religieux reste présente avec des raptus puissants comme on le constate en 2015. Ce n'est pas la situation qu'on connaissait il y a dix ans au moment du soulèvement des banlieues après le vote de classe du mois de mai 2005 contre le Traité constitutionnel. Comme le constate Todd, il n'existe plus d'attachement profond des individus à des valeurs mais c'est précisément la faiblesse de la croyance des individus qui fait la force de la croyance du groupe par effet de mimétisme, de standardisation et d'uniformisation. La séquence 1992-2015 est édifiante sur l'utilisation par le marché du fond anthropologique, familial et régional. Le programme proposé par Maastricht en 1992 est universaliste, libéral et égalitaire. Des nations libres et égales s'associent pour vivre une paix éternelle bercée par la prospérité économique que doit assurer l'euro. Mais la réalité est bien différente : la croissance ralentit et la stagnation apparaît. C'est l'inégalité et non l'égalité de principe affichée initialement qui triomphe, inégalité des citoyens et inégalité des nations orchestrée par la monnaie unique. Les usines ferment tandis que les services financiers fleurissent et que les banlieues se recroquevillent sur la misère et l'absence de toute perspective. Plus grave à notre sens, ce programme, qui était bien là initialement dans l'esprit des responsables de l'oligarchie de façon logique, ne vient pas gravement perturber les classes moyennes sur lesquelles l'oligarchie s'appuie. C'est manifestement un quart de siècle de perdu pour les ouvriers, les employés, les jeunes et les immigrés, et un quart de siècle de préservation d'un État social bénéfique pour les classes moyennes supérieures et même inférieures sous l'influence des premières. Ce caractère « bénéfique » se relativise fortement aujourd'hui mais l'adhésion perdure pour un système économique inégalitaire générateur d'austérité et de saccages sociaux pour les populations les plus démunies. C'est bien ici qu'une nouvelle rupture apparait aujourd'hui : les classes moyennes, lâchées par le système depuis le basculement des années 1980, commencent à intégrer, lentement, tant les représentations sont prégnantes, que ce système ne leur est plus bénéfique. Menacées de déclassement et privées de leurs « privilèges » constitutifs de l'Etat providence, elles s'affrontent à leur déshérence et à l'instrumentalisation dont elles sont des victimes de moins en moins consentantes.

Le règne des classes moyennes n'est-il qu'un bref moment dans l'histoire de l'humanité, moment privilégié et singulier pour une population destinée à rejoindre pour une très faible partie l' « élite » dominante et pour la plus grande partie les milieux populaires en voie de prolétarisation et de déclassement social ?

Quelle culture pour le marché tout-puissant ?

L'essayiste Philippe Murray appréhende la première moitié du XXème siècle comme le commencement d'un cauchemar indiquant un point limite et le commencement de la fin dans un article non publié pour les Cahiers de l'Herne sur Gertrude Stein (1989) : « La déflagration de la raison, l'échec des démocraties, la faillite des ensembles sociaux, l'éboulement des langues. Et encore les expansions coloniales… le surdéveloppement des sciences, la mondialisation de la middle-class commençant son unification globale, les nouvelles invasions économiques. Et encore le fascisme, la désintégration de l'atome, le stalinisme, Wall Street, la spectacularisation universelle, l'armement nucléaire. Et encore multinationales, inflation, chambres à gaz, virus, villégiatures, accumulation de la marchandise, paupérisation, enrichissement, consommation. Est-ce là tout ? Est-ce suffisant ? ». Ce que pointe Murray, c'est que les sociétés où la religion faisait lien cèdent la place à des sociétés envisageant un avenir ensemble, « un avenir d'ensemble ». Il s'inspire de Dostoïevski parlant de « la lutte à mort du principe individuel, commun à l'Occident, avec la nécessité de s'adapter n'importe comment, de former tant bien que mal une communauté et de s'organiser en une fourmilière ; de se convertir même en fourmilière. » Murray ajoute que « l'histoire n'est pas plus que le strip-tease progressif et fatal de l'individu », c'est le moment du « troupeau unique », celui de « l'aboutissement du long et sinueux processus d'abaissement de la fonction paternelle, sous le non moins méandreux triomphe du maternel : la pression démographique. »

Ainsi apparaît ce que la religion avait toujours plus ou moins caché, « même dans son coma dépassé » (où Murray rejoint Todd et son concept de catholicisme-zombie) : « la vérité du culte humain fondamental, reproduction en série, cités des morts, serveur de masse, prosélytisme sexuel tribal, ascétisme public, mystagogie canaille et racaille, tout cela désormais constatable dans l'explosion moderne de la pression démographique. Le sens de la vie qui se perdait laissa à nu la vie elle-même, son insensé tenacement monotone, sa permanence quantitative. »

Ainsi, la disparition du contrat social religieux est-elle celle du « père de multitude (Abraham) remplacé par la mère démographique ». Et l'art dans tout cela, et la littérature dira-t-on ? Eh bien justement pour Murray, l'écrivain est celui qui peut dire enfin ce qui était tapi, en attente dans les replis du temps : « Qu'est-ce qu'un écrivain ? Quelqu'un qui écrit quelque chose qu'on a toujours su mais qu'à un moment, et un seul, on peut enfin écrire. Et qui trouve le moment et la chose. En même temps. »

Quelle littérature donc, quel arrêt possible dans la civilisation du marché capitaliste ou consommation et profit induit sont les repères structurants. Il est certain que l'*entertainment*, le divertissement, le spectacle s'inscrivent parfaitement dans cette logique d'une proposition de services à consommer. Une culture *mainstream* (Frédéric Martel, *Mainstream, enquête sur cette culture qui plaît à tout le monde*) s'appuyant sur les séries télévisées, le cinéma, l'Internet et les médias, semble bien installée dans le paysage social avec une satisfaction médiocre mais addictive pour la population. Cette culture *mainstream* est destinée à un individu nouveau affranchi du temps du désir pour se centrer sur son seul plaisir immédiat et fugace : le temps du désir s'inscrivait dans la durée, il était une expérience, un parcours singulier ; le temps du plaisir est éphémère, reproductible et addictif. L'individu contemporain s'est progressivement dégagé de l'emprise sociale, collective et culturelle, donc des instances qui lui ont pourtant permis d'advenir, de s'instituer et de se constituer : il est désormais un consommateur à divertir, cherchant toujours du nouveau et partant recueillant toujours davantage de frustrations et d'insatisfactions.

En matière d'arts plastiques, de peinture ou de sculpture, il est difficile de nier que le marché de l'art fonctionne à peu près comme le marché financier avec, notamment, les dérivés de crédit. Le tropisme spéculatif est certain avec une construction de l'entre-soi entre les grands investisseurs (les Arnault, président de LVMH, Pinault, président de Kering…), les artistes estampillés (« ceux qui ont la carte ») les galeries et les fonds spéculatifs. Quelques artistes emblématiques permettent d'animer la fièvre des achats, largement favorisée par une liquidité mondiale extravagante plus portée vers la spéculation financière que vers les investissements industriels. Acheter de « l'art », c'est faire un placement très rentable tant que le système tient, celui de la rente et de ses conditions de prolifération.

Existe-t-il encore une culture qui ne soit ni mainstream, de simple divertissement et de consommation, ni « spéculative », ne retenant des œuvres que leur potentiel de plus-values à réaliser. Assurément ! Sous la forme d'une contre-culture ou plutôt d'une culture de crise, expression du malaise d'une société asphyxiée par l'austérité et les inégalités galopantes. Mais cette contre-culture peine à se développer dans un contexte de raréfaction des financements publics et de distance par rapport aux forces vives, sociales et populaires.

CHAPITRE VI : Numérisation

La technique du ciblage individuel sera si performante qu'il sera vraiment dur pour les gens de regarder ou de consommer quelque chose qui n'a pas été, d'une manière ou d'une autre, taillé pour eux.
Eric Schmidt, président de Google, mai 2007, *Financial Times*

Le numérique instaure une mutation décisive dans les sociétés contemporaines dont nous peinons à prendre toute la mesure, tant les possibilités nouvelles qu'il propose sont nombreuses, tant la puissance qu'il développe croit exponentiellement et tant la rapidité qu'il permet est extrême pour toute information, recherche ou réalisation. Le numérique est indubitablement le vecteur d'un changement radical de nos sociétés. Pourtant, deux scénarios d'évolution sont envisageables, largement explorés par les acteurs citoyens confrontés à son expansion vertigineuse.

Le premier envisage le numérique comme le moyen de construire une économie post-capitaliste à partir de modèles *peer-to-peer* axés sur le partage et la collaboration : c'est la thèse que propose, par exemple, Michel Bauwens (*Sauver le monde, vers une économie post-capitaliste avec le peer-to-peer*).

Le second explore l'impact du numérique sur nos comportements, notre pensée et notre vie sociale, s'inquiète de la précarité et de la déloyauté qu'il induit et voit le monde comme une « nuée volatile d'individus connectés ». C'est la thèse que développe Byung-Chul Han (*Dans la nuée, Réflexions sur le numérique*). Nous nous appuierons notamment sur ces deux auteurs pour tenter de répondre à la question décisive qu'on peut formuler de deux façons :

- le numérique sera-t-il l'assesseur soumis et discipliné de la domination capitaliste, l'accompagnant dans son projet d'accumulation sans fin de la rente ?
- le numérique sera-t-il le relais citoyen permettant de construire une autre société dans laquelle le marché capitaliste se soumettrait à la logique des communs et du collectif ?

Le numérique, instrument d'accomplissement du capitalisme

Les symptômes les plus manifestes de l'ère numérique ne sont pas discutables : délitement du respect et de la communauté, étouffement des différences et de l'altérité, exigence maladive de transparence, déferlement de haine à la moindre occasion. Pour Byung-Chul Han, l'exercice de la démocratie et jusqu'à son existence sont bouleversés par une société réduite à l'état de nuée volatile d'individus connectés. C'est, en effet, au concept de nuée qu'il recourt pour caractériser une société sortie de l'âge des foules diagnostiqué en 1895 par Gustave Le Bon (*Psychologie des foules*). Le Bon, témoin de l'écroulement du système de domination traditionnelle, considère le soulèvement des masses comme une crise de souveraineté et un déclin de la civilisation. Han distingue radicalement la nuée de la foule celle-ci étant doté d'une âme ou d'un esprit qui la rassemble et l'unit tandis que celle-là en est privée, n'étant constituée que d'individus isolés, atomisés, sans identité collective. Comme l'indique Han, « les habitants numériques de la Toile ne se rassemblent pas. Ils sont dépourvus de cette intériorité du rassemblement qui engendrerait une identité collective (un nous). Ils forment un assemblement sans rassemblement, un ensemble sans intériorité, sans âme ou esprit. Ce sont avant tout des hikikomori, des êtres isolés, retranchés derrière leur écran. Tandis que les médias électroniques comme la radio rassemblent les hommes, les médias numériques les isolent ».

Pour brosser un tableau de l'impact du numérique sur la société contemporaine et de son articulation au déploiement du capitalisme marchand et financier, il faut examiner les deux thématiques suivantes : d'une part, l'importance du projet, l'Internet des objets, et son lien avec une société de la surveillance et du contrôle et, d'autre part, l'avènement d'un psycho-pouvoir s'affranchissant de toute théorie, mais pas du calcul et permettant une surveillance des individus de l'intérieur.

Sujet, projet, objet et contrôle

Le numérique est un média projectif : il gère des projets autonomes en recherche d'optimisation. Il instaure une société de la performance isolant les individus, les conduisant à s'auto-exploiter et à développer une agressivité envers leurs propres personnes. Avec l'Internet des objets, c'est la communication automatique entre les objets qui s'instaure et qui facilite le déploiement de la logique financière. Les *dark pools* sont des plates-formes de transactions anonymes de produits financiers tandis que le trading à haute fréquence réalise des transactions entièrement contrôlées par des logiciels, en dehors de toute intervention humaine, sinon celle, décisive, qui conçoit le logiciel pour lui indiquer sa finalité, le dégagement de profits. Puisque tout est enregistré et que nous laissons partout des empreintes numériques, le contrôle remplace la confiance et Big Data remplace Big Brother. Une société panoptique, au sens de Jeremy Bentham, dans laquelle les cellules des individus sont isolées les unes des autres, signe avec le numérique son apothéose puisque la surveillance et le contrôle sont inhérents à la communication numérique. Comme l'indique Han : « la distinction entre Big Brother et les individus libres s'estompe toujours davantage. Chacun observe et surveille l'autre. La société abolit toute relation de confiance au profit du contrôle. » Il précise que l'Internet des objets est l'accomplissement suprême de la société de contrôle.

Psycho-pouvoir et calcul

Se référant à Michel Foucault (*Histoire de la sexualité 1. La volonté de savoir*), Byung-Chul Han constate avec lui que, depuis le XVIIème siècle, le pouvoir prend la forme d'un bio-pouvoir qui occupe « des fonctions d'incitation, de renforcement, de contrôle, de surveillance, de majoration et d'organisation des forces qu'il soumet ». Il est destiné à « produire des forces, à les faire croître et à les ordonner plutôt que voué à les barrer, à les faire plier ou à les détruire ». Pour Byung-Chul Han, nous assistons aujourd'hui à un nouveau changement de paradigme dans lequel le bio-pouvoir (Big Brother) exerçant une surveillance perspective, peu fiable et inefficace est remplacé par le psycho-pouvoir : « une société de la transparence psychopolitique est efficace parce qu'elle est aperspective. Là où la biopolitique ne permet pas d'intervenir de façon subtile sur la psyché humaine, le psychopouvoir peut, lui, s'immiscer dans les processus psychologiques ». En phase avec les analyses relatives à la néoténie humaine, il ajoute que « si le psychopouvoir est plus efficace que le bio pouvoir, c'est qu'il surveille, contrôle et influence les gens non plus de l'extérieur mais de l'intérieur. » Il cite le rédacteur en chef de la revue Wired, Chris Anderson : « *today companies like Google, which have grown up in an era massively abundant data, don't have to settle for wrong models. Indeed, they don't have to settle for models at all* ». Ce qu'on constate avec le recoupement de nombreuses données (Big Data), c'est que ce qui importe est la corrélation qui peut être établie, non la causalité, ce qui discrédite l'approche théorique.

Comme le constate également Alessandro Baricco (*Les barbares, essai sur la mutation*), « le savoir important est le savoir capable d'entrer en séquence avec tous les autres. L'idée que comprendre et savoir signifie pénétrer en profondeur ce que nous étudions, jusqu'à en atteindre l'essence, est une belle idée qui est en train de mourir. » Ce qui importe aujourd'hui c'est l'expérience, la présence, l'approche en surface des choses, sans densité ni temporalité.

Il reste pourtant ce que nous avons développé par ailleurs : le chiffrage, le comptage, le calcul. L'homme digital déserte le temps du conte, de la narration, mais il est happé par celui du comptage, du dénombrage, de l'addition. On sait que ce que Facebook recense n'est pas la qualité de l'amitié, le récit des proximités mais le nombre des « *like* » abusivement estampillés comme des « amis » alors qu'ils ne sont que des connexions. Ce qui ne se compte pas n'existe pas, les marchés financiers le savent bien, qui calculent hystériquement, à la microseconde, les transactions à haute fréquence. Le long, le lent, le profond et le négatif font place au court, au rapide, au superficiel et au positif. La pensée complexe, pensée critique, est dissoute par le numérique au profit d'un espace de pure positivité, le « *like* » systématique de l'expérience digitale. Au fond, la théorie n'a plus de raison d'être, le calcul l'a remplacé ; le temps de la représentation se clôt, tandis que s'épanouit le temps de l'accumulation.

Le numérique, instrument de dépassement du capitalisme

Tandis que certains pensent, comme Byung-Chul Han, qu'avec le numérique le capitalisme a trouvé la technologie qui correspond à son stade de développement pour parfaire sa trajectoire et signer son apothéose, par la soumission de populations « connectées » et « addicts » et par la prolifération organisée de la rente par des marchés financiers exprimant en permanence la cotation de la richesse, d'autres attendent du numérique qu'il permette de conduire à une société post-capitaliste soumettant le marché à des logiques collectives. Ces promoteurs du numérique comme opportunité ultime pour sortir d'un système délétère partent d'un double constat : notre société approche de sa limite écologique et sociale et le système économique qui la régit ne vise que le profit alors que les citoyens contribuent à des biens communs que la société, dans son ensemble, devrait protéger et valoriser. Avec le numérique, plus exactement avec les réseaux informatiques organisés en *peer-to-peer* (de pair à pair) une dynamique relationnelle s'installe offrant aux citoyens la capacité de se connecter, de s'organiser et de créer ensemble de la valeur et des ressources partagées. Michel Bauwens distingue deux situations opposées dans nos sociétés contemporaines utilisant le numérique : le capitalisme « netarchique » et le modèle P2P (*peer-to-peer*).

Le capitalisme netarchique

Le capitalisme que Bauwens nomme netarchique, s'appuyant sur la hiérarchie du réseau, gère des plates-formes dans le seul intérêt financier des propriétaires actionnaires. Uber n'investit pas dans le transport, Airbnb n'investit pas dans l'hôtellerie, Google n'investit pas dans les données ni You Tube dans la production médiatique. Les revenus dégagés sont intégralement captés par les propriétaires sans que rien ne soit redistribué aux utilisateurs qui sont pourtant co-créateurs de la valeur de la plate-forme. Il y a là un capital extractif centré sur les deux piliers du profit et du propriétaire privé actionnaire conduisant à une hyperexploitation des utilisateurs clients. Les Facebook, Google, Amazon et autres sociétés netarchiques fonctionnent sur le modèle d'un capitalisme parasitaire, inévitable selon Bauwens et bénéfique à terme selon lui car les capitalistes netarchiques créent la sphère qui permet à des milliards de personnes de faire du *peer-to-peer*. Ils le font pour leur profit, mais les conséquences sociales vont au-delà de leurs propres attentes. C'est « *ride the tiger* » car on croit dominer le tigre mais tandis que de plus en plus de capitalistes deviennent netarchiques, de plus en plus de citoyens deviennent contributeurs (commoners) et la société change…

Le modèle peer-to-peer

Avec le *peer-to-peer*, la mutation est complète pour Bauwens car tandis que le capitalisme est fondé sur une croissance infinie dans un monde fini, le modèle *peer-to-peer* vise une conception et une réalisation faites en communauté pour satisfaire l'utilité sociale. Le modèle nouveau de société est à la fois économique, politique et culturel : c'est un fait social total au sens de Marcel

Mauss. Il s'appuie sur l'existant, mais il le transforme. Ainsi Google ou Facebook, firmes éminemment netarchiques, permettent-elles de connecter des milliards d'individus en *peer-to-peer* : au-delà de l'égoïsme des investisseurs, des citoyens, partout dans le monde, s'emparent des possibilités collaboratives. C'est en tout cas le pari que fait Bauwens. Il plaide, au niveau macro-économique, pour un État partenaire créant les infrastructures pour l'autonomie sociale et politique. Une ville comme Bologne, en Italie, illustre l'action d'instances *peer-to-peer* travaillant à revitaliser des zones urbaines et proposant des projets financés par la ville. Michel Bauwens plaide également, au niveau micro-économique, pour des fondations telles que celles instaurées par Wikipédia ou Linux qui s'inscrivent clairement dans la conception et la production entre pairs.

Son analyse n'est pas irénique pour autant : le futur sera le résultat de la lutte sociale et des rapports de forces sociaux. Deux pistes prometteuses sont proposées par son travail : l'idée que les médias sociaux sont une forme de service public et la nécessité d'assurer un revenu de base garanti aux travailleurs de la connaissance (n'interdisant pas une carrière flexible s'harmonisant à la production entre pairs) pour garantir à la société stabilité et pérennité.

Verdict

L'état de nos sociétés n'offre guère de doute aux citoyens responsables, lucides et objectifs, cherchant les voies de sortie possibles. Le modèle de production et de consommation est à bout de forces. On ne peut indéfiniment consommer toujours plus d'énergie et de matières premières pour commercialiser toujours plus de marchandises sur une planète finie et périssable. On ne peut continuer à accepter que quelques centaines de firmes contrôlent l'économie mondiale pour le seul profit de fortunes rentières extravagantes et croissantes. Le temps est venu pour les citoyens de reprendre leur démarche d'émancipation et de construire un avenir ensemble. En ce sens, il est certain qu'un modèle où le travail en commun, le partage et la collaboration sont valorisés est indispensable pour nos sociétés modernes. Est-il possible ? Ou plus exactement à quelles conditions est-il réalisable ? Il faut partir, nous semble-t-il, d'une double réalité indiscutable dont la négation serait porteuse d'illusions dangereuses.

Le premier volet de cette réalité nouvelle est que la technologie numérique transforme notre société aussi fondamentalement que les deux révolutions industrielles avec le charbon ou l'électricité. On ne revient pas en arrière, « l'histoire ne repasse pas les plats » : il faut donc penser ce que cette technologie permet, autorise ou interdit pour la maîtriser et ne pas être dominé par elle (« *think before you are thought* », dit la devise de l'Unesco).

Le second volet est la configuration anthropologique qui porte l'homme contemporain et qu'il est possible de retenir sous le simple vocable d'individualisme avant plus de précisions. Renforcé, utilisé et exploité par le capitalisme, l'individualisme est bien la configuration issue des sociétés traditionnelles et de l'ancien régime. Ici encore, aller contre l'individualisme, en tant que vecteur d'émancipation, serait illusoire et dangereux. Ce qui ne signifie pas que l'individualisme doive se confondre avec l'homo economicus de la théorie économique ou le consommateur dont les addictions sont produites, entretenues et exploitées par le marketing et la publicité. L'individualisme, c'est, philosophiquement, un état du monde dans lequel la liberté individuelle et l'autonomie morale sont les principes fondamentaux. La question clé pour les sociétés contemporaines est celle des relations existant entre intérêt individuel et intérêt général pour qu'une cohésion sociale soit possible. S'il s'agit de promouvoir une société collaborative, valorisant les communs et le partage, il est clair que deux obstacles majeurs sont présentés par le capitalisme : la finalité du profit comme condition de l'échange marchand et l'appropriation par quelques-uns des moyens de production et des richesses produites. Précisons. Ce ne sont ni l'échange ni la propriété qui sont en cause mais l'échange et la propriété structurée par le modèle capitaliste.

Quel échange ?

Le numérique est un facilitateur des échanges. Il permet une amplitude des choix et une fluidité des transactions qui étaient inconnues jusqu'à présent. À condition de rechercher l'échange pour lui-même dans le cadre d'une relation entre un acheteur et un vendeur, un producteur et un consommateur, et, de plus en plus, entre partenaires d'un processus de co-construction. Ceci implique de ne plus juger d'une activité économique de production de biens ou de services à partir des profits qu'elle est susceptible de générer mais à partir de son utilité sociale pour les parties prenantes à sa conception et à sa réalisation.

Quelle propriété ?

Le droit de propriété fait partie des « droits naturels et imprescriptibles » définis par la déclaration des droits de l'homme de 1789. Il est certain que nos sociétés individualistes ne peuvent imaginer la suppression de la propriété. Mais la propriété individuelle, la constitution par les individus d'un patrimoine propre et personnel n'est pas un problème pour la cohésion sociale et la dynamique de nos sociétés. Ce qui brise l'équilibre social en instaurant des inégalités s'aggravant régulièrement, c'est l'appropriation privée des moyens de production par une infime minorité, créant un système injuste et explosif.

Avec le profit comme seule perspective, l'échange marchand et l'institution de l'actionnaire propriétaire comme seul décideur des destinées des entreprises, on aboutit nécessairement à un monde économique qui détruit parallèlement la planète (et les ressources qui lui sont prélevées) et le travail des individus utilisés pour la génération du profit avant d'être exclus du processus par le progrès technologique.

La numérisation du monde, comme on l'a montré, s'adapte parfaitement au modèle capitaliste. Elle ne lui est pourtant pas consubstantielle, un monde numérisé peut se concevoir dans une perspective d'émancipation porteuse de projets collectifs et communs mais il implique de sortir du modèle du profit pour l'actionnaire, donc il implique tout simplement une sortie du capitalisme. Sans sortie du capitalisme, le numérique n'est qu'un accélérateur de la génération de la rente. Il est, en outre, un puissant agent de propagation des addictions publicitaires assaillant l'homo economicus. On peut pourtant penser un numérique maîtrisé par des citoyens dès lors qu'ils se donnent les moyens de l'assujettir à leurs projets et à leurs ambitions en termes de culture et de civilisation.

La réponse à la double question présentée plus avant sur le numérique comme outil de la réussite du capitalisme ou agent de son dépassement, n'est pas simple puisqu'elle interroge la neutralité axiologique, réelle, fausse ou supposée, d'une technologie qui n'a pu être produite que dans un certain champ scientifique, technique et idéologique. Proposons une première formulation et un premier point d'étape : seul, le numérique ne nous affranchira pas du capitalisme et de ses conséquences désastreuses sur la planète et l'humanité. Sans action décisive sur le système économique, il est vain d'espérer que la technologie, par elle-même, change la société. C'est le capitalisme qui est en cause. Recourir au numérique est possible mais dans le cadre d'une démarche globale de transformation sociale.

Deuxième partie : Agir

Rien n'est plus puissant qu'une idée dont l'heure est venue.
Victor Hugo

Agir, je viens.
Henri Michaux, *Face aux verrous*

CHAPITRE I : Penser l'au-delà de la mondialisation

Ce n'est pas parce que les choses sont difficiles que nous n'osons pas, c'est parce que nous n'osons pas qu'elles sont difficiles.
Sénèque

Au terme de notre parcours au cœur du fonctionnement de nos sociétés modernes destiné à mieux comprendre ce qu'est la mondialisation aujourd'hui, quelques évidences s'imposent et quelques illusions doivent être dissipées, avant de proposer des voies d'action possibles et crédibles.

Évidences

S'il est une évidence massive, c'est que la mondialisation est inéluctable. On ne reviendra pas en arrière. Il n'y a d'ailleurs aucun sens à vouloir empêcher, freiner ou retarder un processus d'ouverture. Cette évidence générale peut se décliner en quatre volets selon qu'on aborde l'ouverture en termes économiques, démographiques, techniques ou culturels. Il faut répondre favorablement à la généralisation des échanges de biens, d'objets ou de services comme les confrontations entre les peuples le proposent depuis toujours : soieries, étoffes, métaux précieux, fruits, légumes, thé, café, cacao… Il n'y a pas d'époque sans que des échanges de telle ou telle de ces substances ne se concrétisent.

Il faut répondre favorablement aux mouvements de population attestés à toutes les époques avec le souci de maîtriser les mouvements choisis et d'éviter les mouvements contraints. Il faut répondre favorablement à la révolution technologique issue du numérique tant il est source d'informations et d'aide à la connaissance comme à la prise de décision. Le numérique est

désormais l'air que nous respirons, particulièrement pour les jeunes générations. Il faut enfin répondre favorablement à l'hybridation culturelle conduisant à la rencontre, l'association et la confrontation de cultures différentes : l'histoire du monde est jalonnée de moments, certains harmonieux, d'autres conflictuels, en particulier avec la colonisation, où les cultures se rencontrent.
Oui donc à l'ouverture, à l'interpénétration, à une dynamique mondiale d'enrichissement mutuel et de progrès partagés.

Illusions

Le problème, c'est que cette mondialisation évidente, nécessaire, inéluctable ne correspond pas, telle qu'elle se présente aujourd'hui, aux caractéristiques que nous venons d'indiquer. Une mondialisation ouverte, généreuse, interactive ; une mondialisation des hommes, des objets et des cultures, comment ne pas la désirer et agir pour sa réalisation. Mais ce n'est pas la mondialisation que nous constatons aujourd'hui. La mondialisation que nous vivons en ce début de troisième millénaire n'est pas une fertilisation croisée de cultures multiples se développant ensemble, elle n'est pas un processus choisi, dynamique et dialectique, mais une unification, une standardisation et une globalisation. Elle procède d'un modèle économique et politique unique, le capitalisme (système économique) porté et favorisé par la démocratie représentative (système politique). Avec le choix du terme de globalisation, les anglo-saxons signifient clairement que ce qui caractérise la mondialisation n'est pas la co-présence, voire la coopération de modèles différents mais bien la généralisation du modèle occidental s'imposant comme unique repère. Si mondialisation il y a, ce n'est pas en tant que dynamique porteuse de projets nouveaux, de contributions articulées autour d'enjeux de société s'affrontant aux questions décisives pour des êtres humains vivant ensemble, et qui ont noms justice, santé, éducation, sécurité, culture… Il y a mondialisation dans la stricte limite de la généralisation du marché, entendu comme l'instrument de génération des profits et d'accumulation de la rente, et non comme le lieu de l'échange, de la solidarité et de la socialisation. Il faut unifier, standardiser, généraliser, protocoliser, telle est l'ambition globale, l'ambition ultime. Elle fait écho à la devise retenue par l'école HEC, au sein de laquelle j'ai développé mes enseignements et mes recherches académiques : *local roots, global reach*. La formule dit pertinemment qu'une ambition globale et générale doit être poursuivie, mais qu'elle implique, pour se réaliser, de bénéficier d'ancrages locaux, de racines reconnues pour porter un projet puissant. La difficulté, avec la mondialisation que nous connaissons aujourd'hui, c'est que la globalisation ignore les ancrages locaux, pire qu'elle les rejette et les stigmatise comme les reliquats d'un passé révolu. Pourtant, sans ancrage avéré, pas de perspective globale : une société hors-sol est le jouet de la mécanique calculatoire et comptable d'un marché autiste, nécessairement autiste puisque procédant de soi-même sans référent social. S'il n'y a pas de *local roots* il n'y a pas non plus de *global reach* : il n'y a qu'une mécanique abstraite, imposant sa loi dans l'ignorance même de son mode de fonctionnement propre. Il n'y a que le vertige d'une prolifération incontrôlée, sans perspective et sans signification. Or il n'existe plus désormais que le domaine marchand. Les marchés de biens et de services tendent vers une fluidité totale avec notamment les traités transpacifiques et transatlantiques. La culture est, à présent, un champ spéculatif complémentaire à celui des actifs financiers : avec les biens culturels, peintures, sculptures ou objets divers, les investisseurs trouvent de nouvelles possibilités pour élargir leurs portefeuilles et maîtriser les risques. Même la sphère privée, la sphère intime est également captée par la mécanique marchande et ses obsessions de comparaison, de notation et de classement. Donc, si la mondialisation peut s'envisager, si un brassage est souhaitable, encore faut-il savoir à partir de quoi on mondialise, quel processus est à l'œuvre et avec quels résultats. Et la réponse n'est guère mystérieuse si ce qui est recherché est une avancée et un progrès dans la confrontation des cultures. Il en est des peuples comme des individus. Quand chacun mobilise ses forces, ses fiertés, ses « dignités », il est facile de trouver des intrications, des développements et de proposer en quelque sorte une « sortie par le haut ».

Quand ne compte a contrario que le registre du dominant, le registre de la puissance exprimant un colonialisme de type nouveau, en l'occurrence à partir de l'argent et de son accumulation, la mondialisation est moins irénique et son déploiement plus inquiétant. Qu'on s'arrête un instant sur la façon dont les États-Unis endossent, sans vergogne, l'habit du gendarme de la planète, particulièrement décisif pour leur sphère d'influence occidentale. Les exemples sont légion de ce qui s'assimile à un véritable « racket » perpétré grâce à des protocoles de conformité, des normes spécifiques et, in fine, l'imposition de la loi du plus fort. L'éclatement du groupe Alstom, entériné par le gouvernement français, s'est effectué à partir d'un double renoncement, à une politique industrielle de la France d'une part, à un chantage américain sur des amendes d'autre part. La spectaculaire affaire Volkswagen n'échappe pas au prisme des relations Europe-USA. La fraude des dirigeants de Volkswagen est avérée mais le contexte dans lequel elle s'inscrit interroge sur la formulation des règles environnementales devant s'appliquer pour le diesel : ces règles ont été construites pour protéger le marché américain des concurrents européens. Vive le marché libre et concurrentiel, à condition qu'on soit les vainqueurs de la confrontation. On songe à ce trait d'humour typiquement britannique : « nous autres, anglais, nous sommes les rois du fair play, ... nous félicitons toujours les perdants ! » L'enjeu le plus important désormais est le désastreux traité commercial que les États-Unis entendent signer avec l'Europe après avoir obtenu la conclusion en 2015 du traité équivalent pour le Pacifique, qui engage douze états, dont, outre les États-Unis, le Canada, le Mexique, le Japon, la Malaisie, le Vietnam, l'Australie et la Nouvelle-Zélande. Avec le traité transatlantique, c'est une zone de libre-échange couvrant 46 % du PIB de la planète qui est concernée, c'est la quasi suppression des droits de douane et des réglementations non tarifaires sans toutefois mettre à égalité les parties contractantes. Par exemple, en matière de marchés publics, tandis que les marchés publics européens sont ouverts à

90 % aux sociétés étrangères, la proportion n'est que de 30 % pour les marchés publics américains. C'est la disparition des appellations d'origine contrôlée européennes qui est en jeu, les États-Unis proposant, par exemple, du camembert ou du parmesan, made in USA. C'est la menace réelle de retrouver du poulet au chlore ou du bœuf aux hormones, venant des États-Unis, dans les assiettes des consommateurs européens. C'est surtout un basculement juridique majeur qui confie à des tribunaux d'arbitrage le soin de régler les différends entre les États et les sociétés multinationales.

Telle est la mondialisation qui nous est proposée, au fond la généralisation d'un capitalisme, aujourd'hui numérisé et financiarisé sous égide américaine, selon le modèle éprouvé des logiques coloniales. On peut comprendre que dans un tel contexte, le retour aux racines, le *local roots* se manifeste un peu partout dans le monde. Ne prenons que les exemples de l'Écosse ou de la Catalogne qui, difficilement, maladroitement peut-être, expriment lors de consultations politiques qu'un substrat fait d'habitudes et de pratiques anciennes, ancré dans des territoires et porté par des populations attentives à leur histoire et à leurs spécificités n'est nullement contradictoire à une revendication d'universalité, la défense d'un ethos, d'une culture et d'une civilisation qui fait qu'un écossais n'est pas un catalan et que, plus généralement, être européen peut-être un projet noble et généreux s'il ne détruit pas ce sur quoi il s'appuie, en l'occurrence être français, allemand, italien ou anglais…

Ainsi l'option à choisir, si le choix reste possible, est très claire : il faut plébisciter la mondialisation si celle-ci est une dynamique de stimulations, de croisements et de passerelles entre différentes cultures. Il faut la récuser si la mondialisation n'est que la globalisation d'un système économique conduisant à généraliser le libre-échange et un marché dont la finalité n'est que l'accumulation infinie des profits et de la rente. La réflexion sur la mondialisation conduit logiquement à la nécessité absolue et indiscutable de sortir du capitalisme puisqu'il est précisément l'instrument de destruction culturelle et civilisationnelle de cette

hybridation qu'une mondialisation des peuples devrait favoriser. La mondialisation que nous connaissons n'est que l'acmé de près de trois siècles de capitalisme. La domination du marché comme source de l'accumulation est totale et les échanges ne sont plus que le prétexte à cette accumulation. Géographiquement, la planète est désormais couverte, l'imperium étant, pour le moment, assuré par les États-Unis, la Chine attendant son tour en se préparant activement. Il y a donc urgence, si la volonté est présente de faire advenir une diversité, hors du champ marchand unificateur, normant et standardisant du marché capitaliste, pour enclencher des ruptures majeures permettant d'ébranler d'abord et de favoriser ensuite la disparition du capitalisme mondialisé.
Ce n'est pas mondialisation ou régression comme on l'entend trop souvent avec l'argumentation spécieuse d'un repli national et identitaire qui accompagnerait le refus de la mondialisation ; mais mondialisation comme apothéose du capitalisme transformant le monde en un immense marché où tout s'échange, où tout est marchandise, les objets comme les services et comme les humains, ou création d'une mondialisation des peuples, soit une construction démocratique où les différences sont reconnues et respectées, où le don, la solidarité et les logiques collaboratives viennent logiquement compléter la confrontation et les conflits. Il faut sortir de ce qui existe aujourd'hui et nous nous proposons de mettre en lumière quelques points décisifs de ce qui est absolument nécessaire pour réussir ce changement colossal mais si indispensable.

Que faire ?

Notre époque est travaillée par une tension qui tend à s'exaspérer entre les deux lectures de la mondialisation que nous venons de préciser. La lecture classique, *mainstream*, constate et « naturalise » l'état du monde en termes économiques, politiques et sociaux. Elle se félicite du consensus toujours plus large, dépassant les oppositions politiques traditionnelles entre la gauche et la droite puisqu'aujourd'hui les gouvernements conservateurs ou libéraux mais aussi les gouvernements sociaux-démocrates, sociaux-libéraux ou socialistes optent pour des politiques semblables visant à assurer la réussite de la mondialisation libérale. Gouvernements, patronats et syndicats réformistes œuvrent de concert et prônent des pactes dits de solidarité ou de responsabilité s'inscrivant dans un contexte d'austérité budgétaire et sociale sans que des résultats tangibles puissent être présentés en appui de l'application de leurs politiques. Parallèlement à cette lecture idéologiquement dominante émerge et se développe un autre discours au-delà des sphères historiques de la critique politique et sociale. Des mouvements politiques et sociaux multiples se renforcent, y compris aux États-Unis, tandis que les figures de sagesse se manifestent de plus en plus. Le cas emblématique est celui du pape François dont la charge à l'encontre du capitalisme est puissante et récurrente : que chacun dispose des trois T (une terre, un toit, un travail).

En somme, c'est à un renversement copernicien que nous sommes confrontés si nous entendons protéger ce qui reste du monde actuel et lui donner toutes ses possibilités d'épanouissement futur. Ce que nous connaissons, c'est une logique *top-down* déployant un modèle de globalisation libérale dont l'objet unique est la marchandise et la finalité l'accroissement de la richesse monétaire. Ce qu'il faut envisager, c'est une logique *bottom-up* réalisant la confrontation, le croisement et l'hybridation de pratiques, de cultures et de civilisations différentes : l'interpénétration et la fertilisation de champs multiples sont le gage d'un monde, non pas irénique, ayant dépassé tous les conflits, mais d'un monde démocratique, articulant des contributions diverses et porteur de perspectives globales ne récusant pas les singularités et les spécificités.
Comment enclencher cette mondialisation des peuples et des cultures et sortir de la mondialisation du règne de la marchandise et de l'accumulation de la rente ? En proposant une stratégie fondée sur deux principes relatifs le premier aux finalités de la société et le second à son organisation.

Agir sur les finalités, c'est sortir d'une logique actionnariale axée sur les marchandises pour promouvoir les biens, les services et les activités que la société entend développer au

terme d'un débat démocratique. Agir sur l'organisation, c'est sortir d'une anthropologie individualiste, atomiste, où l'égoïsme fait loi pour promouvoir des valeurs et des pratiques de partage, de collectif, de contributions et de collaborations.
Une dynamique stratégique volontariste doit permettre d'impulser des mesures concrètes opérant la mutation, littéralement révolutionnaire, d'une société fondée sur un consommateur-travailleur isolé et atomisé à une société fondée sur un citoyen membre reconnu d'une collectivité et producteur de richesses sociales par le biais d'activités partagées. Deux aspects sont décisifs pour le fonctionnement de nos sociétés contemporaines, deux aspects pour lesquels le maintien du statu quo interdirait toute perspective future d'évolution, le prisme de l'argent et la recherche de la satisfaction de l'individu-consommateur.

Ce qui structure nos sociétés, c'est l'argent, l'argent produisant de l'argent, l'argent s'accumulant ; c'est plus globalement le chiffre, le calcul, la comparaison, la mesure. Tout doit être évalué, noté, pesé. Le chiffre, à la fois instrument et produit du calcul, devient le signifiant majeur, le signifiant ultime à l'heure du délitement du religieux. Là où le religieux offrait un métaniveau à la sphère sociale, lui donnant une explication d'un ordre supérieur, le chiffre, calculé et monétisé, se présente comme un repère indiscutable, hors lieu, hors temps et hors système social. Il s'impose en quelque sorte de lui-même, « j'en ai dit assez je pense en disant mon nom » affirme Agamemnon au début de l'opéra *La belle Hélène* d'Offenbach, il n'a besoin de nul référent. Quant au sujet, sujet de l'histoire des sociétés modernes, c'est l'individu inscrit dans une société démocratique, maître de ses choix et de ses actions. Ce qu'ont produit deux à trois siècles de capitalisme, c'est un individu pour le travail et pour la consommation, de moins en moins pour le travail avec des gains de productivité et le développement des technologies remplaçant le travail humain (sauf encore résiduellement dans les pays émergents), mais de plus en plus pour la consommation. L'individu est, aujourd'hui, la monade de consommation mais la société consumériste s'épuise, la croissance se tasse et le travail disparaît…

L'argent et le consommateur, la puissance absolue du chiffre et la disparition du modèle industriel, la recherche éperdue d'une croissance permanente mais une consommation en berne sur fond de stagnation ou de réduction du pouvoir d'achat des populations. La question se résume donc, si on souhaite une véritable et noble mondialisation, à la capacité de penser et de mettre en œuvre l'articulation de la mondialisation comme processus de diffusion et d'extension avec ce que proposent les peuples en termes de culture, de racines et d'ethos partagé. Là où tout est marchandise, y compris les humains, doivent advenir des activités choisies proposant des biens et des services. Là où tout est profit et rente, doivent advenir des projets collectifs faisant sens en termes d'éducation, de justice, d'environnement, de culture ou de société.

Agir bien sûr, il est temps, plus que temps. Le constat est sans appel et sans incertitude. Ce qui se construit depuis plus de deux siècles, avec une accélération sensible depuis trois décennies, c'est l'unification de la planète autour du marché capitaliste. Le marché capitaliste, c'est le marché affranchi de sa finalité originelle d'outil nécessaire pour assurer les échanges. C'est un instrument devenu à lui-même sa propre finalité

Un système simple, rustique, où des détenteurs de valeurs mobilières (les actions), captent la richesse économique pour la faire fructifier et en recueillir les dividendes. Un système emporté par un vortex d'expansion infinie puisque le profit devenant capital appelle à son tour le profit nouveau. Un système, surtout, qui ignore les deux piliers du cosmos : la nature et les humains. La nature n'est qu'une ressource mise à la disposition du capital, les humains ne sont qu'une force de travail exploitable dans un premier temps et progressivement inutile en raison du remplacement du travail par la technologie. Tout devient capital à rentabiliser, y compris les humains, ce qui explique l'extension géographique et substantielle du capitalisme et donc la mondialisation qui en est son « apothéose ». Mais la destruction systématique, rigoureuse et minutieuse, tant de la nature, des équilibres et des ressources naturelles, que du travail des hommes, a une double conséquence. D'abord, elle est explosive puisque le capitalisme souverain, tel un prédateur omnipotent, détruit les bases mêmes de sa conquête et perd les possibilités de son accumulation qu'il doit chercher dans d'innovantes spéculations virtuelles mais provisoires. Ensuite, elle est la destruction même de ce que veut être une société, c'est à dire un collectif d'humains rassemblés autour de valeurs, de projets et de pratiques qui font sens. Le capitalisme n'a de considération ni pour la nature, ni pour les hommes : il n'est pas fait pour eux. Nature et humanité lui sont indifférentes : son axiologie est neutre ou plutôt le concept même d'axiologie, de valeurs à promouvoir et à défendre, lui est étranger. C'est pourquoi l'individualisme, présenté, à juste titre, comme emblématique de nos sociétés contemporaines, ne l'est plus, au sens des Lumières, comme la manifestation d'un sujet rationnel, membre d'un collectif démocratique, conscient de sa singularité et de sa particularité mais sachant qu'elles sont inscrites dans un cadre social global, d'ordre universel qui les abrite et les contient aux deux sens du terme. Il l'est en fonction des besoins du capitalisme, comme une structure de consommation dont on attend docilité et solvabilité. Tout est simple désormais si l'on veut véritablement comprendre nos sociétés ; la question délicate, complexe, insistante est celle de l'action. Comment agir, quels sont les bons leviers pour sortir du monde présent mais surtout accoucher d'un monde meilleur, c'est-à-dire d'un monde d'humains ayant prise sur leur destin et trouvant dans la nature une place harmonieuse.

La clé, on l'a constaté et analysé, c'est que nos sociétés sont dévorées par une logique économique que le contexte politique et institutionnel des démocraties naissantes a permis de faire naître. Un système autonome, abstrait, désencastré de la société qui l'a hébergé, et voué strictement à son accumulation financière proliférante. Une destruction rigoureuse, minutieuse et systématique de tout ce qui fait sens socialement et collectivement permettant de promouvoir une option strictement individualiste. Mais l'individualisme s'est d'abord entendu comme l'expression de la démocratie puisqu'il permet à un sujet autonome de s'inscrire dans un contexte social. C'est de cet individualisme premier que s'est saisi le capitalisme pour le convertir en une structure de consommation. Avec le capitalisme, le sujet autonome rationnel, issu de la tradition des Lumières, devient un atome consommateur dont on suit et traque les pratiques avec les outils du management et en particulier du marketing, renforcés par la puissance du numérique, qui permet de répertorier et orienter les pratiques selon un comportementalisme radical. Pour œuvrer à un autre monde, il faut donc commencer par casser la logique économique qui porte le capitalisme et lui permet de détruire l'écosystème en même temps que les sociétés, leurs cultures, leurs pratiques, en somme la civilisation. Les marchés financiers sont le lieu de l'exercice sans limite, sans contrainte et sans mesure du pouvoir. Ce pouvoir global, total est financier et économique ; il est aussi un pouvoir politique dominant les Etats et un pouvoir social et culturel impactant la vie des populations, tant professionnelle que privée, partout dans le monde. C'est donc par l'actionnariat qu'il faut commencer : agir sur l'actionnariat c'est enclencher l'ensemble de la transformation sociale… comme Marx l'avait compris ! Dans un deuxième temps, nous réfléchirons à des mesures fortes pour faire bouger les approches de la dette et de la banque, assesseurs zélés et indispensables à la mise en œuvre du capitalisme. Sans la dette et la banque qui en permet la gestion, le capitalisme ne pourrait trouver son équilibre provisoire. Nous tenterons une synthèse, à partir du capital et de la dette, permettant d'interroger la possibilité d'une économie réencastrée. Nous nous tournerons ensuite vers les deux volets permettant la manifestation d'une souveraineté que celle-ci soit étatique ou d'une autre nature car sans souveraineté comment faire pièce à un marché tout puissant. Ces deux volets sont, bien entendu, le volet fiscal et le volet monétaire pour lesquels nous envisagerons quelques brèches susceptibles de déstabiliser le contexte actuel et d'augurer d'un futur plus serein et moins inégalitaire.

CHAPITRE II : L'actionnariat

Etre riche, c'est savoir qu'on possède assez.
Lao Tseu

Allons d'emblée à l'essentiel ! Puisque la logique de l'accumulation financière des profits et de la rente provoque la destruction systématique, continue et implacable du monde et de nos sociétés, il faut stopper cette logique et amorcer un autre fonctionnement économique. Cette logique étant portée par les marchés financiers, qui sont à la fois l'expression la plus accomplie du capitalisme et son instrument de « destruction massive », il n'y a pas de demi-mesures possibles : il faut supprimer les marchés financiers, à tout le moins en tant qu'instance de pouvoir décidant des activités, des investissements et des emplois. C'est la prise en considération des exigences de rémunération et de valorisation des portefeuilles financiers qui, seule aujourd'hui, dicte les stratégies des entreprises, les firmes multinationales d'abord mais par effet de contiguïté et de capillarité l'ensemble des entreprises de toutes tailles, partenaires ou sous-traitants des grands groupes multinationaux. Faut-il supprimer l'actionnariat, peut-on envisager pour l'économie d'autres formes de direction et de contrôle des entreprises ? Proposition insensée entend-on déjà, fantasme de transformation de la société archaïque, irresponsable et impossible ! Pas si sûr ! Expliquons-nous.

Gérer les entreprises

Les actionnaires dirigent-ils effectivement les entreprises ? La réponse est clairement non pour la plupart des entreprises de toutes tailles, généralement dirigées par des gestionnaires, des « managers », responsables des grandes fonctions de l'entreprise depuis la direction générale et la stratégie jusqu'aux déclinaisons fonctionnelles principales de la production, des finances, du marketing ou des « ressources humaines ». Deux temps forts historiquement viennent clairement s'inscrire dans cette dualité entre actionnaire investisseur et manager gestionnaire, les années 1930 à la suite de la crise de 1929 et les années 1960 avec l'avènement de la technostructure. Dès 1933, Berle et Means, aux Etats-Unis, proposent d'associer les acteurs essentiels au processus de décision de l'entreprise : actionnaires, salariés, banques, clients, fournisseurs, institutions publiques ou privées ayant un impact sur la vie de l'entreprise. Ils analysent sans complaisance les errements de la logique actionnariale pendant la dépression et comprennent que la seule logique actionnariale ne peut assurer un développement harmonieux de l'économie. Ce sont les *stakeholders*, les parties prenantes qui étant directement intéressées par la vie de l'entreprise, doivent en assurer la direction et l'organisation. Les propositions de Berle et Means ont pourtant fait long feu avec l'arrivée de la seconde guerre mondiale, la croissance de l'immédiat après-guerre et un lobbying efficace des milieux patronaux.

Avec les années 1960 et le déploiement des Trente Glorieuses, c'est le recul du pouvoir des actionnaires dans les entreprises que constate John Kenneth Galbraith. Il anticipe un monde où une technostructure émerge et devient dominante : « les décisions des entreprises n'appartiennent plus à la classe des détenteurs de capitaux mais à une catégorie nouvelle s'imposant par ses connaissances technologiques et organisationnelles ». La prescience de Galbraith sera de courte durée puisqu'avec le basculement des années 1980, le retour de l'actionnaire et des dynasties de propriétaires est fulgurant. Pourquoi ce qui a patiemment percolé à travers le réseau des entreprises et qui a installé des équipes de direction stables, se consacrant au développement des activités des entreprises avec des stratégies cohérentes d'investissement, d'emploi et d'organisation du processus de production, fait-il subitement défaut depuis les années 1980 ? Sauf à considérer que les techniques et les méthodes de gestion sont inutiles, on ne peut que s'étonner d'une telle évolution et régression qui réinstalle l'actionnaire aux commandes mais sur un mode vicariant puisque la technostructure subsiste, à condition qu'elle aligne la stratégie de l'entreprise pour laquelle elle devrait, en principe, œuvrer sur la satisfaction stricte de l'actionnaire en termes de dividendes et de valorisation des actions. Le tableau est riche de ces familles qui retrouvent au népotisme des vertus malgré les désastres qu'il avait générés à Rome dans l'Antiquité. Pour les groupes multinationaux d'origine française, le constat est sans appel : pratiquement tous les dirigeants « historiques », après pourtant bien des déclarations en faveur des cadres dirigeants qui ont accompagné le développement, choisissent la continuité familiale sans que celle-ci ne soit fondée sur la compétence ou l'expérience : le désastreux exemple d'Arnaud Lagardère protège les autres « héritiers » des feux de la rampe mais ils sont légion : à titre limitatif, ne retenons que les familles Bouygues, Dassault, Arnault, Pinault mais aussi Lagardère, ... ou Bellon. On ne s'étonne jamais assez de cette situation littéralement insensée qui fait de l'actionnaire la seule instance légitime pour valider la politique mise en œuvre par l'entreprise. L'entreprise dispose de personnels divers, impliqués et compétents dans les domaines les plus variés de la vie de l'entreprise, elle regroupe des cadres, des techniciens, des employés et des ouvriers dotés d'un savoir-faire, d'une formation et de compétences pratiques manifestes, mais elle est suspendue aux décisions erratiques, aléatoires et cupides d'actionnaires lointains, infidèles et volatiles. N'oublions jamais que l'actionnaire des marchés financiers dont il est ici question – nous ne ciblons pas l'actionnariat entrepreneurial impliqué dans le projet de développement de l'entreprise – n'est pas investi dans un projet durable de développement d'activités cohérentes mais dans une stratégie de maximisation de sa richesse (tant par le revenu apporté par le dividende que par la plus-value apportée par la hausse de la valeur des actions) généralement à très court terme puisque la durée de détention des actions n'a cessé de diminuer historiquement. En intégrant le HFT (*high frequency trading*) dans le calcul, la moyenne de détention des actions par les investisseurs tombe à... quelques secondes !

Casser cette prérogative des marchés financiers, briser ce pouvoir exorbitant, illogique et destructeur de l'économie et plus généralement de la société qui l'héberge est donc la première mesure d'urgence absolument indispensable. Est-ce à dire qu'il faut supprimer les marchés financiers et abolir la propriété privée des moyens de production ? On peut répondre à cette question en opérant un distinguo fondamental en matière de propriété privée. Il n'est pas question d'envisager un monde dans lequel disparaitrait la propriété privée, interdisant aux particuliers de détenir des biens de consommation, des biens d'équipement ou des biens immobiliers. Là où la propriété privée est problématique, c'est quand elle impacte la liberté d'autrui et qu'elle crée une situation inégalitaire comme celle que nous connaissons. Le contrepoint de la propriété privée, c'est la propriété publique faisant l'hypothèse qu'une puissance collective, une nation ou un Etat, détient pour l'ensemble des citoyens un ensemble de biens et de services et les fait fructifier. Comme on l'a analysé dans notre première partie, c'est éminemment le cas des ressources comme l'air ou l'eau, c'est également ainsi que pourrait s'envisager l'activité des banques ou celles des médias. Plus généralement, la réflexion sur les communs trouve ici sa place et il faut reprendre la résistance face aux *enclosures* si anciennes mais si constantes à travers l'histoire. Hors sphère publique, c'est la propriété privée des moyens de production qui autorise, assez paradoxalement d'ailleurs, la main mise absolue des actionnaires à travers l'action des marchés financiers. Paradoxalement car un actionnaire n'étant jamais propriétaire que d'un titre, d'une valeur mobilière, il n'a aucun droit à représenter l'entreprise qui lui est extérieure. Mais, nonobstant les incohérences juridiques déjà mentionnées plus haut, la réalité est limpide : les marchés financiers détiennent par leurs portefeuilles financiers l'ensemble des grandes entreprises de la planète qu'ils « actionnent » (si l'on peut dire) comme des marionnettes au gré de leurs impulsions cupides et dévorantes. Les mots sont importants et nous n'employons pas ces qualificatifs à des fins de mise en scène ou d'effets faciles. L'analyse précise du fonctionnement des marchés financiers depuis trente ans corrobore à l'envi nos suppositions. C'est bien d'une destruction systématique qu'il s'agit, en termes industriels, en termes d'investissements et surtout d'emplois mais pour l'explosion la plus vertigineuse des profits et de la valeur des actifs. Le capital est par nature assoiffé de profits, il ne vit que de sa prolifération : c'est bien pourquoi sa concentration a toujours été vécue comme suspecte par les institutions politiques, tant qu'elles ont conservé un semblant de contrôle sur le développement du système. Le danger, ce sont les *trusts* dit clairement le Sherman Act aux Etats-Unis le ... 2 juillet 1890... il y a plus de 125 ans ! Il faut dire aujourd'hui que ce ne sont pas seulement les trusts, les firmes multinationales mais aussi le système bancaire, officiel et officieux (le *shadow banking*, aujourd'hui plus important que le système officiel). Les marchés financiers, c'est la collusion logique et nécessaire avec les paradis fiscaux et les mondes en marge de la légalité, particulièrement fiscale mais pas exclusivement. Terrorisme, prostitution, jeux, armes... prolifèrent facilement à partir de réseaux mafieux dont les connections sont réelles avec l'économie officielle (Jacques de Saint Victor, déjà mentionné). Comment contrer cet actionnaire tout puissant, capable de mobiliser de multiples occurrences comme les bras de Shiva ou les têtes de l'Hydre de Lerne. La seule solution est qu'un interlocuteur vienne s'interposer et s'imposer pour contenir, aux deux sens du terme, le pouvoir actionnarial de captation prédatrice de la richesse économique. Ce ne peut être que la puissance publique, la puissance de la collectivité, qu'on l'appelle l'Etat, la multitude ou l'imperium dans le sillage de Spinoza et Frédéric Lordon. Au nom de quoi ? Au nom d'un projet qui est tout simplement un projet de société faisant sens pour ses habitants car il mobilise des valeurs telles que l'égalité, la liberté, la justice ou la fraternité. Mais un projet collectif, pour une population vaste, ne vaut qu'avec une anthropologie collective. Or celle-ci est à l'exact opposé de ce que génère le capitalisme s'appuyant sur un comportementalisme radical favorisant des pratiques consuméristes aidées par le numérique et la mondialisation. Il faut un sursaut massif pour stopper la destruction systématique et patiente de la nature et du travail, mais surtout de l'homme comme sujet pensant et organisant la société dans laquelle il vit. Ce sursaut n'est possible que si la décision économique n'appartient pas à l'actionnaire porté par les marchés financiers. Peut-on et doit-on supprimer l'actionnaire comme catégorie sociale ? Idéalement, la réponse est positive mais on peut envisager de donner suite au distinguo opéré plus haut entre actionnaire financier, agissant sur les marchés financiers et extérieur à la logique économique des activités de l'entreprise et actionnaire entrepreneur opérant sur des secteurs industriels ou des secteurs de services avec une logique d'entreprise (*corporate*) impliquant stratégie, organisation et constance dans la conduite de la gestion. Cet actionnaire entrepreneur peut concerner des entreprises de tailles diverses, mais majoritairement des PME, des TPE, voire des entreprises individuelles du type auto-entrepreneur. Puisque de plus en plus d'individus sortent, volontairement ou involontairement, du salariat (10 % en France et jusqu'à 20 % dans les pays anglo-saxons), on peut envisager l'actionnariat comme une solution si l'on parvient à l'inscrire dans un système favorisant l'innovation, l'inventivité, le risque et plus généralement les valeurs de liberté et d'autonomie mais respectant des équilibres sociaux et environnementaux impliquant des valeurs d'égalité, de responsabilité et de solidarité. Trois réponses doivent être apportées quant à la nature des actionnaires, quant aux conditions de détention des actions et quant à leur rémunération.

Les actionnaires

Quels actionnaires ?

L'optique, on l'a compris, est de se centrer sur l'entreprise, producteur de biens et de services. Les actionnaires peuvent donc être publics permettant à la puissance publique de s'exprimer : il n'y a aucune fatalité et, contrairement au discours libéral ambiant, la gestion de la propriété publique peut être aussi efficiente que la gestion privée ; elle a d'ailleurs pour elle d'être en phase avec les besoins et les attentes de la collectivité. La période des Trente Glorieuses a montré, par exemple pour la France, que de grandes entreprises nationales affichaient des résultats exceptionnels dans les domaines du transport, des télécommunications ou de l'énergie pour ne prendre que quelques exemples. Des secteurs comme les banques ou les medias devraient, dans une perspective démocratique, relever d'une gestion publique permettant l'intermédiation du crédit pour la banque et l'indépendance des journalistes pour la presse : on sait que ce n'est pas ce qui se passe actuellement avec une concentration accrue du secteur bancaire déjà *too big to fail* et un intérêt soutenu et agressif pour la presse de la part des grandes fortunes agissant à travers des firmes multinationales. Les actionnaires peuvent également être les « parties prenantes » impliquées dans de nombreuses formules relevant de l'économie sociale et solidaire ou des sociétés coopératives de production, les SCOP. Toute formule juridique qui propose de réunir dans le cadre de l'entreprise considérée comme l'instance de référence, les parties prenantes au processus de fabrication et de distribution est bienvenue. Ce qu'il faut obtenir c'est un acteur investisseur, se consacrant avec les gestionnaires (les « managers ») à la réussite et au développement de l'entreprise, un acteur non « désencastré » comme l'actionnaire des marchés financiers.

Quelles conditions de détention ?

Cet acteur « non désencastré », directement concerné par la vie de l'entreprise, doit être identifié explicitement et durablement. Il faut donc des actions nominatives et une détention durable : une durée de deux ou trois années est raisonnable en tant que plancher s'il s'agit d'apprécier la pertinence d'une stratégie et d'en mesurer les effets.

Quelles rémunérations ?

La rémunération est décisive pour s'inscrire dans le souci de mesure qui échappe constitutivement au capitalisme et que le Glass Steagall Act de 1933 avait justement rappelé. La solution que nous proposons, à la suite de Frédéric Lordon, est d'instituer que les dividendes doivent être établis sur la base de taux d'intérêt pratiqués pour les emprunts avec une rémunération complémentaire mais définie à l'avance pour les risques pris par l'investisseur. Avec le SLAM (shareholder limited authorized margin), on rémunère le capital en tenant compte du risque (conformément à la théorie financière) et on responsabilise l'actionnaire par rapport aux projets de l'entreprise qui doivent être financés. La rémunération du risque est justifiée par le fait que l'entreprise ne dégage pas toujours des bénéfices et ne peut donc, lorsqu'il y a des pertes, verser des dividendes à ses actionnaires. Globalement, et sur le long terme, un équilibre homéostatique se dégage contrairement à la croissance illimitée et exponentielle. Limiter la rémunération des actionnaires, instaurer un plafond pour les dividendes ne doit pas s'entendre comme une mesure technique sans portée générale. C'est, bien au contraire, une mesure politique essentielle qui change la philosophie économique et l'infléchit de telle sorte qu'elle stoppe la dynamique proliférante, prédatrice et destructrice. Si les dividendes sont une rémunération pour des apporteurs de capitaux disposés à prendre des risques dans des conditions tout à fait explicites de contrôle et de mesure, les profits supplémentaires non distribués par le mécanisme des dividendes sont conservés dans l'entreprise et constituent pour celle-ci un autofinancement obligatoire : c'est donc le projet entrepreneurial, le projet de l'entreprise conçu comme l'entre-soi des acteurs qui s'y investissent qui fait sens et qui trouve les financements nécessaires. C'est aussi le choix des activités des entreprises qui se trouve impacté puisque les considérations environnementales, sanitaires, éducatives et plus généralement sociales deviennent essentielles dans le cadre de la stratégie portée par l'entreprise. Ainsi l'actionnaire devient un prêteur pour le financement d'un projet. Il est proche du banquier que nous examinons dans le chapitre suivant. Sa rémunération est double puisqu'il est un prêteur et, qu'en outre, il prend des risques quant à la bonne fin des investissements pratiqués.

Que faire de l'actionnaire des marchés financiers, de l'actionnaire-casino généralement relevant de fonds (hedge funds, fonds de pension…), ou de grandes fortunes et de plus en plus logé dans des paradis fiscaux ? Il est clair que son appétence, avec le SLAM et les conditions de détention des actions que nous proposons, va considérablement s'affaisser surtout si nous couplons ces aspects aux indispensables mesures fiscales et monétaires. Il est clair également que c'est bien l'objectif recherché que d'éradiquer les paradis fiscaux, la finance de l'ombre qui les favorise et l'actionnariat-casino dont la démarche a peu à voir avec l'économie réelle. Pour enfoncer un coin décisif dans l'architecture capitaliste, il faut démontrer que ce n'est pas le profit qui est la variable essentielle mais l'autofinancement, condition de la pérennité de l'entreprise. Le profit est utile quand il est l'instrument à maîtriser pour rendre les investissements possibles : l'économie contemporaine ne peut se déployer sans profit mais le profit doit être celui de la personne morale, de l'entreprise en tant que sujet de son propre destin. Nous nous permettons de renvoyer à nos explications (pages 56 à 67 d'un précédent ouvrage, *Le capitalisme ne joue pas aux dés*, Le Bord de l'eau, 2012) où nous comparons les financements des grands groupes mondiaux pour les années 1970 et 2010. Ce que nous constatons et analysons, c'est que les stratégies d'entreprise des grands groupes (années 1970) sont centrées sur le développement articulant un autofinancement important, des dividendes limités et des investissements tant dans les infrastructures et les matériels que dans le cycle de l'exploitation. Avec les années 2010, le basculement des stratégies entrepreneuriales vers de strictes stratégies actionnariales est consommé. Les politiques de *cost-cutting* (en particulier sur les rémunérations salariales) profitent exclusivement aux actionnaires puisqu'aux dividendes s'ajoutent les réductions de capital (qui se traduisent par un remboursement de la valeur des actions sans supprimer le droit aux dividendes futurs) tandis que les investissements fléchissent en relation avec l'activité et les politiques d'austérité.

Les salariés

Envisager la sortie de la domination actionnariale, c'est aussi enclencher la sortie de la condition salariale. Que constate-t-on, en effet, en matière de salariat ? Le travail, hier encore logiquement reconnue comme la source de création de la richesse, comme le producteur de la valeur ajoutée, n'est plus aujourd'hui qu'un coût à réduire sans cesse et les conditions de travail sont mises à sac depuis plusieurs décennies. Le contrat de travail à durée indéterminée devient l'exception pour les nouveaux contrats, la précarité se généralise et la tendance, particulièrement pour les grands groupes, mais avec une généralisation progressive aux entreprises sous-traitantes, aux ETI et aux PME ou TPE, est de considérer le travail comme une prestation qu'un donneur d'ordre décide, à certains moments et pour une certaine durée, sans souci de continuité ou de régularité. Le carnet de commandes et l'organisation interne de la fabrication et de la distribution priment et le fournisseur de la prestation de main-d'œuvre (aujourd'hui encore majoritairement salariée) doit s'adapter aux exigences de délais, de qualité et de prix. Chacun devient entrepreneur de soi-même et doit se présenter comme un acteur indépendant sur le marché du travail. Le développement explosif de la société Uber est révélateur d'une tendance de fond parfaitement illustrative de ce qu'est le capitalisme. Plus de salariat, plus de contraintes relatives à l'emploi, à la formation et à la gestion du personnel. Plus de charges sociales, plus de couverture pour la maladie, le chômage, le handicap ou la retraite. Un marché du travail fonctionnant comme le marché des biens et des services : le travail est une marchandise comme les autres et on le mobilise en fonction des besoins du moment.

Dès lors qu'on instaure un système où les biens de production sont privés et se traduisent par un actionnariat détenteur d'un pouvoir absolu sur l'entreprise, le travail devient subordonné au capital et ne trouve, ou plutôt n'a pu trouver, son assise, sa reconnaissance et son développement, sous la forme du salariat, qu'avec une croissance des activités du PIB régulière et durable. Dès lors que la croissance faiblit, stagne ou se renverse, le capital fait pression sur le travail, tant en termes de rémunération que de conditions de travail. CDD et contrats à temps partiel deviennent la norme jusqu'au rejet tout simplement du contrat de travail comme engagement pour l'entreprise en termes de durée, de rémunération, de formation ou de conditions d'exercice. Le travail salarié est doublement menacé : en premier lieu par la logique interne au capitalisme qui oppose le capital et le travail dans la répartition de la richesse ; mais il l'est aussi, en second lieu, par les mutations majeures de la technologie, particulièrement avec le numérique, qui aboutissent au remplacement du travail, salarié ou non, par la machine : logiciels, nouveaux programmes de fabrication et robots remplacent, de plus en plus, le travail humain par l'intervention d'un investissement matériel ou immatériel.

Puisque telle est la situation aujourd'hui, puisqu'il est insensé de prétendre refuser les progrès technologiques (pour revenir d'ailleurs à quel supposé état de grâce antérieure ?), prenons acte des changements et tentons de penser une société d'après le travail salarié. Le salaire, en tant que rémunération de la force de travail mobilisé par le capital, disparaît en même temps que le capital lui-même, en tant que propriétaire autoproclamé de l'entreprise. Il faut penser la concomitance des deux évolutions : le capital a gagné la confrontation entre capital et travail, celle-ci a définitivement tourné à l'avantage du capital. Le capital prédateur a tué sa victime, mais en détruisant le salariat, il détruit la base même de sa propre existence et de sa prolifération. Sans capital, sans travail, le monde continue, en particulier au plan économique, puisque des activités sont nécessaires, des besoins s'expriment, des biens et des services sont proposés sur le marché.

Scénario volontariste

Précisons ce qui peut advenir dans un scénario de politique fiction volontariste dont le fil directeur est l'émancipation des populations. Envisageons comment penser, par rapport à la situation actuelle, ce qui peut advenir du capital, du travail et de la consommation.

Le capital

Prendre acte de ce que le capital n'est nécessaire que pour assurer les investissements des entreprises conduit, on l'a vu plus haut, à envisager le capital comme un prêt d'argent pour lequel on peut envisager une rémunération supplémentaire à l'intérêt habituel du prêt sous la forme d'une prime de risque. On peut également penser des degrés d'implication variables des investisseurs. Un investisseur financier correspond à un prêteur bancaire mais un entrepreneur envisage une participation plus importante à la vie de l'entreprise. Il ne faut pas décourager la possibilité d'entreprendre pour des acteurs maîtrisant un produit, une technologie ou un marché de biens et de services. Simplement, il faut envisager un véritable management des entreprises, mobilisant l'ensemble des personnes autour d'un projet commun, dans l'esprit de ce que formulaient des auteurs comme Galbraith au cours des années 1970 lors des derniers moments favorables des trente glorieuses. Associer les différentes compétences, permettre aux contributions respectives de mettre en œuvre un projet stratégique, une telle approche ne peut qu'être souhaitée.

Il faut donc mettre en œuvre les mesures évoquées plus haut quant à la durée de détention des actions, au caractère nominatif de leur inscription et leur niveau de rémunération. C'est ainsi, et ainsi seulement, qu'une logique *corporate* peut s'instaurer et non une logique *shareholder*, en clair, que les finalités soient de développer l'entreprise dans l'intérêt de ses parties prenantes et au premier chef du personnel qui œuvre à la réalisation des projets et non de ne retenir que la satisfaction des actionnaires en termes de revenu par les dividendes et de patrimoine par la valorisation des actions. Oui à la responsabilité, aux compétences distinctives, à une organisation pensée et mise en œuvre collectivement, oui à des projets de développement s'inscrivant dans les attentes de la société, non à une démarche captatrice, prédatrice, autiste faisant de l'accumulation des profits un objectif et de l'enrichissement des actionnaires une vertu. Au fond, ce à quoi il faut parvenir, c'est à un tissu industriel, commercial et artisanal dense, articulant, grâce à une gestion attentive, des compétences diverses et innovantes afin de développer des projets économiques pertinents pour la société.

Le travail

Un capital prédateur parasite, un travail en déshérence, les deux aspects ne font sens qu'ensemble. Le capitalisme n'est pas une technique économique, c'est un rapport social qui structure l'ensemble des sociétés contemporaines autour de la création et de la répartition des richesses. C'est pourquoi il faut penser ensemble la disparition du capital et celle du travail entendue comme la déshérence du salariat associé à l'explosion de la rente. L'un n'existe pas sans l'autre, le capitalisme est un système cohérent, puissant dont le « drame » est sa réussite. Puisque le salariat est à genoux, que les conditions de l'accumulation pour quelques-uns se renforcent et s'exaspèrent, la solvabilité s'affaisse et le système s'asphyxie. Le capitalisme propose aux salariés de sortir du système de protection sociale en recourant à des statuts d'indépendants, c'est-à-dire à des logiques contractuelles où chacun est entrepreneur de soi-même. L'entreprise recourt aux services dont elle estime avoir besoin dans les conditions de prix, de délais et d'organisation qu'elle « négocie » avec des prestataires avec lesquels elle s'engage. Ainsi se généraliserait le statut d'indépendant. Ce statut est aujourd'hui choisi par de nombreux individus pour leurs activités économiques ; il est de plus en plus imposé par de grandes entreprises qui entendent ainsi échapper aux charges sociales. Prenons acte de cette évolution, de cette « ubérisation » particulièrement rapide et plutôt que de la bloquer ou de l'interdire, envisageons une option favorable constatant l'abandon du salariat mais instaurant de nouveaux modes de protection sociale. Car c'est bien de cela qu'il s'agit, comment maintenir et, si possible, améliorer la protection sociale pour des individus qui ne bénéficient plus du filet du salariat. C'est ici que l'axe horizontal de la sortie du rapport social capital/travail doit s'articuler à l'axe vertical de la société entendue comme une entité collective organisée sous la forme d'États. C'est à la collectivité d'organiser la protection sociale et, au premier chef, d'assurer la rémunération régulière des ex-salariés devenus travailleurs indépendants. Puisque la précarité est inéluctablement la conséquence de la sortie du rapport salarial, il revient à la collectivité d'assurer aux citoyens un revenu minimum garanti comme on l'a développé précédemment. Au rapport social capital/travail impliquant nécessairement la marchandisation du travail et du salarié, se substitue un rapport social de type nouveau où la société représente la puissance de la multitude, l'exprime et satisfait aux projets et aux actions des citoyens. Instituer un revenu minimum garanti, c'est reconnaître la place éminente du citoyen, quel qu'il soit, c'est opérer un basculement radical d'une approche économique centrée sur les objets et leur accumulation, et particulièrement sur le profit et la rente, vers une approche où « l'homme est la mesure de toute chose » et constitue donc l'objectif de la société en même temps que son processus de développement.

La consommation

Sortir du rapport exténué entre un capital prédateur et triomphant et un travail salarial en déshérence, c'est aussi sortir du capitalisme consumériste, producteur de l'imaginaire porteur de nos sociétés contemporaines, de leur mythe fondateur, dont la formulation synthétique est formulée avec netteté par Yuval Noah Harari dans son livre Sapiens (une brève histoire de l'humanité) : « quel que soit votre problème, la solution est d'acheter quelque chose ». Il n'y a pas d'espoir de quitter la religion de la consommation, d'arrêter la destruction de la nature ou de stopper la dépendance à l'argent sans un renversement complet des valeurs, tout simplement de l'objet vers l'homme. Ceci ne signifie pas qu'une société post-capitaliste ignorera les besoins, les contraintes et les choix de ses ressortissants, mais que la grille de lecture s'établira à partir d'enjeux de nature non marchande, ne relevant pas de la gestion des frustrations permettant le déclenchement des achats ni de la gestion des profits et de l'accumulation de la rente.

CHAPITRE III : La dette et la banque

Ceux que Jupiter veut perdre, il commence
par les rendre fous.
Quos vult perdere, Jupiter dementat.

Aborder ensemble la dette et la banque, c'est coupler une pratique sociale majeure et l'institution qui la porte. Prêter, c'est permettre la réalisation de projets, tant pour les particuliers qui désirent s'équiper que pour les entreprises qui envisagent des activités nécessitant des investissements d'infrastructure ou d'exploitation. La dette a toujours existé, pour financer les palais royaux comme les expéditions maritimes, mais elle restait inscrite dans les rapports sociaux, elle était instrumentale, accessoire et dépendante d'un projet qui fixait les besoins, le calendrier et les finalités.

Ce que l'on constate aujourd'hui pour la dette à l'instar de ce qui concerne le capital actionnarial, c'est l'autonomisation de l'activité bancaire et son désencastrement de la pâte sociale et institutionnelle. L'activité traditionnelle, nécessaire et utile des banques est l'activité de prêt pour permettre le financement d'investissements pertinents. Les banquiers pratiquent l'intermédiation, ils colligent des ressources et les filtrent pour les allouer sélectivement et avec pertinence. Aujourd'hui, l'activité de prêt bancaire toujours nécessaire subsiste mais avec deux infléchissements décisifs : la désintermédiation et le levier. La désintermédiation, c'est la mise sur le marché des crédits afin que les banques n'aient plus à les porter à leur terme. Le levier, c'est substituer la dette au capital actionnarial pour en permettre la démultiplication en gonflant les profits : c'est associer la dette au profit pour qu'elle en accélère la croissance. Pourtant, l'évolution des banques, conforme à cet alignement général de toutes les activités financières vers le gonflement des profits est de se livrer à des activités non intermédiées de plus en plus spéculatives sur des produits financiers variés. Ces activités de marchés se construisent, paradoxalement, en dehors du marché chaque fois que la puissance des banques permet des négociations opaques de gré à gré, à l'abri de l'œil du marché. C'est toujours la même antienne : prônons l'économie de marché, libre, concurrentielle, ouverte, sans entraves, sans réglementation et sans régulation mais chaque fois que l'on peut construire une position oligopolistique, exploitons-la ! Pour contrer cette dynamique, pour tenter de réencastrer la dette et l'institution bancaire dans le socle social, plusieurs actions sont nécessaires.

La séparation des banques de dépôt et des banques d'investissement

Les banques de dépôt assurent les services et les financements pour les particuliers et les entreprises. Les banques d'investissement traitent les opérations de marché et le financement des institutions financières et internationales. Tandis que les premières participent au fonctionnement économique classique, gestion des dépôts, distribution des prêts, virements, transferts et services divers, les secondes opèrent sur les marchés pour le compte de leurs clients mais aussi pour leur compte propre avec des finalités spéculatives bien illustrées par la crise des subprimes ou la gestion des dettes souveraines, avec notamment l'exemple de la Grèce et les pratiques de Goldman Sachs. Il est intéressant de constater que la séparation proposée qui ne fait que réaffirmer la mission première de la banque (organiser l'activité de crédit) en l'isolant des activités spéculatives de marché est jugée nécessaire par les professionnels. Ceux-ci sont conscients des dérives inhérentes au tropisme spéculatif et aux dégâts considérables provoqués par l'épisode des subprimes des années 2000 : les conséquences en sont toujours présentes dans les bilans des banques par le biais des créances douteuses qui ont été générées dans ce contexte (un seul exemple, celui des banques italiennes qui portent actuellement 200 milliards de créances douteuses, largement insolvables). Mais le lobby bancaire, conscient d'avoir échappé à la nationalisation aux USA et en Grande-

Bretagne en 2009 et rassuré sur sa puissance sans limite (*too big to fail*) est vent debout contre les propositions de scission et plaide pour d'improbables formules baroques, comme en France avec le concept de banque universelle tandis que partout ailleurs on tente de différer des mesures pour ne plus avoir à les appliquer plus tard. En Grande-Bretagne, l'option Vickers retient la filialisation de la banque de détail et de la banque commerciale par rapport aux activités de marché mais demande d'attendre 2019 pour en préciser les contours. Aux Etats-Unis, l'option Volcker a été retenue et elle interdit aux banques de pratiquer le « trading pour compte propre », c'est-à-dire de spéculer pour soi-même et non pour les seuls clients. En fait, le seul système cohérent et complet est celui qui a été mis en place en 1933 par le Glass Steagall Act. Plusieurs études montrent que ce système qui a fonctionné jusqu'en 1999 (date de son abrogation sous la présidence Clinton) est la meilleure option pour les parties prenantes mais les intérêts des dirigeants et des « traders » opérant sur les marchés sont divergents et la défense à court terme de leurs privilèges leur seule boussole. « Les civilisations ne meurent pas assassinées, elles se suicident », disait Arnold Toynbee. Plus récemment, le biologiste Jared Diamond (*Effondrement : comment les sociétés décident de leur disparition ou de leur survie*) confirme cette tendance suicidaire « par l'incapacité des élites et des gouvernements à se représenter clairement le processus d'effondrement ou à le prévenir ». Rivées sur leurs privilèges immédiats, les « élites » bancaires donnent une excellente illustration d'un processus social plus général.

Les activités bancaires

Il ne suffit pas d'établir une cloison étanche entre banque de marché et banque de dépôt pour assainir l'activité bancaire et la remettre au service de l'économie. Il faut aussi interroger les évolutions en termes de produits financiers ou de conditions de fonctionnement. Trois volets méritent réflexion : la généralisation du marché, la nature des produits proposés et la dimension fiscale.

Le marché généralisé

La construction d'une société de marché, exclusivement rythmée par le marché et son fonctionnement, à l'œuvre aujourd'hui sur l'ensemble de la planète, trouve dans le domaine bancaire des illustrations convaincantes. Ainsi, l'intermédiation qui conférait aux banques un rôle éminent dans la dispensation et la gestion du crédit fait de plus en plus place à la titrisation qui permet de mettre sur le marché tous les actifs susceptibles de générer des cash-flows réguliers, d'être en conséquence l'objet d'une cotation et de pouvoir ainsi circuler au gré des arbitrages des investisseurs.

OTH versus OTD

Prêter signifiait hier pour un banquier qu'il lui faudrait attendre pour être complètement remboursé la date des échéances terminales des prêts, souvent après plusieurs années. Prêter signifie aujourd'hui constituer un prêt, en définir les modalités avec l'emprunteur et le mettre ensuite sur le marché, c'est-à-dire le vendre pour qu'il vive sa vie jusqu'aux échéances terminales en fonction des arbitrages des investisseurs potentiels. Hier, le banquier était dans une logique OTH (*originate to hold*), il construisait et portait un prêt jusqu'à son échéance. Aujourd'hui, le banquier est dans une logique OTD (*originate to distribute*), il construit un prêt comme un produit financier afin d'être rémunéré par de substantielles commissions avant de s'en débarrasser. Deux précisions sont nécessaires à ce stade. En premier lieu, l'activité de crédit classique (OTH) existe toujours, pour les particuliers et les entreprises de taille moyenne mais les banques répugnent à l'exercer car elle n'est pas assez rentable par rapport à leurs critères d'exigence de rentabilité. Voici donc un métier qui est de plus en plus déserté par ceux-là mêmes qui ont été créés et formés pour l'exercer. On marche sur la tête ! Les entreprises, particulièrement PME, peinent aujourd'hui à obtenir les crédits nécessaires à leurs activités et à leurs investissements parce que les banquiers regardent ailleurs et se désintéressent de l'activité de crédit traditionnel.

La pondération des risques

Circonstance aggravante, le modèle bancaire, parfaitement aligné sur la logique de profit de toute entreprise, quelle que soit sa nature, abandonne l'approche substantielle du risque qui en faisait un paramètre de décision en tant que tel. En clair, une banque, après analyse d'un dossier, pouvait refuser une opération parce que le risque présenté par son client potentiel lui apparaissait trop important. C'est, bien entendu, toujours le cas pour un dossier de taille modeste, présenté par un particulier ou une petite entreprise. Mais dès qu'une entreprise est une PME et, a fortiori une grande entreprise multinationale, la question du risque ne peut être traitée qu'en relation avec le profit qui en est attendu. Tous les risques sont acceptables dès lors qu'ils sont correctement rémunérés : il n'y a pas de risques exclus, les *junk bonds*, crédits pourris, en attestent. Tout se vend, à condition d'établir un prix de marché satisfaisant pour les co-contractants, même les créances sur des sociétés en faillite : les banques d'investissement ont des départements spécialisés dans la gestion des *distressed assets*, c'est-à-dire des actifs les plus problématiques quant à leur solvabilité. Les risques sont pondérés en fonction de la qualité des débiteurs. La pondération, établie par les équipes internes de gestion des risques s'appuyant également sur l'analyse des agences de notation, permet de définir le niveau de rémunération. Plus un risque est jugé important et plus la rémunération doit être élevée, ce qui aggrave généralement la situation du débiteur comme l'état des dettes souveraines de nombreux pays l'atteste abondamment. De critère décisif d'attribution des crédits, le risque est devenu un facteur de détermination du prix. Il n'est plus un couperet ou un outil obligeant à redéfinir ou à reconfigurer un crédit, il est l'expression de l'absolue domination du marché, seule instance de décision désormais. Concevoir la banque comme un service public de distribution du crédit conduit à se départir de cette nouvelle approche du risque pour, non pas le réfuter, mais le rétablir comme condition de possibilité d'un crédit.

OTC et l'entre-soi

La concurrence est reine… surtout lorsqu'on peut la contourner ! Les transactions les plus importantes s'effectuent de gré à gré dans l'entre-soi des acteurs les plus puissants : elles sont OTC, *over the counter,* et échappent au marché des acteurs de moindre importance. Où l'on voit bien que le marché, outil absolu, est bien entre les mains d'une oligarchie financière dominante qui n'entend pas en perdre le contrôle.

La nature des produits proposés

Les produits financiers nouveaux issus de l'inventivité déployée depuis les années 1980 sont des dérivés de crédit, plus généralement nommés dérivés. Ce sont des *swaps*, des *futures* et des *options*. Les *swaps* sont des échanges entre différentes obligations avec un jeu sur les taux d'intérêt fixes ou variables. Les *futures* sont des contrats de vente ou d'achat d'un actif à terme, notamment pour les matières premières ou le pétrole ! Les *options* sont des contrats, permettant l'achat ou la vente, à terme, d'un actif à un prix défini, matérialisés par une garantie exercée ou perdue au moment du terme. Certains *futures*, les *forwards* se négocient OTC (*over the counter*), hors marché, tandis que certains *swaps*, les CDS (*credit default swaps*) sont des paris engageant la solvabilité d'autrui ! Nous avons développé les produits bancaires nouveaux dans notre précédent ouvrage (*La fin du capitalisme et la nécessaire invention d'un monde nouveau*), et il n'est pas nécessaire d'y revenir ici, sinon pour constater, que, de l'avis même de l'establishment financier, leur utilité est des plus contestables. Les dérivés dont l'importance est colossale (environ 700 000 milliards de dollars en 2016 d'après la Banque des Règlements internationaux, soit près de dix fois le PIB mondial) sont l'expression d'une économie-casino déconnectée de ses fondamentaux et tournant en boucle… tant qu'il y a de la musique !

La dimension fiscale

De plus en plus d'entreprises ou d'organismes financiers s'instituent banquiers ; cela permet d'échapper à la réglementation, pourtant peu contraignante du secteur bancaire. En réalité, cette finance de l'ombre (*shadow banking*) prospère surtout à l'abri des paradis fiscaux, lui permettant d'éviter toute taxation. La finance de l'ombre dépasse, en importance, la finance officielle avec la somme astronomique de 67 000 milliards de dollars d'après le rapport du Conseil de stabilisation financière (FSB) publié à la demande du G20 de novembre 2012. Shadow banking, structures offshore d'optimisation fiscale et paradis fiscaux vont de pair. Derrière les mots, volontiers lénifiants, c'est une prédation gigantesque, une escroquerie organisée qui est perpétuée contre des populations qui subissent de plein fouet, et légitimement, les prélèvements fiscaux conformes aux lois édictées dans les différents pays.

Bilan d'étape

Bilan d'étape sur la dette et la banque

La concentration bancaire déjà massive en 2007, puisque 60 % des actifs bancaires étaient détenus par les dix plus grandes banques occidentales, s'est encore accrue depuis. Les taux d'intérêt bas et les politiques fiscales des Etats conjugués à la pondération des risques et au développement rapide de la titrisation ont rapidement « remis en selle » les produits les plus discutables, largement à l'origine du déclenchement de la crise des subprimes. Ce qu'il faut obtenir, c'est que les banques adoptent une logique instrumentale en assurant l'intermédiation entre des ressources collectives et des ressources allouées, qu'elles soient soucieuses de projets et d'activités inscrits dans la durée. En clair, la banque doit assurer un véritable service public financier. Répétons que cette proposition a été activement envisagée aux Etats-Unis et en Grande-Bretagne au moment de la crise des subprimes, qu'elle s'inscrit dans une démarche keynésienne et qu'elle est l'une des conditions nécessaires pour un véritable changement de société. Ce qu'elle suppose, c'est qu'un acteur légitime, convaincu et puissant s'oppose au diktat d'un marché absolu, dominant et dévastateur. Car la cohérence des outils produits par le monde bancaire depuis les années 1980 est indiscutable : que l'intermédiation disparaisse et fasse place à des logiques strictes de marché dont la seule boussole est l'explosion des profits. Imposer aux banques de faire leur métier, exiger que l'intermédiation soit la règle, c'est remettre la société sur les rails d'un contrôle possible de ce qu'elle veut développer. L'alternative est claire : soit le marché généralisé, absolu, percole à travers la trame du tissu économique et devient le repère pour les autres pans de la vie en société, qu'il s'agisse des aspects politiques, éthiques, sociaux ou culturels ; soit le marché retrouve son statut d'instrument des échanges, comme il l'a connu dans des sociétés précapitalistes ou non capitalistes et il s'inscrit dans des problématiques plus vastes qui le transcendent, l'englobent et le subsument.

Bilan d'étape sur l'actionnariat, la dette et la banque

Deux constats s'imposent à l'issue de ces deux moments de propositions d'action relatives à l'actionnariat, à la dette et à la banque : d'une part, l'unité du système capitaliste autour du profit qui articule l'ensemble des dispositifs permettant de le générer ; d'autre part la construction obstinée, systématique et térébrante d'un marché universel colonisant tous les aspects de la vie sociale pour les soumettre à sa finalité de maximisation de la richesse et d'accumulation de la rente. Les conséquences en sont claires et majeures.

Unité

Historiquement, l'investissement en capital et le crédit matérialisé par un prêt d'argent se distinguent nettement : d'un côté, le capital industriel matérialisé par des actions, de l'autre, le capital de prêt matérialisé par des obligations ou par du crédit bancaire. En fait, l'actionnaire et le prêteur s'inscrivent dans une même logique qui est d'apporter aux sociétés commerciales qui se créent, avec la révolution industrielle, les ressources financières dont elles ont besoin pour leur développement. Or, la vie d'une entreprise commerciale, industrielle ou prestataire de services, exige deux grands types de financement : d'une part des financements d'investissement pour les infrastructures et les matériels permettant d'assurer la fabrication ; d'autre part, des financements d'exploitation pour faire face aux décalages existant entre les encaissements des ventes et les décaissements des achats, des salaires ou des frais généraux. Le premier financement assure les besoins en investissements, le second les besoins en fonds de roulement (BFR). Il faut, naturellement, que les deux besoins de financement soient correctement couverts pour que l'entreprise puisse garantir sa pérennité. Donc, il faut financer les entreprises et les actionnaires comme les prêteurs existent à cette fin. Pourtant, l'examen des comptes des grands groupes pour les dernières décennies montre un renversement spectaculaire : les actionnaires ne sont plus les apporteurs nets de capitaux depuis les années 1980 puisqu'ils prélèvent davantage via les dividendes et les remboursements d'actions (le *buy back*) qu'ils n'apportent sous forme d'augmentation de capital. Pour les prêteurs, c'est l'intervention des banques dans l'activité de prêt qui diminue en Europe, à l'instar de la situation constatée aux Etats-Unis : le financement par le développement de la titrisation remplace progressivement le financement bancaire. Ainsi, les valeurs mobilières, actions ou obligations, circulent-elles sur la planète au gré des opportunités : les fonds sont puissants, diversifiés et actionnent le volet actionnarial ou obligataire en fonction des optimisations recherchées. Ce qui est patent, c'est le renforcement des détenteurs de capitaux non-résidents, logés dans des paradis fiscaux, leur permettant d'obtenir une rémunération maximale et une taxation minimale.

Il faut donc reprendre complètement la réflexion sur les acteurs de l'économie puisque la différence notable aujourd'hui est celle existant entre les investisseurs des marchés financiers, lointains et centrés sur leur rémunération et non sur les performances de l'entreprise et les investisseurs directs qui construisent un projet d'entreprise avec une stratégie explicite de choix de produits ou de services et des objectifs d'innovation et de qualité. Oui à l'entrepreneuriat, au dynamisme et à l'implication d'individus créatifs et innovants, de plus en plus chassés du modèle salarial et qui veulent satisfaire une demande sociale. Un actionnariat *corporate*, instrument d'une politique d'entreprise de produits et de services articulé à un financement par prêts bancaires ou privés, peut parfaitement s'envisager avec une refonte de la protection sociale. Actionnaires et prêteurs sont, dans cette perspective, rémunérés en fonction de leurs apports avec une prime de risque raisonnable pour les actionnaires. Non aux marchés financiers qui organisent offshore un jeu financier strictement centré sur la rémunération de l'actionnaire ou du prêteur indépendamment de tout intérêt pour les entreprises concernées par ce jeu. Non à la domination absolue du marché pour le marché puisqu'aujourd'hui les cotations tournent en boucle sans considération de l'économie réelle.

Marché

Le marché assure son absolue domination sur fond d'évidence et d'ignorance. Economie de marché en effet, tous en conviennent même les moins au fait de la chose économique. Economie de marché capitaliste puisque c'est bien le profit qui s'affirme comme l'unique ressort des échanges et des transactions financières. Pourtant, il y a toujours un point de blocage, un lieu de forclusion comme s'il était impossible d'admettre ou de tout simplement se confronter à cette réalité massive et accablante : le marché est tout, rien ne doit, ni ne peut lui échapper ; l'ensemble de la vie sociale est engagé dans l'entonnoir du marché comme un vortex monstrueux et inexorable. Tout doit se calculer, se mesurer et s'évaluer pour se convertir en une proposition de marché dont le terme est inéluctablement un prix, un profit et une rente. L'opposition vigoureuse, continue et argumentée que suscite la mise en place, dans les conditions d'opacité les plus discutables, du grand marché transatlantique (GMT) entre l'Europe et les Etats-

Unis, après la signature déjà acquise d'un grand marché transpacifique, n'est qu'un exemple, particulièrement symbolique, de cette réalité. Ça ne passe pas dans les représentations collectives des peuples et pourtant c'est déjà là, pleinement installé et incrusté dans la pâte sociale qui ne dispose plus de défenses face à un ennemi si puissant. On dit généralement à la suite de Polanyi, que l'économique s'est désencastré (*dissembedded*) de la sphère sociale pour conquérir son autonomie et se développer à partir de ses propres principes. On pourrait ajouter qu'après le succès du désencastrement engagé, l'économique, sous la forme de l'économie de marché capitaliste, fait retour sur la sphère sociale pour l'assujettir et lui imposer son fonctionnement. C'est bien d'une destruction systématique et méthodique qu'il s'agit aujourd'hui de constater tant pour les pans sociaux que culturels de la vie en société. Rien ne doit faire obstacle à la généralisation du marché jusque dans les interstices les plus subtils de la vie intime des populations. Sauf à renoncer définitivement à toute perspective de changement il est clair qu'il n'y a qu'une instance qui peut s'affronter au Léviathan marchand. C'est, bien entendu, l'instance politique entendue comme l'expression d'un collectif, une volonté, un projet, une orientation, soit l'idée, l'expression et la matérialisation d'un sens dans lequel puissent se reconnaitre des humains. On sent bien combien la situation actuelle est déjà tellement atteinte et délabrée quand l'idée même de collectif, de sens ou de projet provoque immanquablement les critiques les plus définitives des tenants du « doux commerce » et du marché-roi dont les bienfaits se déploient avec la mondialisation. Mais il n'y a pas de choix, sauf à renoncer. Aussi tentons-nous dans notre prochain chapitre d'envisager cette force possible affrontant et contenant le marché (l'Etat, la nation, ou quelque collectif présentant une autoconsistance certaine…) afin d'enclencher une dynamique qui puisse augurer d'une autre logique à terme.

CHAPITRE IV : Le collectif et la question de l'Etat

Penser globalement, agir localement.
Jacques Ellul

La sortie de la logique actionnariale est une condition première, nécessaire et absolue pour penser et construire un monde où l'homme n'est plus une marchandise mais développe pleinement ses potentialités et ses projets. Comme on s'est employé à le montrer, la logique actionnariale, en tant que cristallisation du capitalisme et des rapports sociaux qu'il engendre, génère mécaniquement l'exploitation du travail par le capital, la destruction de la nature pourvoyeuse d'énergie et de matières premières, l'explosion des profits et l'accumulation indéfinie de la rente, selon un modèle exponentiel dont la limite est l'explosion. Sortir d'un monde où quelques actionnaires dominants, aujourd'hui incarnés par les marchés financiers et les institutions qui les alimentent, conduisent les populations à la catastrophe, est bien une nécessité première.

Mais il est une seconde nécessité, couplée à la première, qui doit nous interroger si on ne veut pas qu'un changement aussi fondamental jette les sociétés dans l'anomie. Comment faire tenir les sociétés de demain ? Peut-on se contenter des démarches associatives et collaboratives fédérant des actions multiples ? Comment tout cela peut-il faire sens, faire corps, et se tenir, au sens d'avoir une consistance, une structure et une pérennité ? C'est, à l'évidence, la question de l'État qui est ici posée et à laquelle il faut pouvoir répondre. Et la réponse ne peut se penser à partir de l'antinomie traditionnelle État/marché selon laquelle c'est la confrontation entre l'État et le marché qui doit être analysée et maîtrisée. Nous vivons désormais dans une société de marché, plus précisément dans une société de marché capitaliste, dans laquelle l'État est de plus en plus en déshérence pour les volets économiques ou sociaux de son action mais reste essentiel pour assurer la sécurité des transactions. Ce que les marchés attendent de l'État est précisément l'exercice régalien de la fonction sécuritaire, accessoirement de la justice dans la mesure où elle complète la fonction sécuritaire. Il n'y a pas de dichotomie État/marché postulant que le pouvoir et ses prérogatives est d'un côté ou de l'autre. Il y a une économie capitaliste qui généralise un marché mondial dominant et des Etats qui assurent le fonctionnement le plus favorable de ce marché mondial pour les intérêts des investisseurs. Il y a bien État de classe, selon la terminologie marxiste, l'État est bien au service des dominants, économiquement, politiquement et médiatiquement dans les différents pays.

Est-ce à dire qu'en sortant de l'actionnariat on doive également sortir de l'État ? Nous ne le pensons pas, car si l'État que nous connaissons doit nécessairement disparaître avec la société marchande prédatrice qu'il conforte, il faut s'interroger sur ce que pourrait être un État dans une configuration nouvelle, un État ou à tout le moins une structure articulant l'ensemble du champ social, lui donnant la verticalité sans laquelle l'associatif horizontal, aussi dense soit-il, est condamné à l'anomie, c'est-à-dire à l'aléatoire, à l'incertain et à l'absence de cap. Pour penser cette verticalité, cette instance structurante globale pour l'ensemble du corps social, il nous semble qu'il faut se tourner vers Spinoza et particulièrement vers la lecture très argumentée qu'en propose Frédéric Lordon dans son ouvrage *Imperium. Structures et affects des corps politiques*. « Ce droit que définit la puissance de la multitude, on l'appelle généralement *imperium* » dit Spinoza dans son Traité politique. La puissance de la multitude, ce n'est pas la puissance de telles ou telles singularités individuelles, c'est le collectif en tant que tel. Ce collectif qui fait que la multitude s'assemble, fait consistance sous l'effet, non de la raison, mais de quelque affect commun. Comme l'indique Lordon, « l'*imperium* est un principe morphogénétique. Il fait passer des collections de l'état amorphe à la forme politique. Il est l'opérateur du regroupement. ». L'État, si on le chasse par la porte, revient par la fenêtre ! Car il est clair que, passé un certain seuil, la complexité de la vie sociale rend impossible que tous s'occupent de tout, ce qui implique que s'instaure une spécialisation. La subsidiarité est nécessaire mais ses pouvoirs sont limités. Lordon explique que « la totalisation ne peut se faire hors d'un pôle où, précisément l'ensemble se reconnaît comme totalité, et où se fait la prise en charge du *concern*, c'est-à-dire du commun de rang supérieur ». Le *concern* anglo-saxon, le commun de rang supérieur, est au sens le plus littéral du terme, la république, l'ensemble des choses déclarées d'intérêt public. Tant le fait même de la totalisation que son expression métonymique en et par le pôle « totalisateur », c'est cela qu'on appelle « état général ». Et, par construction, de celui-là, ou ne s'affranchit pas. C'est cet Etat général qu'il faut penser, à la suite de Lordon, un État d'après le couplage de l'axiomatique de l'intérêt et de la démocratie formelle représentative, un État unificateur et structurant pour une pâte sociale associative, fédérative et malléable.

On sait que le reproche permanent fait aux analyses critiques de nos sociétés est l'absence de solutions proposées, signe que l'interdit est précisément de sortir du cadre du fonctionnement social considéré comme allant de soi puisque réel, vérifiable et « inéluctable ». Proposer des « solutions » est donc un piège dangereux si par des propositions on valide le cadre existant en le « naturalisant » en quelque sorte. Sans tomber dans ce travers, il nous semble que deux opérateurs, deux « analyseurs » (au sens de René Lourau, *L'analyse institutionnelle*,) permettent d'anticiper des perspectives futures en « dynamitant » l'architecture du système économique existant et de la configuration politique qui le rend possible. C'est logiquement que deux niveaux s'imposent à notre réflexion et à nos hypothèses : le niveau économique des revenus et des patrimoines des individus, et le niveau politique de l'implication des citoyens constituant « l'Etat général », selon la formule de Lordon, donc détenteurs de la souveraineté.

Pour stopper la domination apparemment inéluctable du marché prédateur, destructeur et vorace, il n'y a qu'une voie envisageable, fragile mais décisive : favoriser la mutation de l'individu consommateur, esclave docile de pulsions soigneusement entretenues par l'idéologie consumériste, vers un citoyen responsable, inscrit dans un ensemble social dans lequel il œuvre tant pour ses satisfactions personnelles que pour les objectifs collectifs sociétaux. Que s'opère rien de moins qu'une mutation anthropologique, à l'instar de celle que le capitalisme distille depuis plus de deux siècles mais, en sens inverse, si l'on peut dire. Pas tout à fait d'ailleurs car il ne s'agit pas de retrouver un mythique état antérieur mais de terminer le travail accompli par les Lumières et amorcé par la Révolution française et les mouvements d'émancipation dans le monde qui l'ont accompagné ou l'ont suivi. À l'heure de l'émancipation possible des peuples, au tournant des XVIIIème et XIXème siècle, quelque chose a vacillé et l'idéal de la raison, de l'autonomie de peuples constitués d'individus égaux et libres a été détourné, capté par l'idéologie du marché libre, animé par des investisseurs privés recherchant la maximisation des profits mais encadrés par le dispositif politique de la démocratie représentative permettant de donner l'apparence de la réalisation des idéaux révolutionnaires de liberté, d'égalité et de fraternité. On sait ce qu'il en est advenu depuis. Si l'État n'existe que par nous, si plutôt l'État n'est que de nous, comme l'affirme Spinoza, mais également La Boétie, s'il est cette transcendance qu'engendre l'immanence, il faut replacer chaque citoyen en position d'acteur pour la multitude, en situation d'une part de jouir de droits conformes à son statut de citoyen, et non de marchandise et d'exercer un pouvoir réel, et non un simple rituel formel sans signification dans le cadre du dispositif des élections. Développons ces deux points.

Le revenu de citoyenneté

La première chose qu'une société d'hommes libres, égaux et responsables, doit offrir à chacun de ses ressortissants, c'est un revenu minimal décent lui permettant de vivre. Prendre acte de la progressive disparition du travail et, en particulier du salariat, ouvre une double perspective selon qu'on adopte une attitude passive, résignée et défaitiste ou une attitude active, innovante et bénéfique. L'optique régressive constate et admet la domination du capital et la place en creux du travail, ne subsistant que résiduellement par le salariat ou des prestations de services. Les *jobs* à cinq euros de l'heure en Allemagne, le « zéro contrat » en Grande-Bretagne ou la « loi travail » en France s'inscrivent clairement dans cette ligne. L'optique dynamique, positive et encourageante pense désormais en termes d'activités selon les formes les plus adéquates pour les besoins à satisfaire : les formes associatives mais aussi collaboratives et solidaires permettent de structurer des processus industriels, commerciaux ou artisanaux articulant les contributions multiples d'individus engagés dans des projets économiques, sociaux, sanitaires ou culturels. La rémunération des contributions peut s'envisager sous forme de salaires, d'honoraires, de commissions et plus généralement de tout instrument traduisant l'exécution d'un contrat. Ce qui importe, dans une perspective citoyenne, c'est que le revenu, quelles que soient les modalités de sa détermination, manifeste clairement l'inscription de l'individu dans une collectivité nationale : l'individu n'est plus une marchandise dont la rémunération est fonction des rapports de force entre le capital et le travail inscrits dans une dynamique de concurrence mondiale, mais un citoyen d'une collectivité disposant de droits et d'obligations. C'est pourquoi un revenu de citoyenneté doit être instauré à partir de trois principes : l'inconditionnalité, l'universalité et la substantialité (c'est-à-dire d'être d'une importance quantitative telle qu'il permette de vivre dignement).

La gestion de la dette souveraine

L'État est une institution complexe, multiple et ambivalente. Il est sans doute nécessaire pour la structuration d'une société mais selon des principes et des modalités qui peuvent différer considérablement. Il ne fait guère de doute que les Etats dont on peut observer le fonctionnement à l'époque contemporaine et, particulièrement depuis le tournant décisif des années 1980, sont clairement consacrés à la pérennité du système capitaliste et à son inexorable déploiement.

L'État et les firmes multinationales

En premier lieu, les Etats, par l'action de leurs gouvernements, quel que soit l'affichage de leurs couleurs politiques, agissent comme les fondés de pouvoir, les gestionnaires et les gardiens du cadre institutionnel permettant la mondialisation et la concentration la plus efficiente du capital. Des firmes multinationales plus importantes que les Etats, des banques *too big to fail*, voilà le tableau nouveau de l'économie moderne. Mais si les banques sont *too big to fail* c'est que par principe, axiomatiquement en quelque sorte, elles ne peuvent plus être détruites et disparaître, ce qui leur confère un statut d'éternité que les firmes multinationales d'hier n'avait pas, mais que la concentration permet. La concentration est le baume de jouvence du capitalisme mondialisé : on ne disparaît plus par le bas, par la faillite, mais par le haut, par la concentration. Un exemple majeur permet d'illustrer cette évolution si nette en quelques décennies montrant comment les gouvernements perdent progressivement tous les leviers de la maîtrise des échanges, en particulier budgétaires et fiscaux, pour le plus grand profit du capital. En novembre 2015, le géant pharmaceutique Pfizer annonce qu'il va absorber son concurrent Allergan pour 150 milliards de dollars, soit environ 140 milliards d'euros. Pour quelle raison ? Clairement, pour faire des économies et échapper à l'impôt. En pratiquant « l'inversion », c'est-à-dire en présentant l'opération financière comme un achat de l'américain par sa cible, il sera possible d'installer le siège social en Irlande et d'adopter la nationalité irlandaise. Ainsi le taux d'imposition irlandais, de 12,5 % se substituera au taux américain de 35 %. La présentation officielle, grave et responsable, est la déploration devant l'impuissance des gouvernements face à de telles pratiques qui grèvent lourdement les budgets des Etats. Or ces pratiques doivent s'entendre à deux niveaux. D'une part, celui de « l'optimisation fiscale » via les prix de transfert, conduisant à présenter les bénéfices dans les pays à fiscalité faible ou nulle et à les minimiser ailleurs. D'autre part, celui des accords explicites entre les Etats et les entreprises, généralement les plus puissantes firmes multinationales. La liste est longue des rescrits fiscaux et autres accords dérogatoires conclus entre des Etats et des firmes multinationales dont le *Lux leaks*, avec le Luxembourg de Jean-Claude Juncker est le plus emblématique. Il n'est pas nécessaire de reprendre ici les développements de notre analyse sur la fiscalité. Bornons-nous à constater que les commentateurs, analystes et experts appellent à une moralisation du capitalisme, une « éthique des affaires » pour lutter contre l'évasion fiscale, la fraude et les paradis fiscaux. Mais la réalité ne peut se satisfaire d'un discours de la déploration et du constat de défauts inéluctables mais présentés comme mineurs dans une mondialisation au fond bénéfique qu'il faut à tout prix encourager. Quand un journaliste aussi pondéré que Philippe Escande constate, dans Le Monde du 24/11/2015 que « la barbarie s'est banalisée » et se demande ce « que devient la valeur d'une obligation que plus personne ne respecte », on peut, à bon droit, prétendre que la rhétorique ne peut plus ériger de digues idéologiques efficaces (« pas plus que la dialectique ne pouvait casser les briques » dans les brûlots situationnistes des années 1970) et que… le roi est nu. Le capitalisme a (encore) besoin des Etats pour assurer la bonne marche des affaires mais il entend que rien ne vienne freiner la génération et l'accumulation des profits : la fiscalité doit être réduite à la portion congrue pour le capital et les gouvernements sont là pour entériner les pratiques qui favorisent cette situation. Ils le font d'ailleurs avec application et diligence contrairement au discours moralisateur et pseudo-naïf généralement entendu. Pourquoi, débarrassé des frontières et des oppositions politiques ou syndicales à la destruction du travail, le capital renoncerait-il à poursuivre ses avantages ?

L'État et les classes moyennes

C'est ici qu'il faut examiner le second volet de l'action des gouvernements et de ce qu'attend d'eux le système économique. Les humains sont des travailleurs et des consommateurs. Mais ils ne le sont pas tous ! Un partage sommaire des habitants de la planète en quelques grandes catégories constitutives donne le panorama suivant quant à la détention des patrimoines :

- 10 % des humains détiennent 86 % des richesses (le 1 % supérieur représente 50 % des richesses),
- 40 % des humains détiennent 14 % des richesses,
- 50 % des humains ne possèdent rien (au sein de ces 50 %, soit 3,7 milliards sur 7,4 milliards d'humains, plus de 2 milliards (soit plus de 50 %) n'ont ni patrimoine, ni revenu).

En résumé :

- 25 % des humains sont sans patrimoine et sans revenu,
- 25 % des humains sont sans patrimoine et avec un faible revenu,
- 40 % des humains ont un patrimoine représentant 14 % du patrimoine total et des revenus,
- 10 % des humains ont un patrimoine de 86 % du patrimoine total (50 % pour le 1 % le plus riche) et, bien entendu, des revenus importants.

Ce que montre l'état des patrimoines, c'est une inégalité massive, flagrante et considérable, qui fait douter de la possibilité même d'un fonctionnement démocratique, même avec les principes les plus équitables en apparence. Qu'y a-t-il de commun entre des individus présentant des différences extravagantes de revenus et, a fortiori, de patrimoines. C'est devenu une banalité de constater chaque année les écarts abyssaux existant entre les dirigeants et les salariés ou l'accroissement exponentiel et vertigineux des patrimoines. Mais le problème est précisément que cela soit devenu une banalité ! À titre anecdotique, mais particulièrement explicatif pour notre propos, le monde comptait 25 milliardaires, en dollars, il y a vingt-cinq ans, les chiffres étant ceux de 1991. Ils sont, en 2015, 1826 pour une fortune estimée à plus de 7 000 milliards de dollars, soit trois fois le PIB d'un pays comme la France ou plus d'un tiers du PIB des seuls États-Unis. Ce qui prolifère dans le monde contemporain, c'est une oligarchie nouvelle, à l'instar de ce qu'a connu l'ancien régime, en France ou ailleurs, avec une différence d'importance cependant. C'est que sa fortune enfle en permanence sans qu'aucune connexion ne puisse être tracée entre celle-ci et la substance économique réelle qui est supposée la fonder. Des progressions patrimoniales globales de 10 % et plus par an dans un monde où la croissance est atone en Europe, ralentie dans les pays émergents, et s'établit à un étiage faible aux USA et même en Chine à présent, ce n'est tout simplement pas possible normalement. Il faut donc un hic et ce hic c'est la spoliation accrue des plus démunis et, à présent, également des classes moyennes. C'est pourquoi les gouvernements sont appelés pour cette deuxième mission, essentielle pour le capital : discipliner la classe moyenne, aujourd'hui mondiale, mais principalement occidentale et européenne, celle qui détient les 14 % de la fortune mondiale mais qui ne détient justement que ces 14 %. Il faut la domestiquer, et ceci de deux façons. D'abord en exaltant sa superbe, sa prétention arrogante à représenter la civilisation… face aux barbares. Depuis les Grecs de l'Antiquité, on sait que les barbares sont les autres, tous les autres, ceux qui ne relèvent pas du statut de citoyen, du statut de celui qui appartient à la Cité. Mais également en la rassurant, cette classe moyenne de plus en plus menacée par le développement du capitalisme, qui expérimente la précarité de son travail, de sa rémunération et de ses conditions de vie. La classe moyenne craint aujourd'hui d'être jetée dans la masse des réprouvés, des démunis, de ceux qui n'ont rien. C'est pourquoi on tient à cette classe moyenne le discours des valeurs, c'est-à-dire le discours de son mode de vie qu'on s'engage à protéger, à maintenir et à sanctuariser alors qu'on le détruit avec application et entêtement par le simple déroulement du processus d'accumulation capitaliste. C'est la classe moyenne qui est le pilier de la démocratie, l'oligarchie étant pour sa part nomade et ne s'embarrassant plus des « gadgets » démocratiques archaïques présentés encore par les Etats. L'État que nous connaissons, par la pratique quotidienne des gouvernements, peut difficilement prétendre être le vecteur d'un processus d'émancipation et de le soutenir face à un système économique dominant et destructeur. Les gouvernements de la planète sont la courroie nécessaire du déploiement mondial du capitalisme, de son inéluctable progression et de son incontestable succès. Ils gèrent les dispositifs institutionnels et contractuels, ils contiennent les manifestations de colère ou de rébellion et dispensent les gratifications symboliques dont la classe moyenne a besoin pour assurer la pérennité du système à la place décisive qui est la sienne. Elle est de plus en plus écrasée entre une oligarchie mondiale, nomade et hors-sol et une population de démunis, également nomade mais pour d'autres raisons dont une partie est employée sur les chantiers mondiaux tandis que l'autre est clairement surnuméraire : ce sont les êtres « dispensables » (Judith Butler), ou les déchets (Zygmunt Bauman). La critique de l'État, tel que nous l'observons aujourd'hui, n'induit pas qu'aucune forme d'État n'est possible. L'universel s'engendre du particulier mais d'un particulier convenablement agencé pour produire de l'universel : l'émancipation est un projet, un *work in progress* qui implique de travailler aux agencements de notre particulier. Nous ne sommes pas écrasés par la fatalité de ce que sont nos institutions, il nous appartient de les faire jouer autrement pour augmenter l'intensité d'universel qu'elles peuvent induire en nous. Dans cette perspective, celle de disjoindre le projet politique de son asservissement actuel à l'axiomatique du capital, une voie peut-être féconde car elle replace le citoyen au cœur du dispositif étatique, elle réamorce l'exercice de la puissance de la multitude, de l'imperium. Cette voie, c'est la gestion de la dette souveraine des Etats par les citoyens eux-mêmes, la dette souveraine qui ne dépassait pas 20 % du PIB en France en 1980 mais qui approche désormais les 100 %.

Nous nous inspirons, dans cette partie de nos analyses et de nos propositions, des réflexions de Jean-Michel Truong (*Ni sang ni dette, Le No Man's Land*, 2013). Il faut partir de deux réalités financières majeures concernant pour la première, les subventions des Etats aux entreprises, et pour la seconde, les besoins de financement des entreprises issus de leur cycle d'exploitation, ce que les gestionnaires nomment le besoin en fonds de roulement (BFR)

Les subventions

L'économie libérale, pourtant peu avare de philippiques dénonçant l'État et sa bureaucratie inutile et inefficiente, s'accommode fort bien des subventions massives des Etats. Longtemps « justifiées » par la volonté d'impulser des politiques industrielles nationales, elles perdurent aujourd'hui dans un contexte globalisé, européen ou mondial, alors que le « pilote étatique » a disparu. Ces subventions sont générales, importantes et récurrentes. À l'échelle de la planète, on constate, d'après les informations communiquées par le FMI, que 5 300 milliards de dollars de subventions sont alloués aux énergies fossiles, soit 7 % du PIB mondial ! La Chine, les USA et la Russie représentent 50 % du montant total. Sans ces subventions, ce sont les rentrées fiscales et les dépenses en matière de santé ou d'éducation qui pourraient être sensiblement augmentées. Ce sont les émissions de gaz à effet de serre qui seraient fortement diminuées. C'est surtout une meilleure compétitivité qui serait obtenue pour les énergies renouvelables. Ne retenons, pour notre argumentation, que le cas de la France dont la politique, en matière de subventions publiques aux entreprises, est parfaitement illustrative de la logique mondiale. Procédons, à la suite de Jean-Michel Truong, à une analyse complète et indiscutable des comptes de l'État. Elle émane, d'une part, de la Mission d'audit de modernisation conduite par les inspecteurs généraux de l'État (Rapport sur les aides publiques aux entreprises, janvier 2007) et, d'autre part, du Conseil des prélèvements obligatoires agissant à la demande de la Cour des Comptes (Entreprises et « niches » fiscales et sociales, octobre 2010). La référence à 2007 et 2010 ne gêne nullement notre analyse puisque, loin de se réduire, l'action de l'État s'est développée comme le pacte de responsabilité décidé en 2015 pour 41 milliards d'euros le montre clairement : ce sont 41 milliards de subventions, dégrèvements et réductions d'impôts supplémentaires qui sont octroyés aux entreprises. Ce que démontrent les deux instances mentionnées, c'est qu'environ 200 milliards d'aides publiques directes (27 milliards) et de « niches » fiscales et sociales constituant des aides indirectes (174 milliards) affectent les comptes de l'État et… les résultats des entreprises. 200 milliards d'euros, c'est à peu près le bénéfice avant impôts des entreprises ou le montant des investissements annuels qu'elles réalisent. C'est plus du tiers des recettes fiscales globales (535 milliards en 2011). Repenser les subventions, dans leur nature, leur montant, mais aussi dans leur mode d'allocation, pourrait être un bouleversement exemplaire replaçant le citoyen au cœur du dispositif politique comme on va le proposer. Auparavant, il faut examiner un second facteur décisif pour le financement des entreprises et le déploiement du capitalisme, celui du financement du cycle de l'exploitation (BFR).

Le financement de l'exploitation : le BFR

Le BFR, besoin en fonds de roulement ou besoin de financement d'exploitation est, comme son nom l'indique, un besoin que les entreprises doivent financer en raison des spécificités de leur exploitation. Sommairement, ce besoin résulte de ce que, pour l'immense majorité des entreprises, il est nécessaire d'engager des dépenses pour produire des biens et des services et que ce n'est que plus tard, après fabrication, stockage et vente, que les encaissements interviennent en provenance des clients. On achète des matières premières, on rémunère le personnel et on paye les frais généraux de l'entreprise en janvier mais on ne vend les vêtements, les ordinateurs ou les automobiles qu'en février pour une recette encaissée en mars ou en avril : le besoin en fonds de roulement est donc de deux ou trois mois d'activité. Le produit du délai qui s'écoule entre les dépenses et les recettes par le volume de l'activité donne la masse d'argent en attente que les entreprises doivent pouvoir financer, soit par leurs fonds propres, soit par de la dette. D'après une étude conduite par le cabinet EY, ex Ernst & Young, pour 1 000 entreprises européennes constituant un échantillon significatif, le BFR ressort, en 2009, à 41,6 jours du chiffre d'affaires. Remarquons d'emblée que les pratiques commerciales sont différentes selon les pays et que les délais sont sensiblement plus courts dans les pays anglo-saxons ou nordiques que dans les pays du sud européen ou bien méditerranéens. Des délais de soixante jours, quatre-vingt-dix jours, voire plus, sont des délais de paiement usuels en Espagne, en France ou en Italie. Ce qui est mal analysé, c'est que cet effet boule de neige est désastreux financièrement puisque chaque entreprise en vient à se comporter comme un banquier pour ses clients, un banquier supplétif qui, en raison de la nature de son activité et de sa structure de bilan, ne dispose pas des ressources nécessaires pour financer d'autres acteurs, à la différence des banques dont c'est, en principe, le métier et qui disposent, toujours en principe, des ressources financières nécessaires. Diminuer le BFR, c'est apporter de l'oxygène aux entreprises, c'est limiter les délais, donc les créances commerciales en attente et, en conséquence, les besoins bancaires sous forme d'escomptes, de découverts ou d'emprunts à court ou moyen terme. Pour un pays comme la France, le chiffre d'affaires des entreprises du secteur marchand non financier est d'environ 10 milliards d'euros par jour. Trouver un financement de 200 milliards, c'est donc trouver vingt jours de financement du cycle d'exploitation, c'est dégonfler de vingt jours le BFR, c'est pratiquement diviser par deux la masse financière dont il faut trouver le financement pour ne pas être en faillite.

La proposition

Deux réalités financières apparaissent donc problématiques pour notre économie contemporaine : des subventions massives qui grèvent les budgets des Etats et des cycles d'exploitation très lourds qui occasionnent des besoins de financement considérables. Les 200 milliards d'euros de subventions sont une des pièces du dispositif fiscal français, bâti en faveur des entreprises, en particulier multinationales, et des citoyens les plus fortunés qui se traduit, au final, par un déficit budgétaire important ne respectant pas les critères européens : 80 milliards d'euros en 2012, 75 milliards d'euros en 2013, 86 milliards d'euros en 2014 soit, sur trois ans, une moyenne de 80 milliards d'euros représentant environ 4 % du PIB. 200 milliards, c'est 10 % du PIB de la France et ces 200 milliards déplacés du budget des entreprises vers le budget de l'État permettent aux entreprises de limiter leur endettement (de 63 à 65 % du PIB pour les entreprises, de 2008 à 2013) tandis que l'endettement de l'État explose pour approcher, à présent, les 100 % de dette par rapport au PIB. Des travaux, déjà mentionnés, notamment ceux de Laurent Mauduit sur le déficit budgétaire et Antoine

Peillon sur l'évasion fiscale, viennent confirmer et corroborer ces constats.

L'idée de Jean-Michel Truong est que chaque citoyen français reçoive, au jour de sa majorité, une dotation en capital de l'État. Les modalités peuvent être discutées sur la nécessité ou non de la nationalité française pour le citoyen ou sur l'âge requis pour recevoir la dotation en capital puisqu'on pourrait aussi retenir la naissance comme événement déclencheur. Laissons délibérément de côté les modalités pour n'explorer que le principe et ses conséquences. L'État dote chaque citoyen d'une somme dont il deviendra l'usufruitier, ce qui signifie qu'il en aura l'usage, la propriété restant à l'État. Cette dot ne sera pas une somme remise en argent liquide mais elle sera créditée sur un compte ouvert au nom du citoyen bénéficiaire dans un organisme public d'État. Cet organisme sera l'institution centrale du dispositif, une super caisse, à l'instar de la CDC, la Caisse des dépôts et consignations, mais avec un spectre très large puisque couvrant l'ensemble de la population.

Cette dot permet à la République de confier l'usufruit d'une partie de ses ressources aux 40 millions de citoyens adultes qui la composent. Chaque citoyen devient l'ordonnateur, à hauteur de la somme reçue en dotation, de l'utilisation des fonds. Il lui est conféré un DDT (droit de tirage), qu'il transmet en tant qu'aide publique à l'entreprise qui l'emploie. Par entreprise, il faut entendre toute structure dans laquelle le citoyen est salarié ou qu'il crée par lui-même, par exemple une start-up. L'idée centrale est que les concours de l'État ne peuvent être alloués au secteur marchand que par l'intermédiaire des citoyens qui administrent ces aides, et eux seuls. C'est la pierre d'angle d'un édifice dont l'efficacité est attendue du fait qu'on confie à chaque citoyen une fraction du bien public : c'est l'esprit du crowd-funding, de la finance participative et du crédit de proximité. Les droits de tirage sont rémunérés à l'État par le citoyen au taux auquel, sur le marché, les banques commerciales se refinancent, auquel on peut ajouter cinq points de base pour éviter qu'une concurrence déloyale ne soit invoquée par les banques. Naturellement, les entreprises, utilisateurs des droits de tirage, paient un intérêt à un taux supérieur au taux payé par le citoyen attributaire du droit de tirage, mais inférieur à celui demandé par les banques. Les droits de tirage sont, bien entendu, transférables en fonction de la trajectoire professionnelle des citoyens attributaires. Au moment de la retraite, la dot initiale, régulièrement augmentée des intérêts perçus (supérieurs aux intérêts payés à l'État) permet de dégager un pécule, cette fois-ci en argent liquide, une fois l'État remboursé. Ce pécule peut être exempté d'impôts, le citoyen étant récompensé pour ses bons et loyaux services en tant qu'agent auxiliaire du Trésor public. Pour les entreprises, les DDT permettent d'obtenir de l'argent à bon marché, mobilisable à leur seule discrétion pour financer le BFR, mais également les investissements à plus ou moins long terme en termes d'équipements, de chaînes de production ou de bâtiments industriels. Ainsi chacun y trouve son compte : l'employeur parce qu'il a accès à une ligne de crédit permanente, à un taux inférieur au marché et mobilisable à première demande ; les citoyens, salariés ou indépendants, parce qu'ils renforcent leurs liens avec leur entreprise, tout en plaçant leurs économies, sans plafond et en exonération d'impôt, à un taux supérieur à celui des produits d'épargne classique. On peut envisager une montée en puissance des DDT sur la base de 20 millions de citoyens concernés pour un montant de tirage pouvant atteindre 10 000 euros, soit 200 milliards d'euros. 200 milliards d'euros, c'est précisément la somme correspondant aux subventions publiques allouées discrétionnairement par l'État sans l'intervention des citoyens ; c'est également vingt jours de chiffre d'affaires réalisées par les entreprises, soit une diminution potentielle importante du BFR à financer. À terme, sur la base de 50 millions de citoyens dotés de 40 000 euros, c'est 2 000 milliards, presque le PIB de la France, qui peuvent être « déconsolidés » du budget de l'État vers la gestion directe par les citoyens.

Les conséquences de l'établissement d'un tel mécanisme seraient considérables à tous égards. Répétons-le, le mécanisme se borne à remplacer 200 milliards de concours annuels, à fonds perdus aux entreprises, par des crédits à bon marché directement gérés par les citoyens, devenus des agents bénévoles du Trésor public. Il permet aux entreprises d'améliorer leur financement à court terme (BFR) ou à moyen terme (investissements) et donc de réduire leur niveau global d'endettement. Il permet à l'État de réduire ses déficits budgétaires pour ensuite les transformer en excédents. Or le déficit, c'est la dette ; quand celui-ci disparaît, celle-là se résorbe. Il permet aux individus citoyens, impliqués dans la vie économique et sociale, de retrouver une place décisive dans l'administration de la politique publique et, accessoirement, de constituer une épargne raisonnable pour le moment de la retraite.

C'est un système dont de nombreuses modalités sont discutables et amendables, mais qui présente une colonne vertébrale, une verticalité dont la collectivité peut s'enorgueillir. Les pointes avancées de la modernité, la Silicon Valley, nous vendent une nouvelle utopie politique faite de désintermédiation et d'ubérisation. Le modèle qu'elles nous proposent est une sorte d'alliance entre le capitalisme et l'individualisme contemporain qui court-circuite les formes de représentation classique et, en particulier, les Etats, les syndicats et les institutions. Au moment où cette offensive se renforce, il est urgent de refuser une marchandisation ectoplasmique et débridée et de replacer l'individu au centre du dispositif politique. Par individu, nous n'entendons pas le consommateur entretenu dans une addiction compulsive, mais l'homme rationnel des Lumières, sujet de désir mais, au premier chef, de raison. Cette hypothèse postule implicitement qu'un dispositif politique puisse perdurer malgré le travail continu de désintermédiation dont le terme est l'atomisation des individus, sans relais, sans cadres et sans culture. La démarche de Jean-Michel Truong, que nous reprenons comme un élément, un linéament de l'affirmation de l'*imperium* comme puissance politique de la multitude, n'est pas sans rappeler celle de Roger Godino, il y a quelques années dans le cadre de la constitution pour chaque citoyen d'un héritage universel. Cet héritage est, comme chez Truong, une somme d'argent qu'à sa majorité un citoyen peut mobiliser et investir pour l'accomplissement de ses projets. Il envisageait une partie en capital et une partie en emprunt : les modalités ne sont pas ici essentielles, ce qui l’est, c'est le renversement radical d'approche.

Sommes-nous des individus pour l'addiction consumériste, marchandises nous-mêmes, isolés, dissociés dans un grand Tout marchand ou sommes-nous des citoyens d'une démocratie qui ne tire sa signification que de notre participation à un projet collectif, universel et pérenne ?

CHAPITRE V : Quel numérique pour un au-delà de la mondialisation ?

La vie privée est un concept qui a émergé lors du boom urbain de la révolution industrielle. Si bien que cela pourrait bien n'être qu'une anomalie.
Vinton Cerf, fondateur de l'Internet Society, 2013

La plus grande faiblesse des humains vient de leur incapacité à comprendre la fonction exponentielle.
Albert Bartlett, universitaire et physicien

Nous avons interrogé, dans notre première partie consacrée à la compréhension de la mondialisation, la double utilisation possible du numérique, en tant qu'instrument d'accomplissement du capitalisme ou en tant qu'instrument de son dépassement. Nous proposons à présent des voies d'action pour un numérique de l'au-delà de la mondialisation. Examinons les modèles proposés à partir des pratiques de Google et des réseaux sociaux. La question clé est celle du classement de l'information comme le développe Dominique Cardon (*A quoi rêvent les algorithmes. Nos vies à l'heure des big data*). Le principe du classement relève d'une conception méritocratique. Il faut faire figurer sur la première page d'un site des informations qui font autorité parce qu'elles ont été citées par beaucoup d'autres sites qui font eux-mêmes autorité. Le mécanisme est cumulatif et amplificateur. Le fonctionnement interne de la société Google est emblématique de cette logique méritocratique notamment en termes de recrutement. Il n'y a pas moins de quatorze étapes chez Google pour recruter des personnels qui sont, lorsqu'ils sont choisis, le plus souvent surqualifiés pour leur poste. Google ne se contente d'ailleurs pas de sélectionner les « meilleurs parmi les meilleurs » par l'intermédiaire de ce long parcours en quatorze stations s'assimilant à un chemin de croix religieux, il débusque, par tous les moyens, les profils d'exception susceptible de lui échapper. Ainsi, des internautes se livrant à des exercices de codage sont-ils démarchés par Google, faisant irruption dans leur travail personnel, pour leur proposer de tester les premières étapes d'un processus de recrutement lorsque leur codage témoigne de la qualité de leur maîtrise informatique. Le processus de recrutement peut se prolonger ensuite si le non candidat initial, devenu une cible potentielle, le souhaite… Cette approche élitiste, méritocratique et excluante interroge à deux niveaux : quant à ceux qui sont sélectionnés d'une part, mais aussi quant à ce qu'il advient de ceux qui ne sont pas sélectionnés d'autre part. Surqualification pour les premiers générant d'évidents risques de frustrations ou d'inaccomplissement mais surtout déceptions, doutes et absence de perspectives professionnelles pour les seconds. Les laissés-pour-compte sont légion tandis que les élus, triés sur le volet, sont en décalage croissant avec les besoins de la société et leurs propres aspirations de réalisation personnelle. Désastreux système dont le volet recrutement ne fait que corroborer le volet éducation : le système éducatif, notamment en France, recale et élimine davantage de candidats qu'il n'en forme réellement dans de nombreux secteurs.

Pour être sélectionné et figurer en bonne place, en première page d'un site, il faut faire autorité et être déjà cité ailleurs. C'est ainsi qu'on juge désormais aussi bien les restaurants que les professeurs d'université ou de grandes écoles. Pour les premiers, l'avis d'autres clients, placés dans des conditions similaires de prestations, peut apporter une information utile ; dans le cas des seconds, la situation est beaucoup plus délicate : la question scientifique n'est pas seulement d'être cité mais d'être analysé, compris, voire de proposer des contributions décisives à l'élaboration d'un champ scientifique pratique. L'effet de nombre est dangereux si rien ne vient expliciter le pourquoi du nombre. Le risque, bien formulé par Andy Warhol, faisant référence à son propre parcours, c'est que « je suis surtout connu pour ma notoriété ! ». L'inflation des *likes,* des *followers* et autres « amis » sur les sites ne plaide pas pour une élaboration réfléchie, patiente et rigoureuse de réflexions ou d'actions dont le sens, l'intention et les objectifs soient premiers et non la simple calculation ou computation. Quand le nombre fait sens par lui-même, quand il remplace le sens, quand il enfle de son propre mécanisme, puisque l'autorité du chiffre appelle l'accroissement selon un processus agrégatif et mécanique, il n'y a plus d'ailleurs. Au fond comme le développe Dominique Cardon, Google « impose un monde, il crée un marché mondial des qualités ». Le *page rank*, la mesure d'autorité de Google écrase tout. Certes, les réseaux sociaux tentent de reprendre la hiérarchisation de l'information en l'organisant à partir du réseau affinitaire. C'est ainsi que Facebook ou Twitter par exemple proposent à l'utilisateur du réseau de faire son choix personnel : « je vais voir ce que j'ai choisi de voir ». On va recalculer par le bas et se débarrasser de tout ce qui catégorise la population (statistiques, CSP…). Personne ne veut appartenir à une catégorie, tous les êtres s'estiment, à bon droit, singuliers. Et les réseaux sociaux l'ont bien compris, qui proposent à chacun de circuler parmi les informations selon ses centres d'intérêt et ses goûts. Mais quelle est cette singularité de l'individu contemporain, atomisé et isolé parmi des milliers « d'amis », confronté au grand panoptique, rationnel et calculateur, qui domine la société et la produit selon des modalités toujours plus extrêmes d'inégalité et de liquidation des enjeux culturels et sociaux. Cet individu, lorsqu'il fait partie des *happy few* pour des raisons d'héritage ou de sélection méritocratique, constate sa « surqualification » pour les postes professionnels qui lui sont proposés, ce qui nourrit rapidement sa frustration. Cet individu, lorsqu'il fait partie de la masse indifférenciée des citoyens auxquels on « vend » l'idée de leur singularité et de leur pouvoir d'action, constate rapidement l'illusion qui berce une telle idée. Qu'est-ce qu'un goût, qu'est-ce qu'un intérêt qui ne s'enracine pas dans une culture, une formation, une inscription sociale. C'est ici qu'il faut reprendre absolument la critique sociale décisive qui prend acte des intérêts de classe différents et divergents. Il y a bien aujourd'hui, plus encore que par le passé, une partition radicale de la société en deux classes dont les intérêts s'opposent et sont antagoniques. Les tailles respectives de ces deux classes ne doivent pas masquer la réalité d'un processus qui s'approfondit continûment. La classe dominante est concentrée, réduite et ne concerne qu'une infime partie de la population (1 % selon Joseph Stieglitz et sans doute moins). Mais elle capte l'essentiel des ressources et des revenus et accumule des patrimoines représentant 80 à 90 % de la richesse mondiale. La classe non dominante, la classe dominée, ou si l'on préfère l'ensemble de la population, la multitude, pour reprendre les termes de Spinoza ou de Lordon, c'est tout le monde sauf le 1 %. Son hétérogénéité est certaine mais son unité vient de ce qu'elle n'est pas la classe dominante, qu'elle ne dispose pas des leviers du pouvoir économique, politique et médiatique captée par l'oligarchie dominante. Son unité a été largement masquée par la période des trente glorieuses qui a conféré un rôle éminent aux classes moyennes des pays occidentaux. Ces classes moyennes s'accrochent aujourd'hui à leur gloire passée mais elles sont profondément déstabilisées par les ravages de la mondialisation qui avaient déjà largement impacté les classes populaires ou modestes mais les avaient jusqu'à présent épargnées. Les classes moyennes occidentales sont aujourd'hui ballottées entre des tentatives souvent désespérées de préserver un modèle social qui n'est, au fond, que l'idéal de la démocratie représentative, et la peur du déclassement qui les assigne à rejoindre le bas de l'échelle et ceux dont elles ont toujours cherché à se « distinguer ».

Que faire donc puisque le monde a pris cette trajectoire et que les individus sont de plus en plus les jouets d'une économie capitaliste, numérisée et financiarisée se déployant sans limite et sans contrôle. Il semble qu'il soit nécessaire de bien distinguer les deux facteurs à l'œuvre dans la transformation de notre monde, le capitalisme et le numérique. Si, comme on l'a présenté, leurs liens sont puissants, au point que la technologie semble précisément advenir au moment où elle est requise pour l'extension et l'amplification du capitalisme marchand, il y a une différence de fond qu'on ne peut ignorer entre les deux facteurs : leur caractère de contingence ou de nécessité, ou plutôt d'inéluctabilité. Tandis que le capitalisme est un système que différents pays ont élaboré à la croisée des XVIIème et XVIIIème siècles pour le développer aux XIXème et XXème siècles et le généraliser à présent à l'ensemble de la planète, la technologie numérique, née à la fin du XXème siècle, a rapidement conquis l'ensemble de la planète pour s'affirmer comme un outil indispensable et indiscutable. L'un et l'autre sont mondiaux, l'un et l'autre sont advenus par les caprices de l'histoire, mais tandis que le premier, le capitalisme, est un choix de société alternatif à d'autres choix possibles, donc pouvant être modifié, le second, le numérique, ne semble pas pouvoir être qualifié de la même façon. Expliquons-nous !

Le choix d'une technologie n'est pas moins contingent que le choix d'un système économique, mais il engage plus profondément les représentations collectives. De même qu'on ne peut envisager de revenir au temps des diligences pour le transport ou à la bougie pour s'éclairer, on ne peut revenir aux temps d'avant les technologies de la communication et de l'Internet. Nul ne le souhaite, nul ne l'envisage. Il faut sans doute aller plus loin et être plus précis quant au futur de nos sociétés conquises par le numérique. Plus précis quant à l'impact d'une technologie si puissante dont les impacts délétères actuels ne sont ni mystérieux, ni discutables, mais dont les perspectives d'utilisation citoyenne dans une perspective démocratique restent crédibles à nos yeux.

Neutralité de l'internet, souveraineté et démocratie

L'internet ne vient pas prendre une place au sein des sociétés modernes, il ne s'ajoute pas à notre monde, il le remplace. Il détruit les emplois (quatre emplois sont supprimés pour un emploi créé), collige nos données et bouleverse les vies privées, la propriété intellectuelle, la fiscalité, la prospérité et les libertés publiques. Inutile de répéter ici que c'est le modèle social et économique qui est en phase de disparition ainsi que la possibilité même de constructions politiques démocratiques. Comme l'indiquent Marc Dugain et Christophe Labbé (*L'homme nu, la dictature invisible du numérique*), « la révolution numérique nous dirige vers un état de docilité, de servitude volontaire et de transparence dont le résultat final est la disparition de la vie privée et un renoncement irréversible à notre liberté ».

Pour la démocratie, le numérique est un péril majeur car, à la différence du fascisme ou du communisme qui ont brisé des millions d'êtres humains, le numérique entend pour sa part les transformer et les rendre transparents. Dugain et Labbé ajoutent que « l'homme nu est dans les fers sans souffrance immédiate. Avant la fin du XXIème siècle, il sera complètement dépendant, intellectuellement et financièrement, de ce système qui va progressivement définir les termes de l'échange entre une vie allongée, moins d'insécurité physique et matérielle, et tout simplement la liberté ».

En somme, nous assistons à l'asservissement volontaire à un système d'information, rendant obsolète la démocratie et ses valeurs universelles portées par des citoyens. Tout cela commence à être bien connu même si les actions tardent pour que les choses changent. Ce qui l'est peut-être un peu moins, c'est la réflexion sur la souveraineté et son impact social décisif. L'internet n'est pas une construction aléatoire décorrélée des enjeux nationaux. C'est aux Etats-Unis qu'il est né dans le cadre militaire, spécifiquement du renseignement, avec la bienveillance et les subsides de l'Etat. « D'initiative américaine, l'Internet est sous le contrôle américain, l'Internet est une extension virtuelle des Etats-Unis sous leur domination absolue » (Pierre Bellanger). Dugain et Labbé ajoutent : « Jamais, l'Amérique n'a montré un tel impérialisme. Jamais, les autres pays ne s'y sont soumis avec aussi peu de résistance. L'Europe en particulier semble incapable de contrer cette hégémonie américaine en matière d'information, qui la relègue obligatoirement pour le futur à un rang de puissance secondaire aliénée par sa vassalité ». Ne soyons donc pas étonnés si la « neutralité du net », soit l'obligation de véhiculer sans différentiation toute information transmise par le réseau, conduit en réalité à faire disparaitre des plateformes des éléments de notre culture, de notre art de vivre ou de notre diversité d'expression.

Ainsi, le réseau social Facebook, marqué par la sexophobie anglo-saxonne comme par la promotion de la violence, peut-il maintenir en ligne plusieurs semaines la vidéo de la décapitation d'une femme mexicaine pendant qu'il censure la reproduction du tableau de Gustave Courbet, *L'origine du monde* ! Ainsi, les « résogiciels» contrôlent-ils un système unifié contenant les services, les réseaux et les terminaux. Comme la finance avec le HFT (*high frequency trading*) où les algorithmes rivalisent en rapidité pour coller aux variations les plus infimes du marché, le marketing s'adapte à l'âge des réseaux avec le marketing relatif, qui casse le mythe fondamental des marchés de masse : la normalité. Avec le marketing relatif, l'adaptation est continue au marché tel qu'il évolue à chaque instant, en chaque lieu et en fonction de l'immédiat, en boucle avec le marché et en constante rétroaction avec lui : sa valeur ajoutée, c'est son accès permanent aux informations et sa vitesse de réaction.

Avec la *blockchain*, une nouvelle étape est franchie : celle-ci propose une gigantesque base de données disséminées dans le réseau. La gestion du réseau n'est pas assurée par un organe central comme une banque ou une administration mais collectivement par des internautes (les « mineurs ») qui valident chaque modification de la *blockchain*. Cette technologie promet la disparition des intermédiaires pour toute transaction ou authentification de documents. Née avec le bitcoin, lors de la crise économique de 2008 et se réclamant comme lui d'une idéologie libertarienne, la *blockchain* est désormais un outil permettant de réaliser des transferts instantanés, à moindres frais, en supprimant les intermédiaires. Les créateurs de la *blockchain* rêvent d'une base de données universelle et d'un gouvernement du monde par la technologie.
Les réflexions de Michel Bauwens (Le Monde, 19/04/2016) sont très éclairantes :

« La technologie n'est jamais neutre. C'est un terrain de conflit influencé par les imaginaires et les intérêts des personnes en charge de son design. La *blockchain* dérive ainsi d'une vision de l'homme très particulière : des individus autonomes passent des contrats entre eux. Ils n'ont pas besoin de collectif, ni de communauté. Nous sommes, de plus en plus, dirigés par des choix techniques qui n'ont été soumis à aucun débat démocratique. »

Vers un numérique citoyen

Notre approche on l'aura compris, n'est ni la nostalgie stérile, ni l'anathème de principe. C'est précisément parce que le numérique, inscrit dans la dynamique globale du capitalisme mondialisé, nous alerte sur l'essentiel, le déficit démocratique balayant tant les libertés individuelles que publiques, qu'il n'est pas acceptable de prolonger l'attentisme ambiant permettant à la puissance anglo-saxonne de pousser ses avantages face à une Europe soumise et léthargique. Or, le temps qui passe est crucial pour l'autonomie des individus, les « résogiciels » ont pour objectif de familiariser très tôt les utilisateurs avec ses services : c'est pourquoi l'éducation est particulièrement ciblée. On a rarement une deuxième chance de créer une habitude quand une première s'est installée. On peut craindre qu'un rival européen, s'il intervient, n'arrive trop tard. Pourtant notre motif d'espoir, ou plutôt de résolution à entreprendre, tient à l'articulation du politique et du technologique, en clair, la technologie postule une nature humaine et produit une anthropologie contraire à l'histoire démocratique de l'émancipation progressive des populations, ce qui ne peut qu'être explosif. Expliquons-nous.

On sait que le cerveau humain est probablement l'élément le plus complexe de toute la création. 100 milliards de neurones, organisés en millions de réseaux permettant des interconnexions plus importantes en nombre que toutes les particules de l'univers. On estime que le cerveau humain réalise 10 millions de milliards d'opérations informatiques si on le compare à un ordinateur et la perspective annoncée par Ray Kurzweil pour les années 2020, celle de la singularité, est que l'accélération des progrès combinés de l'informatique, de la biologie et des autres sciences conduira à un monde nouveau où la machine dépassera l'homme par sa capacité de calcul et de traitement de l'information ce qui conduira l'humain à fusionner avec la machine. Ce sera le transhumanisme et la naissance d'une humanité libérée de la vieillesse, de la maladie et de la mort. Mais ce scénario futuriste ne vaut que si on assimile le cerveau humain à un ordinateur comme on l'assimilait jadis à une horloge ou à une machine. Or, le cerveau n'est ni une horloge, ni un ordinateur quelles que soient les puissances, les quantités ou les durées de fonctionnement concernées. Penser le cerveau comme un ordinateur, c'est imaginer que l'information est un objet que des circuits transportent, que des mémoires stockent et que le cerveau est une sorte d'entrepôt à informations. Mais doit-on vraiment considérer l'information comme un objet ? A rebours d'une matérialisation comme support primitif de l'information, ne faut-il pas envisager que l'information soit selon la formule de Pierre Bellanger, « un réseau cosmique d'interférences d'ondes à la manière d'un hologramme dynamique ». On peut appréhender le cerveau, d'après Pierre Bellanger, comme un « émetteur-récepteur en relation avec l'univers entier dans toutes ses dimensions ». La pensée n'appartiendrait pas à la seule boite crânienne mais serait en résonance ondulatoire avec toutes les pensées, toutes les informations, au-delà du temps et de l'espace. On penserait en soi et hors de soi.

Au fond, ce que traduit la visée de la singularité et du transhumanisme et plus généralement du dépassement de l'homme par la machine, c'est une idéologie du calcul réduisant l'humain à sa capacité à activer les mécanismes se traduisant par des chiffres. Les chiffres constituent l'unique horizon. Les classements de l'information numérique fournissent quatre manières de produire de la visibilité à partir de calculs. Comme l'indique Dominique Cardon, le premier calcul concerne l'audience et situe la popularité des sites à partir des clics. Le deuxième hiérarchise l'autorité des sites au moyen des liens hypertextes qu'ils échangent : c'est le Page Rank de Google. Le troisième mesure la réputation des personnes et des produits (Facebook, Twitter…). Le quatrième propose des recommandations prédictives à partir des traces de navigation des internautes. Ces familles de calcul numérique complètent la vaste machine computatoire de la génération des profits et de la prolifération de la rente. C'est bien du capitalisme que le numérique, tel qu'il se déploie aujourd'hui, se fait l'assesseur zélé. Tout est capitalisme, tout a vocation à être exploité et rentabilisé, une réputation comme un produit, une autorité comme un service. Au final, des ingrédients multiples, des hommes comme des biens, des symboles comme des institutions sont broyés par l'immense machine économique pour être retraduits sous forme monétaire et sous forme de classements.

Le capitalisme a trouvé dans le numérique l'outil dont il a besoin pour son expansion et sa généralisation mais cela signifie que les développements du numérique sont dictés par les besoins de l'économie capitaliste : ainsi pour la finance de marché travaillant à haute fréquence ou pour le marketing relatif, couplé au neuromarketing et travaillant en boucle avec le marché pour des actions immédiates. Mais il est clair qu'une technologie comme internet peut aussi être un outil précieux pour des démarches coopératives ou collaboratives. Différents mouvements politiques ou sociaux, mais aussi différents projets d'entreprise le montrent tous les jours. Y a-t-il une neutralité de la technologie ? Question épistémologique délicate !

La version pessimiste de la réponse consiste à mettre en évidence la prodigieuse congruence entre les finalités du capitalisme en quête permanente de profits s'accroissant indéfiniment et les caractéristiques d'une technologie alliant la vitesse de calcul, le traitement de données considérables (big data), et les possibilités d'accroissement exponentiel tant des données que des exploitations sous forme de résultats.

La version optimiste de la réponse considère que la technologie est produite par le système qui en a besoin et que donc le changement de système l'impacte nécessairement ; en clair, la sortie du capitalisme ne s'accompagne pas d'une sortie du numérique et de l'internet mais leur assigne des objectifs sociétaux que précisément la technologie peut satisfaire. C'est le cas en matière d'éducation, de culture ou de santé et plus globalement de conduite de projets citoyens nécessitant la participation et la collaboration de tous. Internet est donc bien aussi l'outil majeur d'une démocratie participative puisqu'il permet l'expression coordonnée, constante et pertinente de tous aux moments de réflexion, de décision et d'action.

C'est à la version optimiste que nous nous rallions parce qu'elle conforte la démocratie citoyenne que nous souhaitons établir mais nous sommes bien conscients que l'évolution que nous postulons ainsi pour le numérique n'est possible que dans un monde post-capitaliste, affranchi de la dictature du profit.

CHAPITRE VI : La fiscalité de l'au-delà de la mondialisation

Au risque de paraître naïf, on rappellera que seuls les tricheurs ont à craindre que la vérité ne soit découverte sur leurs agissements. En tolérant avec complaisance la fraude, voire en empêchant cette nécessaire transparence, les Etats, comme les détenteurs du pouvoir économique, se font les complices objectifs de la criminalité organisée.
Bernard Bertossa, procureur général de Genève, *Un monde sans loi,* Stock, 1998

Que les choses suivent leur cours, voilà la catastrophe.
Walter Benjamin

Avec la mondialisation capitaliste, deux infléchissements majeurs ont affecté les différents pays de la planète : une réduction de la base fiscale des budgets des Etats et un renforcement massif de la fiscalité du travail au profit d'une réduction de la fiscalité sur le capital. Or ce sont précisément ces deux travers qu'il faut corriger pour enclencher une dynamique sociale nouvelle. Les Etats doivent disposer des ressources fiscales nécessaires pour la conduite de leurs politiques ; ces ressources, dans un monde qui met le travail en déshérence, doivent provenir principalement de la taxation des profits et des fortunes, que celles-ci soient logées dans des entreprises ou chez des particuliers. Ce que nous proposons est donc à rebours de ce que nous constatons chaque jour ; c'est bien pourquoi il y a urgence pour agir dans ce sens.

La mondialisation et les politiques fiscales des Etats

La mondialisation capitaliste, c'est, en matière fiscale, le désengagement des Etats. Ceux-ci ne se justifient pour le marché tout puissant que pour assurer l'encadrement de la société, c'est-à-dire principalement le contrôle des populations dont la sujétion est toujours susceptible de hiatus ou de rébellion. La sécurité devient le principal enjeu avec, accessoirement, la justice car il faut bien conférer « une légitimité à la sanction des injustices commises » (Anatole France). L'Etat reste également le grand ordonnateur d'une bureaucratie, autant publique que privée, destinée à « occuper » les populations par des procédures, règles et dispositifs, officiellement pour sécuriser les transactions, et en réalité pour figer un état de choses tel que rien n'est jamais possible quand il s'agit de sortir d'un carcan kafkaïen (David Graeber, *La Bureaucratie*). Ce que produit la mondialisation capitaliste, ce sont des Etats exsangues, réduits à leur dimension sécuritaire et privés des ressources légitimes grâce aux pratiques dites « d'optimisation fiscale » des grandes entreprises multinationales utilisant abondamment les paradis fiscaux. Ces Etats impuissants sont contraints d'être en concurrence les uns par rapport aux autres pour tenter de drainer une taxation qui devrait leur revenir de droit. Il faut résolument s'engager parallèlement et concomitamment dans trois directions couvrant respectivement les firmes multinationales, les Etats et le contexte mondial.

Identifier la génération des profits

Les firmes multinationales disposent de la planète comme d'un échiquier et placent « leurs pièces » (filiales, usines, dépôts, succursales…) au gré de leurs stratégies d'investissement et de minimisation de la taxation. La technique, rôdée depuis longtemps des prix de transfert, permet de ne dégager des marges importantes que dans les pays ayant une taxation faible ou nulle. Il est très difficile de contrôler et, le cas échéant, rectifier des prix de transfert car ceux-ci s'appuient sur une utilisation habile des normes comptables dont on a vu qu'elles étaient précisément destinées à faciliter la génération et la conservation des profits. Outre les normes comptables, la pratique des délocalisations facilite les manipulations des comptes tant pour les volets industriels et commerciaux que pour la localisation des brevets dans des structures ad hoc à finalité strictement fiscale (l'Irlande et les Pays Bas « excellent » particulièrement sur ce volet mais le Luxembourg, la Belgique ou le Royaume-Uni ne sont guère en reste…). Il faut donc mettre en place des règles mondiales (puisqu'il s'agit de la définition, au stade mondial, de la génération et de la location des résultats) ou, dans une première étape des règles européennes impliquant également les pays développés (USA, Japon…) afin de fixer un cadre. Notons que l'argument du « rien n'est possible » puisqu'il faut l'accord de tous… que, bien entendu, nous n'obtiendrons jamais, est clairement ce que la mondialisation capitaliste souhaite, le tout marché ne supportant aucune réglementation ou contrainte susceptible d'entraver sa profitabilité proliférante. Insistons toutefois sur le fait qu'il ne s'agit ici que de faire respecter les règles qui s'appliquent aux autres (les entreprises qui n'ont pas la taille des firmes multinationales) et qui ont encore force légale pour les citoyens des différents pays. Cet argument dilatoire ne peut donc être accepté sinon comme un aveu d'échec définitif… après moi, le déluge !

Quelles règles ? Il faut, selon nous, retenir un concept économique et comptable clair, celui de la valeur ajoutée. La valeur ajoutée, c'est la création de richesse qu'une entreprise matérialise sur le marché : quand elle vend 100 une marchandise pour laquelle elle a acquis des matières premières et des services pour 40, elle a généré une valeur ajoutée de 60. Comment l'a-t-elle générée ? En mobilisant des équipements, des matériels et des personnels, mais aussi en réalisant des dépenses d'innovation, de recherche et de développement ! Avec le concept de valeur ajoutée, on tient la meilleure représentation de l'activité réelle de l'entreprise, de sa participation au processus de création de richesse, qu'il s'agisse de biens ou de services, matériels ou immatériels, fabriqués ou simplement commercialisés. Mesurer dans chaque pays les contributions effectives à la génération de la richesse produite, et les taxer en conséquence, telle est l'approche devant permettre de contrarier la détermination de prix de transfert opportunistes par des entreprises en recherche d' « optimisation fiscale », en réalité de techniques permettant d'échapper à l'impôt correspondant à la loi.

Stopper la concurrence fiscale entre les Etats

Identifier les profits pour les taxer là où ils sont générés, mais aussi obtenir des Etats qu'ils adoptent une politique fiscale responsable, conforme aux besoins à satisfaire et conforme à leurs engagements internationaux. C'est, au premier chef, le cas de l'Europe qui alerte ici, plus précisément de l'union européenne et des vingt-huit pays engagés dans ce projet géopolitique. Comment accepter que les Etats soient engagés dans un dumping fiscal qui réduit leurs ressources et, en conséquence, leurs moyens d'action, tandis que les entreprises y trouvent de substantielles réductions de leurs impositions. *Lux leaks*, *Belgian leaks*, *double irish*, sandwich hollandais, toute la palette de ces pratiques est exploitée : la présentation par la dérision ou l'humour masque un véritable scandale politique. Si l'harmonisation fiscale est absente du contexte de l'Union européenne, ce n'est pas un hasard, un retard ou une négligence. C'est la volonté des marchés financiers qui s'affirme, les Etats tentant, de façon dérisoire, de sauver quelques ressources. Il n'est pas étonnant ensuite, de constater que les déficits s'accroissent et que des mesures d'austérité soient proposées ! Limiter le déficit, limiter la dette publique, mais surtout priver les Etats de leurs ressources pour mieux disqualifier leurs interventions. Nulle surprise donc dans le constat de cette situation, pourtant extravagante, d'Etats qui s'unissent pour… mieux se concurrencer et détruire leur socle de ressources budgétaires ! Aux citoyens donc d'imposer dans les différents pays, en premier lieu au niveau de l'Union européenne, des politiques fiscales interdisant aux Etats de se concurrencer et leur enjoignant de retenir des niveaux d'imposition adaptés aux exigences politiques sociales, culturelles ou environnementales. Le niveau d'imposition doit intégrer les propositions relatives à la taxation du capital que nous développons ensuite.

Eradiquer les paradis fiscaux

Pourquoi existe-t-il des paradis fiscaux ? La question vaut d'être posée à rebours des évidences « naturelles » telles que... ça a toujours existé... ça ne peut être autrement. Si ces paradis fiscaux existent, c'est qu'il existe des pays sur la planète qui n'ont pas besoin de ressources fiscales parce qu'ils n'ont pas de dépenses à assurer en termes de protection sociale, d'infrastructures ou de politique culturelle. Or, ce ne sont pas les pays les plus pauvres de la planète que, logiquement, on devrait imaginer puisque sans ressources. Des Etats sans ressources, en somme, comme les individus du même nom. Les paradis fiscaux, bien au contraire, sont des concentrés de richesse, des Etats de petite taille, souvent minuscules, perturbant le jeu international, véritables virus captant les flux financiers qu'ils dérivent de leurs destinations économiques usuelles. Bien évidemment, ces micro-Etats ne sont que la manifestation de la globalisation financière mondiale et du jeu des firmes multinationales, des banques et des fonds d'investissement pour se soustraire à leurs obligations fiscales légales. Ici encore, nulle surprise ! Il y a des paradis fiscaux, prospérant de plus en plus, parce qu'ils sont un instrument de la rente mondiale, permettant sa prolifération à l'abri du regard des Etats. Les liens entre « banque de l'ombre », paradis fiscaux et systèmes mafieux ou terroristes ont été clairement décortiqués (Saint Victor). D'une façon plus générale, il faut lucidement constater que le principe même du paradis fiscal est une manifestation de criminalité économique n'admettant aucune excuse et dont les conséquences sont désastreuses pour les peuples, particulièrement les plus démunis. Quand l'impôt n'est pas payé par celui qui doit l'acquitter, il faut bien qu'un autre s'y substitue ! Un seul objectif acceptable donc : la suppression des paradis fiscaux. Comment y parvenir ? D'abord en levant le voile sur l'opacité qui couvre les transactions. On parle beaucoup des échanges automatiques de données financières qu'il aurait été facile de mettre en œuvre depuis longtemps si l'intention y présidait, à l'époque du numérique tout puissant. Quelques mesures timides dans cette voie sont proposées mais elles ignorent généralement le cœur du problème. Le cœur du problème, c'est que le capitalisme mondialisé a toujours un temps d'avance sur les acteurs démocratiques. Au moment où on envisage les transactions entre personnes, le système dispose de « trusts », de « fiducies », de « sociétés-écran » permettant de dissimuler les propriétaires ultimes derrière des « prête-noms ». Il faut donc aller au bout des investigations et ne pas se contenter d'une mesure simplement cosmétique destinée à calmer les revendications éventuelles. Sauf si l'objectif est justement de ne rien changer et de se limiter à une communication « politiquement correcte ». C'est ce que nous ne devons pas accepter !

Taxer le capital plutôt que les revenus

Doit-on taxer les revenus ou doit-on taxer les patrimoines… étant entendu que l'imposition doit être la plus limitée possible. Qu'on ne s'y m'éprenne pas : aucun contribuable n'apprécie la ponction fiscale qui s'exerce sur lui ; riche ou pauvre, on paie toujours trop d'impôt ! Pourtant l'acceptation de l'impôt est facilitée dès lors que deux conditions sont remplies. En premier lieu, lorsque l'impôt apparait équitable et que le sentiment est partagé que chacun contribue réellement et en fonction de ses possibilités aux finances publiques. En second lieu, lorsque l'impôt est utile, géré avec soin et consacré aux missions où l'Etat est indispensable ou à celles pour lesquelles il est l'acteur le plus pertinent compte tenu des objectifs poursuivis. Un impôt équitable, un impôt utile mais aussi un impôt effectif, réellement payé par les redevables et non englouti dans la fraude fiscale, pointe avancée de l'optimisation.

La taxation des revenus

Prôner l'équité, c'est déjà postuler un équilibre ou un compromis entre des acteurs dont les intérêts sont antagonistes. Les rapports de classe traversent particulièrement la nature fiscale ainsi qu'en attestent les mesures prises par les gouvernements des pays occidentaux depuis le grand basculement des années 1980. En clair, les revenus du travail sont plus taxés que les revenus du capital. Quant à la taxation du capital, des patrimoines, elle est faible en France et souvent inexistante ailleurs. Pour les revenus, il faut obtenir deux mesures principales : l'alignement de la fiscalité des revenus du capital sur les revenus du travail et la progressivité des taux de prélèvement. Officiellement, la politique fiscale du gouvernement français doit satisfaire ces deux exigences. En réalité, il n'en est rien. Les travaux de Thomas Piketty, associé à Camille Landais et Emmanuel Saez, montrent clairement que le système fiscal français est devenu régressif après trente années de renforcement des inégalités. Les prélèvements obligatoires s'établissent à 45 % pour les salaires de 1 700 euros par mois pour progresser à 49 % pour les salaires de 4 200 euros par mois et baisser ensuite régulièrement avec 38 % pour 63 000 par mois et même 35 % pour les 50 000 français les plus fortunés, représentant 0,1 % de la population. Le principe de la progressivité du taux de prélèvement doit être rétabli.

La taxation du capital et des patrimoines

Tous les arguments ont déjà été proposés pour justifier la taxation des patrimoines face à l'explosion vertigineuse des inégalités : soixante-deux personnes dans le monde possèdent aujourd'hui un patrimoine représentant la moitié des richesses de la planète ! Mais il est un argument qui devrait faire réfléchir les hérauts de la mondialisation libérale, ceux qui ne jurent que par l'initiative, l'innovation et le dynamisme économique. Taxer le capital substitutivement à la taxation des revenus, c'est encourager les projets pertinents, ceux qui permettent développement, croissance et rentabilité. Prenons l'exemple d'un investissement de 100 permettant de dégager une rentabilité avant taxation fiscale de 5 pour un projet innovant en phase avec les attentes du marché. Si la taxation du capital est retenue, au taux de 1 % du capital engagé, les investisseurs disposeront, au final, d'un bénéfice de 4 après le prélèvement de la taxation du capital de 1. Si la taxation des revenus est retenue, au taux de 30 %, le résultat de 5 génère un impôt de 1,5 et le prélèvement est plus lourd pour l'investissement qui ne conserve que 3,5 au lieu de 4.

Mais la situation est plus intéressante encore si l'investissement de 100 ne permet de dégager qu'une rentabilité médiocre de 2. En effet, la taxation du capital de 100 reste inchangée à 1, tandis que la taxation des revenus (l'impôt sur les sociétés) s'établit à 0,6 : pour l'investisseur, le résultat net après taxation est de 1 (taxation du capital) ou de 1,4 (taxation des revenus). Ce sont donc bien les entreprises innovantes, dynamiques et rentables qui sont favorisées par la taxation du capital puisque celle-ci est indépendante de la rentabilité constatée tandis que la taxation des revenus en dépend. Aujourd'hui, l'impôt sur les sociétés et la contribution économique territoriale permettent de dégager 100 milliards par an environ. Avec une taxation des fonds propres des entreprises (le capital dans le vocabulaire comptable et économique, c'est-à-dire la masse des fonds engagés par les actionnaires) de 1,5 % on obtiendrait environ les 100 milliards venant antérieurement de l'impôt sur les sociétés puisque les fonds propres des entreprises sont d'environ 7 000 milliards d'euros. Pourquoi une telle mesure, claire, lisible et incitative puisqu'elle pèse moins sur les entreprises les plus performantes n'est-elle pas plébiscitée par des instances patronales qui n'ont de cesse d'encenser rhétoriquement la compétitivité ? Pour deux raisons nous semble-t-il. La première est que notre économie est largement une économie de rente dont les positions sont largement acquises avec des marchés verrouillés et des financements faisant appel aux subventions comme nous l'avons développé dans notre proposition de gestion collective de la dette souveraine par les citoyens. La seconde est que la construction comptable du résultat à partir duquel sera calculée l'imposition fait la part belle aux optimisations permettant dans le cadre des normes comptables européennes (IFRS) ou américaines (USGAP) combinées aux dispositifs fiscaux que les gouvernements proposent largement depuis les années 1980, d'aboutir à une taxation des plus légères : l'impôt sur les sociétés s'établit à moins de 4 % du PIB de la France.

Pour les patrimoines privés, ceux des grandes fortunes logées ou non dans des paradis fiscaux, il faut établir mondialement une taxation à partir de l'identification des propriétaires réels. Immense travail auquel on ne peut simplement répondre que c'est impossible ! Commençons à titre méthodologique et pratique par le cas de la France dont l'ISF (impôt de solidarité sur la fortune) ne couvre que 1 % du budget de l'Etat (contre près de 50 % pour la TVA). Supprimer l'ISF comme le proposent différents dirigeants politiques est envisageable si on le remplace par un impôt sur les patrimoines d'assiette large épargnant, bien évidemment les petits patrimoines personnels correspondant à un logement, quelques biens meubles et une épargne modeste, et taxant la fortune à un niveau de 0,8 à 1 % du patrimoine net. Cette mesure doit permettre d'assurer la redistribution patrimoniale dont notre pays a cruellement besoin entre groupes sociaux et notamment pour les jeunes générations. On a analysé par ailleurs les conditions de la mise en place d'un revenu de base, revenu minimum ou revenu de citoyenneté. Parallèlement au revenu, il est utile d'envisager que chaque jeune arrivant à l'âge de dix-huit ans puisse être doté en capital pour s'inscrire dans une dynamique professionnelle. Une somme de dix mille euros pouvant être complétée par un prêt pouvant atteindre trente mille euros constituerait une dot, un « héritage universel » signant l'entrée du citoyen dans le corps social adulte. Revenu de citoyenneté et héritage universel pourraient être les piliers emblématiques d'une refondation sociale où le marché capitaliste ne serait plus la référence unique et absolue et où les citoyens pourraient reconstruire l'être et le vivre ensemble. Pieux souhait, angélique divagation… nous ne le pensons pas. Ces pistes d'évolution de la société s'imposeront plus vite que ne pensent les thuriféraires du marché omniscient et omnipotent dont les désastres sont, chaque jour, plus explicites. Basculer l'imposition des revenus vers la taxation du capital ou, au minimum, les conjuguer dans un premier temps, c'est une nécessité que de nombreux experts envisagent depuis quelques années. Ainsi Roger Godino est-il favorable à la création d'un impôt sur le patrimoine net des français. Thomas Piketty, face à l'accroissement des inégalités, considère que la taxation du capital devient indispensable si l'on veut éviter l'explosion du corps social.

Que des auteurs réformistes ne soient pas entendus par le pouvoir politique, toutes tendances confondues, est un facteur supplémentaire d'explicitation de la mainmise absolue de la puissance financière rentière des marchés financiers et de leurs relais sur les instances politiques. L'imposition du capital (capital industriel, capital foncier ou capital financier) n'est pas anti-économique, bien au contraire ! Elle contraint les investisseurs dans le sens de projets de développement des activités nouvelles et de la productivité la meilleure pour assurer l'écoulement des produits et la maximisation du résultat. Un capitalisme industriel véritablement centré sur les activités et la réponse aux besoins sociaux peut parfaitement se satisfaire d'une imposition sur le capital remplaçant l'impôt sur les sociétés : c'est la prime au dynamisme, à l'innovation et à la stratégie industrielle, non la prime à la rente et à son gonflement mécanique. Remarquons également qu'un impôt sur le capital présente aujourd'hui un autre avantage, celui d'éviter l'optimisation et la fraude fiscales largement pratiquées par les firmes multinationales. Pas d'angélisme, naturellement. Si ce n'est plus le profit constaté qui est taxé, d'autres artifices vont être inventés pour sortir des bilans les fonds propres réellement mobilisés. Mais, d'une part, ces manipulations seront plus faciles à détecter, d'autre part, il reste clair que, sans une vue consolidée au niveau mondial des groupes, toute approche fiscale locale restera largement biaisée.

CHAPITRE VII : La monnaie et pourquoi il faut reconstruire l'euro

Si vous m'avez compris, c'est que je me suis mal exprimé.
Alan Greenspan, ancien président de la Réserve Fédérale aux Etats-Unis

S'il y a bien une certitude en matière de monnaie, c'est que personne ne comprend vraiment son fonctionnement… « si le peuple de cette nation (les Etats-Unis) comprenait le système monétaire, nous serions confrontés à une révolution avant demain matin » disait déjà Henry Ford. La monnaie est puissante, on lui prête tous les pouvoirs et il est entendu pour les économistes que la guerre des monnaies est permanente, latente ou explicite, chaque Etat utilisant sa monnaie pour s'armer dans la compétition implacable avec ses rivaux. La réalité des finalités n'est pas discutable, même si les modalités sont beaucoup plus obscures. La démarche des Etats est, en effet, par l'intermédiaire de leurs banques centrales, de manipuler leurs monnaies pour doper leur croissance au détriment de leurs concurrents avec d'inévitables conséquences sur l'emploi chez les dits-concurrents. Puisque depuis août 1971 et l'abandon de la référence à l'or pour le dollar, monnaie de référence, nous vivons dans un système de taux de change flottants, ce sont, en principe, les fondamentaux de l'économie qui provoque l'appréciation ou la dépréciation d'une devise. La récession économique au Brésil a provoqué un ajustement à la baisse du real tandis que le raffermissement de la reprise aux Etats-Unis a conduit le dollar à s'apprécier, en particulier par rapport à l'euro. Mais les fondamentaux peuvent être contournés quand une banque centrale fait artificiellement baisser sa monnaie sous le cours d'équilibre, pratiquant ce qu'on nomme une « dévaluation compétitive ». Les exportations deviennent moins chères et plus attractives mais les importations augmentent corrélativement tandis que les problèmes structurels restent inchangés. Avec les politiques d'assouplissement monétaire (*quantitative easing*, QE) des banques centrales (Réserve Fédérale, Banque d'Angleterre, Banque du Japon et Banque centrale européenne), les secousses monétaires sont permanentes. Ainsi, quand la Banque centrale européenne rachète massivement des dettes publiques, elle crée de la monnaie nouvelle à partir de rien et fait mécaniquement baisser le cours de l'euro. Les actions tactiques des banques centrales ne sont pas les seules à agir, outre la prise en compte des fondamentaux d'une économie florissante ou déprimée. Ainsi les sorties de capitaux, conséquences des stratégies des investisseurs peuvent-elles sensiblement modifier le niveau des monnaies. On le voit avec le rapatriement de capitaux gérés au niveau mondial par des fonds d'investissement qui quittent les pays émergents ou même la Chine. On a accusé la Banque centrale chinoise de faire baisser le cours du yuan pour relancer sa croissance alors que cette baisse est principalement générée par des inquiétudes sur le ralentissement de l'économie qui occasionnent des sorties massives des capitaux. C'est bien parce que le système monétaire est chaotique et, à bien des égards, mystérieux que le contrôle de l'arme monétaire doit rester aux mains des Etats tant que ceux-ci n'ont pas décidé de se fondre dans un Etat supranational, aux termes d'un processus véritablement démocratique. Or, comme on l'a montré supra, le bricolage européen ne correspond pas à ce choix politique conscient, voulu et organisé comme tel, par exemple le choix américain des cinquante Etats qui ont décidé de constituer les Etats-Unis.

L'euro a été un forçage pour satisfaire les marchés financiers et peser sur les pays de la zone en leur ôtant toute possibilité d'action notamment d'ajustement de leurs monnaies pour satisfaire leurs politiques économiques, mais également sociales, environnementales ou culturelles. Puisqu'il n'y a pas d'Europe politique, puisque ni l'Europe sociale, ni l'Europe budgétaire n'ont connu le moindre début de construction, prenons acte de l'erreur de cette imposition de l'euro en douce, « furtivement », pour le reconstruire, si telle est la volonté démocratique des peuples, comme un instrument commercial permettant des transactions entre l'Europe et les autres Etats partenaires de la planète. C'est à un euro monnaie commune, qu'il faut faire droit, chaque Etat de la zone conservant le contrôle de sa monnaie, contrôle indispensable pour la mise en œuvre de sa politique, notamment budgétaire. La monnaie est un bien souverain, battre monnaie est, d'ailleurs le seul bien souverain avec la perception de l'impôt et le droit d'administrer la justice. On ne peut s'en dessaisir que si des conditions nouvelles de type supranational sont réunies : ce n'est pas le cas aujourd'hui. Reprendre le chantier, admettre l'erreur commise par un forçage qui musèle les Etats et ne leur laisse que la possibilité de réduire sans cesse les coûts principalement salariaux, pour en passer par les fourches caudines du « quartet » européen et des créanciers qu'il représente. Stratégiquement, la remise à plat du chantier de l'euro présente un atout majeur : celui d'obliger les acteurs à révéler leurs orientations réelles et les finalités qu'ils poursuivent. Si comme l'affirme ad libitum le discours officiel, c'est l'Europe qui compte, comme projet politique structurant vingt-huit pays pour des réalisations et des projets communs, il est clair que le volet monétaire, comme le volet social ou le volet budgétaire doit s'inscrire dans une dynamique d'ensemble, portée par les Etats. Sinon, si seule l'unification monétaire, sous le joug de l'euro géré par la BCE importe, c'est que l'Europe chaotique qui s'est construite et qui peine à se pérenniser aujourd'hui n'est que la pointe avancée de la mondialisation financière dans laquelle le continent européen est tenu de s'inscrire. Ainsi que l'indiquent Patrick Artus et Marie-Paule Virard (*La folie des banques centrales*, sous-titré *Pourquoi la prochaine crise sera pire*) les politiques monétaires dites non conventionnelles d'injection massive de liquidités installent la planète « dans une crise financière permanente ». Malgré une modeste remontée, les taux d'intérêt restent bas aux Etats-Unis et la poursuite du *quantitative easing* au Japon et dans la zone euro provoque de nouvelles augmentations de la liquidité, c'est-à-dire de la monnaie créée par les banques centrales. La croissance de la masse monétaire étant plus importante que celle du PIB on atteint, au début de 2016, une masse monétaire mondiale d'environ 20 000 milliards de dollars. Taux d'intérêt faibles, endettement sans inflation et inondation de liquidités spéculatives d'une volatilité extrême, tous les ingrédients militent pour une reprise par les Etats de leur politique monétaire permettant de reconstruire des projets collectifs qui ne soient pas que l'application d'une austérité mortifère, pénalisant l'activité économique et aggravant les inégalités.

Sortir de l'euro est une condition sine qua non pour reprendre une construction européenne sur des bases nouvelles. Que l'euro soit l'instrument monétaire d'une Europe politique, sociale et culturelle favorisant les projets convergents de peuples différents et divers et non l'outil contraignant d'une rente mondialisée se consacrant à l'extraction méthodique des richesses économiques pour le profit d'une infime minorité. Au-delà de l'euro, il faut interroger le système monétaire dont le monde a hérité après la suppression de la convertibilité du dollar en or décidé par Richard Nixon le 15 août 1971 ! Créée à partir de rien, convertible en rien, telle est la monnaie aujourd'hui, en particulier le dollar que les guerres et la puissance économique ont installé en monnaie dominante et en monnaie internationale. L'instauration de l'euro n'est qu'un moment d'un processus d'ensemble visant à disposer d'une monnaie globale coïncidant avec un marché monétaire uniformisé et globalisé. La monnaie globale doit permettre un gouvernement global de nature strictement gestionnaire. C'est ce qu'a clairement formulé Pierre Legendre lors d'une conférence donnée en novembre 2002 à l'université Bocconi à Milan dont nous reprenons l'intervention mentionnée par Massimo Amato (*L'énigme de la monnaie*). « Le sujet est-il globalisable, les systèmes institutionnels sont-ils comme les monnaies, convertibles les uns en les autres ? Autrement dit, le concept d'altérité est-il menacé ? S'il en était ainsi, la faculté de distinguer serait menacée et nous devrions faire face à la prétention de réduire l'espèce parlante à vivre sans penser et à l'illusion d'un gouvernement purement gestionnaire. » Comment ne pas comprendre aujourd'hui qu'avec le « forçage » qu'a été l'instauration d'une monnaie unique européenne, c'est bien la diversité et la singularité des économies et des cultures des pays européens qui sont en cause et donc menacées ? On ne peut postuler une unité illusoire pour des raisons de stricte optimisation des résultats des opérateurs financiers agissant au niveau mondial.

CHAPITRE VIII : Propositions générales

Ils ne se révolteront que lorsqu'ils seront devenus conscients et ne peuvent devenir conscients qu'après s'être révoltés.
George Orwell, 1984

Nos réflexions et le parcours que nous proposons d'accomplir nous permettent de dresser quelques constats édifiants et de réunir quelques axes d'actions possibles à condition de les accompagner d'une méthode plausible pour provoquer le changement social.

Constats

Il ne devrait plus être possible de contester qu'avec le capitalisme, les sociétés contemporaines sont conduites, dirigées et transformées en profondeur par un système dont le trait le plus marquant est son absolue cohérence. C'est un système simple, on pourrait dire rustique, dont les différents pans s'articulent avec congruence et convergent pour assurer un objectif et un seul : la génération des profits. Le second trait distinctif de notre époque est qu'elle est présentée comme l'accomplissement de l'individualisme issu des Lumières, comme sa réussite et sa généralisation. En réalité, notre époque est tout sauf individualiste si par individualisme on entend un système philosophique, dont la finalité est le libre épanouissement de l'individu. L'individualisme, dans l'esprit des philosophes du XVIIIème siècle, Montesquieu, Rousseau, Diderot et d'autres, c'est un système politique et social qui contient l'individu et qui l'inscrit dans une société qui lui permet de se réaliser parce qu'elle propose la socialité nécessaire pour qu'égalité et liberté puissent faire sens et se déployer. Or ce que nous connaissons aujourd'hui, c'est une société de masse, une société grégaire qui ne valorise chez l'individu que le substrat pulsionnel, instinctuel et favorise son égoïsme !

Ce qui advient avec la modernité, la sortie de l'Ancien régime et l'avènement de régimes démocratiques c'est que les repères des grands systèmes permettant de penser le monde et d'y vivre se délitent et ouvrent la voie à une nouvelle configuration centrée sur le marché comme principe fondateur et explicatif.

Les grands récits fondateurs de l'Occident s'effacent devant le triomphe d'une religion immanente et matérialiste si justement nommée *Le divin Marché* par Dany Robert Dufour. Qu'il s'agisse du grand récit monothéiste, venant de Jérusalem et relayé par les latins ou du récit du logos, venant d'Athènes, la sanction est la même car une religion nouvelle fonctionne sur une prémisse, celle en l'occurrence du salut par l'augmentation sans fin de la richesse. Or à présent on sait où cette fuite en avant nous mène : à la dévastation du monde ! Face au divin marché, plus précisément au marché capitaliste, c'est-à-dire un marché dont la pure instrumentalité devient une finalité, celle de l'expansion infinie de la rente, il n'y a pas d'autre solution que de trouver les principes nécessaires pour une refondation du monde, une nouvelle Renaissance en quelque sorte. C'est vers quoi les constats que nous avons établis nous engagent : penser et mettre en mouvement un monde qui amorce une sortie du capitalisme, de ce système dont le principe est que c'est en étant le plus égoïste, avide et dépensier pour soi-même qu'on contribue le mieux à la prospérité générale. Mais cette sortie ne doit pas se présenter comme une régression, un retour aux grands récits du passé. Elle doit ouvrir la perspective d'un individualisme véritable assurant la liberté et la dignité sociale, qui les contient, les maîtrise et les stimule.

C'est pourquoi nous avons, au cours de nos analyses, formulé quelques propositions toujours assorties de précautions de démarche : le pire serait, en effet, de se risquer au jeu du catalogue comme si des modifications cosmétiques ou à la marge pouvaient nous satisfaire. En insistant constamment et opiniâtrement sur la remarquable cohérence du système nous postulons clairement qu'il n'y a de solutions que dans une transformation radicale et complète ; mais cela ne signifie pas qu'il ne soit pas nécessaire d'ouvrir des brèches, de provoquer des conflits, d'initier des actions exemplaires, en somme de ne pas se jeter contre un mur puissant sans envisager de le saper, le miner ou le contourner. L'histoire présente nous montre que l'érection de murs est devenue commune dans de nombreux pays mais que le plus ancien, jugé longtemps inexpugnable, le mur de Berlin, a fini par céder, emporté par la volonté d'une population parvenant enfin à prendre en main son destin. Comme l'affirmait Che Guevara, les murs les plus puissants s'écroulent par leurs fissures.

Actions

Tentons une synthèse des actions qui, aujourd'hui, peuvent favoriser le basculement du capitalisme. Deux angles d'approche majeurs doivent conditionner toute perspective d'un changement qui ne soit pas de pure forme et qui envisage un projet démocratique véritable où la démocratie soit effective dans tous les domaines de la vie en société et ne se limite plus à un protocole électif discontinu permettant à des représentants d'assurer le gouvernement du pays. Ces deux angles, on l'aura compris à la lecture de nos analyses et réflexions, concernent le système économique qui régit nos sociétés et le système politique qui héberge le premier, et dont la souveraineté ne peut se reconstruire qu'à partir d'une nouvelle approche de la citoyenneté.

La nécessaire abolition de la propriété lucrative

Le capitalisme ne peut déployer sa logique de génération et d'accumulation illimitée des profits qu'à partir de la propriété privée des moyens de production. C'est parce que le capital est approprié par une classe de propriétaires investisseurs qu'il peut assujettir le travail dans des conditions sans cesse plus contraignantes, précaires et dégradantes. Comme nous l'avons déjà interrogé au début de notre travail, le mystère est grand de constater que la sortie de l'Ancien régime ne s'est pas accompagnée d'un mouvement d'émancipation démocratique ou plutôt que ce mouvement d'émancipation incontestable n'a pas produit le monde que ses idéaux laissaient augurer. Liberté, égalité, fraternité… belle rhétorique certes, mais le résultat est bien loin de ce programme irénique. Liberté oui, liberté du capital propriétaire mais quelle égalité pour des humains maintenus en état de sujétion et de plus en plus de servitude par le capital tout puissant. Comment postuler l'égalité des hommes quand celle-ci est radicalement bafouée dans la vie sociale ? Peut-on se contenter d'une cérémonie quinquennale pour justifier une ambition démocratique politique ? Ce qu'il faut dire avec simplicité mais conviction c'est qu'une société démocratique véritable ne peut se construire à partir de la propriété financière des moyens de production. Comme on l'a développé, la propriété domestique, individuelle, n'est pas en cause : chacun a le loisir de disposer des biens mobiliers ou immobiliers nécessaires à sa vie courante. Ce qui est en cause c'est la propriété financière, lucrative dont l'objet est précisément le dégagement d'un profit aux dépens de la rémunération du travail. Si la situation du travail est si désastreuse dans le monde, et pas seulement dans les pays émergents ou non développés, c'est parce que la recherche compulsive du profit pour les investisseurs dans un contexte de mondialisation implique « nécessairement » la réduction inlassable de la rémunération de ceux qui conçoivent, fabriquent et commercialisent les biens et les services mis sur le marché. C'est pourquoi la sortie d'une société actionnariale est la condition première d'un projet politique consistant à promouvoir une démocratie réelle et complète, impactant tous les pans de la vie en société.

Abolir la propriété des moyens de production, la propriété financière et lucrative qui crée le rapport d'exploitation des salariés par le capital s'accompagne de l'installation de la propriété d'usage comme structure explicative et opérationnelle. Comme on l'a développé, il faut donner aux sociétés coopératives et participatives et à toutes les formes sociales collectives, notamment publiques, la prééminence : les moyens de production n'appartiennent qu'à ceux qui s'en servent et qui les mobilisent pour des activités conformes à des intérêts pluriels et non pour alimenter et conforter une rente détenue par des propriétaires sans relation réelle avec les entreprises dont ils sont détenteurs des titres.

Des étapes sont possibles pour ouvrir des brèches décisives dans la domination actionnariale actuelle mais la démarche doit être claire et indiscutable : redonner aux communs la place qu'ils n'auraient jamais dû perdre, permettre aux projets associatifs et solidaires de s'épanouir librement. On ne peut continuer à accepter que nos sociétés déclarent et postulent une égalité des hommes quand le système économique que les régit est générateur d'inégalités, de peur et au final de servitude. Comme le constatait avec justesse et effarement George Bernard Shaw dans *Le Bréviaire du révolutionnaire* « l'esclavage humain atteint son point culminant à notre époque sous forme de travail librement salarié ». Faire disparaître la propriété privée des moyens de production, interdire à quelques-uns de s'approprier le travail et partant la vie et le destin d'autrui, c'est mécaniquement amorcer la disparition du salariat ou, à tout le moins, une complète transformation de sa nature. A beaucoup d'égards le capitalisme, dans sa phase actuelle, ultralibérale, mondialisée, financiarisée et numérisée nous y aide puisque le travail est déjà largement en déshérence et remplacé, chaque fois que cela est possible, par des « petits boulots » matérialisés par des contrats précaires (quand ils existent…) assurés par des individus que le discours dominant qualifie, sans honte, d'indépendants : « avant Internet, il aurait été difficile de trouver quelqu'un qui bosserait pour vous pendant dix minutes, puis de le virer au terme de ces dix minutes. Mais, grâce à la technologie, vous pouvez réellement trouver cette personne, lui verser une petite somme et ensuite vous en débarrasser quand vous n'en avez plus besoin » (Moshe Z. Marvitt, *How crowdworkers became the ghosts in the digital machine*, The Nation, New-York, 05/02/2014).

L'ubérisation est le lot de nombreux domaines d'activités et le numérique la rend possible ; évitons cependant une confusion majeure : ce n'est pas le numérique qui implique, « naturellement » les évolutions en termes d'emploi, de précarité ou de rémunération. C'est la logique propriétaire prédatrice inhérente à l'axiomatique du capital qui, bénéficiant du formidable accélérateur du numérique, impose sa loi et détruit les rapports sociaux existants.

Le numérique est une technique. Il n'advient pas par hasard dans l'histoire des hommes et sa puissance de feu pour favoriser l'expansion du capitalisme en termes de regroupement d'informations, de mises en relation, de rapidité et d'efficacité des traitements est indiscutable. Mais ce qui est intrinsèque au numérique, centralement la quantité des données analysables, la capacité à mettre en connexion et la puissance de calcul permettant de traiter un nombre considérable d'hypothèses, n'est pas utile qu'au capitalisme triomphant. Celui-ci en fait l'usage conforme à sa logique de prédation et d'accumulation mais il n'est pas interdit d'en faire d'autres usages comme on peut le constater tous les jours tant dans les sphères privées que professionnelles ou politiques. La vie pratique, les transports, l'économie domestique sont transformés par Internet ; le numérique rend les recherches d'informations et les communications incomparables ; quant aux enjeux politiques, c'est tout simplement la participation collective à la contestation d'un ordre totalitaire existant ou à l'élaboration d'un projet démocratique collectif qui se trouvent bouleversées. Tout ceci est bien connu et ne mérite pas de longs développements. Oui à internet donc et, plus globalement au développement du numérique, mais à condition de l'inscrire dans un projet commun, collectif et démocratique. Avec un marteau on peut fracasser le crâne de son voisin ; on peut aussi planter des clous et construire un meuble !

Le numérique permet l'ubérisation mais parce que le rapport de force capital/travail donne aux propriétaires la latitude pour se dégager de leurs obligations en matière notamment de protection sociale.

Le salariat ne doit être ni mythifié, ni regretté : il est la traduction du rapport de classe capital/travail et il a permis d'assurer pendant une courte période, essentiellement celle des trente glorieuses, un pouvoir d'achat et une protection sociale pour la plus grande partie de la population.

Avec une propriété associative, coopérative ou collective, avec des entreprises détenues et contrôlées par ceux qui les gèrent ou par la puissance publique, on peut repenser les systèmes de rémunération et de protection sociale avec un seul souci : assurer à la population les conditions d'une existence décente, libre et choisie. La piste du revenu d'existence est, comme on l'a indiqué, une piste prometteuse si elle s'inscrit dans une démarche citoyenne articulant la liberté d'expression politique, l'égalité des conditions et des chances et l'expression culturelle créatrice, l'ensemble de ces orientations reconnaissant l'éminente nécessité de respecter les équilibres écologiques de la planète. Disparition du capital et donc disparition du travail. Fin de l'exploitation d'une population laborieuse par une minorité privilégiée.

Il faut bien mesurer que les dirigeants salariés des grandes entreprises ont changé d'alliance de classe avec le basculement actionnarial des années 1980. Jusque-là, ils formaient avec leurs salariés une coalition parfois conflictuelle mais effective pour représenter l'entreprise face aux actionnaires investisseurs. Quand une entreprise fabrique des voitures, des chaussures ou des téléviseurs, les salariés qui y travaillent ont à cœur de produire davantage avec des produits de qualité dans les conditions les plus favorables, ils n'ont pas pour premier souci de privilégier ce qui doit générer le plus grand profit pour l'actionnaire. Ils sont, tout simplement mobilisés par ce qu'ils produisent, par la satisfaction de ce qu'ils peuvent percevoir des attentes d'une clientèle potentielle et par la mobilisation de compétences qu'ils souhaitent en permanence renforcer. Cet intérêt commun qu'avaient le sentiment de partager l'ensemble des salariés, les cadres de gestion comme le personnel ouvrier, a volé en éclats lorsque les dirigeants se sont alignés sur les intérêts des actionnaires : ils ne sont plus l'expression du projet entrepreneurial mais les fondés de pouvoir des investisseurs actionnaires qui, pour assurer le succès du changement d'alliance de classe, ont imaginé la technique très efficace des stock-options, venant appuyer des rémunérations, fixes ou variables, déjà exorbitantes. On ne compte plus les exemples de ces dirigeants affichant (parce que la loi les y oblige… et à leur corps défendant) des rémunérations indécentes, par leur montant vertigineux (plus de 5 millions d'euros pour Carlos Tavares, PDG de Peugeot en 2015, 7 millions pour Carlos Ghosn, PDG de Renault et de Nissan en 2016) et indécents également au regard de la situation faite aux autres salariés en termes d'emplois et de pouvoir d'achat. Hier, les dirigeants augmentaient leurs rémunérations parce qu'ils augmentaient en parallèle celles de leurs salariés. Aujourd'hui, c'est parce qu'ils diminuent les rémunérations du personnel qu'ils s'octroient des rémunérations supplémentaires !

Il est certain que des entreprises de type nouveau, affranchies de cette tutelle actionnariale, seront capables d'apprécier les attentes du marché, d'organiser la production et de promouvoir des produits de qualité dans des conditions d'équilibre économique rémunérant les producteurs comme les prêteurs. Il n'est pas irénique de penser un autre « management » ou plutôt une autre gestion des entreprises. Précisons.

Petit traité de gestion

L'art de la gestion, du déploiement des principes et des techniques du « management », fait l'objet de programmes nombreux et variés dispensés par les universités et les grandes écoles de la planète. Avec l'époque glorieuse, celle des trente années du même nom, le recul du pouvoir des capitalistes est constaté dans les entreprises notamment par John Kenneth Galbraith (*Le nouvel état industriel*) tandis qu'émerge une technostructure ayant vocation à devenir dominante : « le pouvoir se transfère, de fait, à ce que l'on doit appeler un nouveau facteur de production. Ce facteur est l'association d'hommes et d'équipes, de compétences techniques variées, que le processus moderne de l'innovation technologique exige ».

On sait ce qu'il en est advenu ensuite avec le basculement financier vers une stricte logique actionnariale, redonnant à la rente un pouvoir qu'elle n'avait plus connu depuis le début du XXème siècle. Mais il n'est pas interdit de penser que, débarrassées de la tutelle actionnariale, les entreprises pourraient retrouver cette « association d'équipes et de compétences » susceptible de répondre aux besoins et aux attentes, librement exprimés par la population. Librement car, c'est un autre apport de Galbraith, il faut se départir de cette « filière inversée » qu'il explicite dans son livre *L'ère de l'opulence*, publié en 1958 et dont l'énoncé est simple : « ce sont les entreprises qui imposent les produits aux consommateurs, et non l'inverse ». Galbraith, « dangereux gauchiste », ne croyait donc pas à l'économie de marché !

Par leur poids politique et médiatique, par la publicité et les politiques de prix, les firmes créent en permanence de nouveaux besoins et l'accroissement de la production ne sert plus à améliorer le bien-être mais devient une fin en soi. Au fond, qu'est-ce que la gestion des entreprises dont on fait grand cas pour construire l'hagiographie de dirigeants inspirés, nécessairement visionnaires. Pour gérer une entreprise et permettre le développement de ses activités, il faut produire, il faut vendre et il faut financer.

Produire

Produire d'abord, fabriquer quelque chose avec des technologies, des matériels et des équipes dont les compétences permettent de fabriquer les meilleurs produits. Avec le souci de l'utilisateur, la qualité est la priorité, avec une culture de la technique, de la « bel ouvrage », les matériels doivent être performants et durables. Avec le souci du profit maximal et à très court terme la qualité est nécessairement sacrifiée et les matériels fragiles, sujets à des pannes fréquentes et à courte durée de vie. C'est le phénomène de l'« obsolescence programmée » qui conduit les dirigeants à s'assurer que le renouvellement soit le plus rapide pour les produits qu'ils fabriquent : les biens fabriqués par les entreprises, biens d'équipement ou de consommation ont une durée de vie de plus en plus brève, ils connaissent des pannes de plus en plus fréquentes et leur qualité est jugée médiocre par les utilisateurs. Le matériel, la machine, l'équipement d'hier, faisant la fierté de ceux qui le construisaient, est désormais une marchandise assujettie au cycle de la rentabilisation optimale.

Le low-cost, simple mécanisme pour améliorer la rentabilité et limiter les coûts, en particulier salariaux, joue un rôle essentiel dans les modes de création, de fabrication et de distribution des produits et des services. A certains égards, on peut affirmer que l'ensemble des activités économiques est emporté dans le torrent du low-cost qui conduit à fabriquer beaucoup, au moindre coût, dans des conditions de qualité et de sécurité minimales pour augmenter la marge générée.

Vendre

Vendre ensuite, assurer la commercialisation des produits et des services mis sur le marché. On ne peut plus imaginer aujourd'hui un monde sans marketing mais la vente s'est longtemps accommodée de la réclame et mieux, de la simple information des consommateurs potentiels. Désormais, c'est le neuromarketing qui se développe, véritable désastre de la pensée et du respect des individus : toutes les sollicitations sont possibles pour renforcer la consommation et l'addiction des acheteurs, le numérique jouant désormais un rôle prépondérant. Ici encore, on peut parfaitement reconsidérer « l'art de la vente » dans une économie instrumentale dont l'objectif serait la satisfaction d'attentes librement formulées par des utilisateurs : la consommation peut se comprendre comme un moyen de répondre à des besoins socialement exprimés, ou comme une finalité imposée par une logique économique extérieure aux individus.

Financer

Financer, enfin, puisque les activités économiques, qu'elles concernent des biens ou des services, requièrent des investissements pour les assurer, tant au plan des infrastructures que de l'exploitation courante. Des financeurs prêteurs peuvent être nécessaires et leur rémunération par des charges financières être logiquement constatée par les entreprises. Point n'est besoin de disposer d'actionnaires : il suffit que des crédits soient apportés par des prêteurs issus de la sphère privée ou de la sphère publique. Gérer des entreprises dans un contexte non capitaliste ne pose aucun problème majeur si l'on accepte que les entreprises ont pour vocation de produire et commercialiser des biens et des services dont la population exprime la nécessité. Cette expression ne peut venir que du marché, il n'est pas question d'imaginer des planifications comme en ont connues les pays de la sphère soviétique. Le marché, comme on a longuement eu l'occasion de le répéter, ce n'est pas nécessairement le marché capitaliste, c'est la rencontre d'offres et de demandes qui s'articulent avec le temps. Il n'est pas interdit d'accompagner le marché par des guides à caractère collectif permettant une meilleure adéquation entre offre et demande, une lubrification des rouages en quelque sorte comme un pays comme la France l'a connu… jusqu'en 2006 avec une instance telle que le Commissariat au Plan : pas de planification bureaucratique, impérative et imposée, mais des incitations de politique économique s'il est conservé un rôle de ce type pour l'Etat.

Une nouvelle citoyenneté

La dialectique Etat-marché a été au centre des réflexions socio-politiques pendant la période des trente glorieuses. Quel est le rôle de l'Etat dans une économie de marché, comment peuvent s'articuler les interventions respectives de l'un et de l'autre ? On sait ce qu'il en est advenu avec le basculement des années 1980, la domination sans partage du marché capitaliste actionnarial et la progressive déshérence de l'Etat. Sortir de cette domination actionnariale, du contrôle absolu du marché capitaliste sur la société implique-t-il de restaurer l'Etat dans un rôle moteur de conduite des actions de la société. Nous ne le pensons pas comme nous l'avons développé dans nos analyses antérieures. Il n'y a pas de retour, de régression à une situation qui faisait d'ailleurs de l'Etat l'assesseur complice de la domination marchande. Pas de retour mais pas de société sans une structuration, une verticalité qui assemble les initiatives, les constructions locales, associatives, fédératives et qui permette à la société de se penser comme un tout. Sans le capital, c'est la société dans sa richesse multiple, locale, créative qui se reprend, se découvre et se pense, c'est à la base qu'il faut retisser ce que deux siècles et particulièrement trois décennies récentes de capitalisme ont ravagé. Tisser ou retisser, la différence n'est pas décisive puisque c'est cette socialité primaire, ancienne, dense, traditionnelle qui doit pouvoir s'exprimer sous des formes qui seront nécessairement nouvelles par rapport aux habitudes héritées du passé. La démarche n'est pas réactionnaire, il n'est pas question de souhaiter revenir à ce qui n'est plus ; ce dont il s'agit, c'est de redonner au corps social la possibilité d'exprimer sa force, son imagination et son génie pour que l'homme soit « la mesure de toute chose » (Protagoras) et non une marchandise parmi d'autres, broyée par la logique de l'accumulation du profit. C'est dans cet esprit que nous proposons de replacer le citoyen au cœur du dispositif politique et ceci ne peut se faire qu'à partir de la dette publique et de la fiscalité, c'est-à-dire des attributs centraux d'une collectivité qui entend maîtriser son destin. L'action sur la monnaie complète le dispositif de reconstruction d'une souveraineté. Mettre le citoyen au centre du dispositif fiscal, en faire un rouage du Trésor public, permet d'établir des finances publiques dont le fonctionnement, tant en recettes qu'en dépenses, favorise l'expression des projets de la collectivité, entendue comme un sujet construisant une politique et la traduisant par des dispositifs financiers.

Le débat récurrent sur l'Etat s'en trouve fortement modifié si l'on accepte d'infléchir le système, de le tarauder, et le détourner de son socle habituel. Puisque l'Etat est présent dans sa composante historique actuelle qui en fait l'assesseur soumis de la domination de la rente, il peut être facile, par une attitude paresseuse et résignée de prôner le renoncement, le Léviathan étant trop puissant. Mais il est également loisible de prendre acte des intentions affichées, libérales et démocratiques, pour en exiger l'application. Prenons à la lettre le discours de la démocratie représentative, officiellement campée sur sa double assise de liberté et d'égalité des citoyens pour en exiger la mise en pratique effective.

La dette souveraine doit être limitée, le déficit public résorbé, tel est le discours tenu tant par les dirigeants que par les instances patronales des différents pays, particulièrement européens. On sait que la dette souveraine comme les déficits publics sont largement entretenus par les politiques d'austérité officiellement destinées à stimuler l'activité, encourager l'emploi et résorber les inégalités. Mais puisque telle est la volonté générale, inscrivons d'autres mesures pour contrer des politiques délétères et faire vaciller le système dominant.

Confier la gestion de la dette souveraine aux citoyens, leur permettre de l'allouer aux entreprises en fonction de l'intérêt de leurs projets pour la population et ceci, substitutivement aux subventions largement répandues par la puissance publique, telle est la proposition que nous avons développée. Celle-ci permet de retrouver un équilibre budgétaire, de réduire rapidement la dette et de financer les politiques sociales et culturelles qu'attend la population. Comme on l'a également développé, le complément de cette mesure cruciale est l'adoption d'une politique fiscale réellement respectueuse de ses principes affichés. Ici encore et comme souvent dans ce jeu de dupes idéologique où ce qui est proposé est à l'exact opposé de ce qui est effectif (quand un plan de sécurisation de l'emploi – PSE – est un plan de licenciement, quand on propose par une loi de faciliter les licenciements pour précisément favoriser l'emploi…), il faut être intraitable sur le respect des engagements.

Une méthode démocratique : l'élaboration par les citoyens d'une nouvelle constitution

Sortir d'une société actionnariale, proposer une nouvelle citoyenneté, séduisant programme, certes, mais comment y parvenir ? Quelle méthode adopter pour penser et mettre en œuvre un monde nouveau ? Il faut conjuguer la démocratie, l'expression des choix de tous les citoyens mais aussi les conditions optimales de succès pour qu'une démarche aussi essentielle que celle de la construction par les citoyens du monde dans lequel ils veulent vivre ne renouvelle pas les erreurs et les déceptions du passé. Ni grand soir pour le choix du moment, ni recours aux « élites » pour formuler ce qui est bon pour le peuple, mais adoption d'une démarche collective de construction s'apparentant à une assemblée constituante. Une constitution, c'est le texte fondamental d'organisation des pouvoirs d'un pays. C'est une proposition d'ordre éminemment politique mais qui ne s'interdit pas de couvrir les champs économiques, sociaux ou culturels qu'il est précisément de la responsabilité du politique d'orienter, de contenir ou de stimuler.

Qu'apprenons-nous des expériences constituantes conduites sur plusieurs siècles dans différents pays ? Qu'il faut veiller à trois facteurs décisifs : le mode de désignation ou d'apparition des « constituants », les conditions d'élaboration des travaux des constituants et des projets qu'ils élaborent et le mode de validation par les citoyens des projets proposés par les constituants. De l'assemblée constituante de la France révolutionnaire en 1789 qui a ouvert la première république et clos l'Ancien régime à l'assemblée constituante islandaise de 2011 dont les résultats ont avorté en 2013, les exemples sont nombreux qui nous permettent de réfléchir aux conditions (qui, quoi, comment) dont il faut se saisir pour penser aujourd'hui un processus constituant dans le monde actuel.

Les enseignements de l'Histoire sont clairs : enclencher un processus constituant, c'est rebâtir la démocratie. La démocratie, c'est le peuple souverain, libre de définir ses choix, ses projets et de les mettre en œuvre. Ce n'est pas une cérémonie périodique, un spectacle convenu où une élite autoproclamée, détentrice des pouvoirs de représentation, procède à son renouvellement, généralement dans le sens de la continuité des personnes et de la continuité des politiques conduites. L'exaspération est aujourd'hui maximale dans la plupart des pays, particulièrement en France, où la comédie des gouvernants n'intéresse plus personne et surtout est enfin perçue pour ce qu'elle est vraiment : un dérivatif, un prétexte et un masque pour occulter le traitement des seules questions qui comptent et qui ont noms chômage, exclusion, inégalités, destruction de la nature… Donc, ignorons l'élection présidentielle qui se profile en France, entre farce et provocation, pour réenclencher un processus démocratique comme la France en a connu à trois moments de son histoire mais avec l'esprit de 1789. Il faut d'abord « retrouver » le peuple, seul dépositaire du pouvoir dans un système démocratique. Le peuple se soutient de lui-même, il n'a pas besoin de leaders, il lui suffit de s'organiser à partir des volontés et des compétences portées par les citoyens.

Le mode de désignation des constituants

Le processus constituant doit associer le peuple à tous les stades de sa dynamique. Pour la désignation, il faut des assemblées locales, communales et des consolidations au niveau régional et national. L'Islande, petit pays de 300 000 habitants, a récemment montré la voie. Tous ne peuvent pas être associés au processus délibératif mais tous doivent pouvoir le faire. C'est pourquoi il faut recourir à une sélection mais sur la base du tirage au sort et non de l'élection. Comme l'avait déjà constaté les grecs à l'époque antique, l'élection est oligarchique, on élit les plus célèbres, les plus experts… les plus ambitieux. Le tirage au sort, bien au contraire, retient des citoyens tout simplement parce qu'ils sont des citoyens, qu'ils ont, bien entendu, une épaisseur d'expériences, d'émotions et de compétences mais que ce n'est pas en fonction de celles-ci qu'ils ont vocation à exprimer la volonté populaire. Ils sont sans qualités… au sens de Robert Musil. On voudrait employer le qualificatif de banal ou plutôt de normal si l'utilisation de ce qualificatif par François Hollande ne l'avait pas dévoyé. Il faut organiser des assemblées aux niveaux locaux et communaux et les relayer aux niveaux régionaux et nationaux.

L'organisation des travaux des constituants

Redéfinir les conditions de la vie publique, remettre en chantier le fonctionnement démocratique, telle est la mission que doit s'assigner l'assemblée constituante regroupant et réunissant les contributions des niveaux locaux, régionaux et nationaux. Les principes qui doivent la guider sont ceux que nous avons présentés et explicités dans notre ouvrage, étant entendu qu'une assemblée constituante est souveraine et qu'il y aurait une insupportable prétention à lui dicter ses propositions. Il semble toutefois que les grands principes suivants doivent pouvoir faire consensus pour amorcer un changement véritable et souhaité par les citoyens.

- Le peuple est souverain, la démocratie est le système politique que retient la Constituante ce qui signifie que la vie publique est régie par le peuple pour le peuple : il n'a besoin ni de « leaders charismatiques », ni de « souverains ». Le pouvoir politique n'appartient qu'aux citoyens, il est collectif.
- Il n'est pas nécessaire de modifier le fronton républicain issu de la Constituante de 1789 : liberté, égalité, fraternité. Il faut, en revanche, lui redonner toute sa signification et sa puissance. L'application d'un des trois volets de la devise républicaine ne peut provoquer le rejet des autres : la liberté ne peut être contraire à l'égalité ou à la fraternité. C'est ainsi que l'égalité et la fraternité, essentielles pour un projet de civilisation, doivent s'articuler à la liberté, entendue comme liberté individuelle, liberté de conscience et liberté d'entreprendre. La liberté, c'est aussi la propriété personnelle de biens domestiques, mobiliers ou immobiliers : doit être exclue la propriété collective lucrative des moyens de production qui enclenche le cycle de l'actionnariat devenant à lui-même sa propre finalité, exploitant la nature et la force de travail jusqu'à

leur disparition. Si cette approche est jugée trop radicale pour être immédiatement proposée, l'assemblée constituante doit formuler expressément des garde-fous pour maintenir l'économique dans le cadre politique qui le domine : il s'agit, en maintenant l'actionnariat, de lui imposer les conditions de durée, de détention, d'identification des actionnaires et de limitation des rémunérations (SLAM) qui puissent prémunir la société d'une accumulation exponentielle de la richesse conduisant à des destructions de la nature, des populations et de leur culture.

- Il va de soi qu'une assemblée constituante doit édicter des orientations indiscutables en matière de monnaie, de fiscalité, de justice, d'éducation, de recherche, de santé…
- Point n'est besoin d'être trop précis ici, pour les raisons déjà évoquées de respect d'un processus instituant mais aussi parce que les orientations ne semblent pas véritablement problématiques. Résumons-les.
    - Monnaie, fiscalité et justice sont les attributs traditionnels de la souveraineté. Identifier un Etat et la nation qui le porte, c'est, historiquement, battre monnaie, administrer la justice et collecter l'impôt. Toute la constitution européenne depuis plus d'un demi-siècle vise à la disparition des Etats-nations, jugés archaïques, dépassés et inutiles pour affronter la mondialisation, nécessairement utile et bénéfique. Or, c'est là que le bât blesse. L'Europe n'existe qu'en tant qu'espace marchand organisant la génération des profits des groupes multinationaux et l'accumulation de la rente financière. Elle n'a aucun impact positif en termes politiques, économiques, sociaux ou culturels. Son action est clairement délétère pour les intérêts des populations européennes. On ne lâche pas la proie pour l'ombre. La souveraineté d'hier, pour la monnaie, la fiscalité et la justice, était fragile,

elle doit être renforcée et non supprimée au profit d'une hypothétique supranationalité dont tout le fonctionnement de l'Europe depuis cinquante ans atteste de son impossibilité. Comment peut-on encore prétendre, contre toutes les réalités les plus manifestes, que l'euro est une défense pour les populations et leur pouvoir d'achat, comment parler d'un projet européen, quand les Etats se battent pour diminuer sans cesse la fiscalité des firmes nationales et favoriser un dumping social ? Une assemblée constituante pour un pays comme la France, mais ceci est parfaitement équivalent pour d'autres pays de l'union européenne actuelle, doit fortement réaffirmer que l'Europe, en l'état de ses réalisations, est un échec et qu'il est urgent de s'atteler à refonder un projet démocratique au niveau national, pour pouvoir, ensuite relancer une construction européenne sur des bases démocratiques, et non financières, permettant d'articuler les dimensions politiques, fiscales, sociales, culturelles et in fine monétaires si les conditions sont remplies pour construire d'abord une monnaie commune, ensuite une monnaie unique.

- Education, recherche, culture, santé sont des domaines extrêmement sensibles de la vie d'une démocratie. Le rôle d'une assemblée constituante est d'assurer l'égalité de tous pour l'accès à l'éducation et à la santé, de favoriser le développement de la recherche et de laisser libre cours à la création et à l'innovation en matière culturelle. Parmi les rares réalisations positives de l'Union européenne, Erasmus constitue une avancée certaine à condition de l'ouvrir plus largement aux jeunes non favorisés.

- Enfin, une assemblée constituante doit proposer un cadre institutionnel pour régir la vie publique : un système de type parlementaire nous semble correspondre le mieux à l'expression de la volonté populaire. Il faut vraisemblablement le compléter par des référendums d'initiative populaire et plus généralement des possibilités de consultation de la population que le numérique, et internet en particulier, permettent très facilement.

La validation des travaux des constituants

Les travaux des constituants vont produire une nouvelle Constitution. Elle ne pourra être effective qu'après validation par le peuple sous la forme d'un référendum. Celle-ci ne devrait pas être difficile à obtenir puisque les rédacteurs de la Constitution sont le peuple, choisis par lui parmi les citoyens. Quand des difficultés apparaissent comme en Islande en 2013, c'est parce que le processus a été interrompu et que les partis traditionnels tentent de reprendre l'initiative.

Insistons sur l'apport d'internet pour l'érection d'un programme démocratique puisqu'internet permet d'associer l'ensemble de la population tout en sélectionnant quelques individus pour que des propositions précises et effectives soient présentées. Ceci confirme qu'internet et, d'une façon plus générale, le numérique sont des outils précieux s'ils sont mobilisés pour des objectifs démocratiques d'information, de communication et de diffusion.

Avec le numérique, on peut trouver une réponse à l'argument souvent présenté de la taille pour écarter des propositions démocratiques. Certes les athéniens réunissaient des agoras de quelques centaines de personnes et la question de la taille est inquiétante comme le montre précisément Olivier Rey (*Une question de taille*).

Le gigantisme et la démesure des entreprises multinationales ou des métropoles favorisent l'adoption de solutions bureaucratiques, non démocratiques, et à visée financière, pour la plupart des problèmes posés. Il faut s'y affronter et refuser, en termes politiques, que les procédures, les protocoles et les institutions ne soient qu'un habillage pour le maintien d'un système oligarchique, frauduleusement qualifié de démocratie.

CONCLUSION

Que désirons-nous vouloir ?
Yuval Noah Harari

En matière de révolte, aucun de nous ne doit avoir besoin d'ancêtres.
André Breton

Comment ne pas constater que nous vivons dans un monde malade de l'argent ? Jamais, dans l'histoire de l'humanité, une telle situation n'était advenue. L'argent est présent dans toutes les civilisations et à toutes les époques et il est facile d'établir combien les inégalités de patrimoine étaient criantes sous l'Ancien régime ou dans les civilisations antiques, en particulier dans l'Empire romain. Les civilisations asiatiques ou africaines n'échappent pas à ce travers. La corruption est également un mal endémique qu'il n'est pas nécessaire de documenter avec précision puisqu'elle traverse les époques et les sociétés !

Ce qui est absolument nouveau, singulier et problématique, c'est que ce que nous observons dans nos sociétés contemporaines modernes ne relève pas des dérives de la cupidité, du lucre ou de la corruption, maintes fois constatées dans l'histoire mais d'un mécanisme cohérent, abouti et généralisé qui fait système et qui interdit toute autre approche. Ce n'est plus seulement le pouvoir de l'argent, l'exécrable faim de l'or de Virgile (*auri sacra fames*), qu'il faut interroger et changer ; c'est un système compact, puissant et organisé qui a progressivement pris le contrôle de l'ensemble de l'architecture de nos sociétés. L'économie bien sûr mais également le champ politique, médiatique, social ou culturel. Il n'est plus de domaine aujourd'hui où la déclinaison comptable des coûts et des recettes des stratégies et des conduites à tenir ne soit le facteur de validation. Ce système, c'est bien évidemment le capitalisme, dont la limpidité du fonctionnement n'a jamais été aussi aveuglante.

Pourtant, s'il n'était possible de formuler qu'une seule évidence en conclusion de ce travail, ce serait que le changement est possible, que c'est même peut être le moment idéal. Des institutions politiques vérolées, une population excédée par les annonces, les mensonges et les échecs, une situation économique de plus en plus désastreuse qui impacte désormais les classes moyennes de la planète après avoir dévasté les conditions de vie des plus pauvres. La comédie du pouvoir, les célébrations périodiques d'élections diverses n'intéressent plus personne. Les politiques conduites (ou plutôt… suivies aux deux sens du terme) sont les mêmes pour le personnel estampillé de droite comme de gauche et tout le monde, comme en musique, se retrouve au point d'orgue pour célébrer la mondialisation libérale dont chaque jour apporte son cortège exaltant : délocalisations d'entreprises, augmentation du chômage, stagnation des activités, explosion des rémunérations des dirigeants en phase avec un gonflement continu de patrimoines vertigineux…

On a vraiment envie de dire : ça suffit ! Jusqu'où faudra-t-il descendre pour qu'enfin quelque chose se passe, pour que la machine s'arrête, qu'on se pose et qu'on reparte sur des principes et des logiques nouveaux. L'an 01 en quelque sorte comme le film éponyme de Jacques Doillon adapté de la bande dessinée de Gébé le proposait… en 1973 : abandonnons l'économie de marché et le productivisme, sur un mode festif et consensuel.

Le moment est favorable… Oui, car deux facteurs se conjuguent et s'articulent. La destruction objective de la planète et de ses citoyens par un système vorace, prédateur et obstiné qui, en développant sans fin une rente confiscatoire pour le profit de quelques-uns, précipite la chute en explosant sur son tas d'or. La réaction de populations diverses exprimant leur dégoût et parfois leur découragement mais le plus souvent leur colère et leur exaspération. Partout dans le monde, des signes favorables pour une transformation sont repérables :

a) Sous les formes instituées, les moins propres à la contestation du système, on perçoit déjà des mouvements qui affolent les médias, les journalistes bateleurs et thuriféraires de l'*establishment* qui s'inquiètent des « populismes » : c'est le terme qu'ils emploient quand se développe quelque chose qu'ils ne comprennent pas et ne veulent pas voir apparaître. Ainsi Corbyn en Grande-Bretagne ou Sanders aux Etats-Unis nous expliquent, l'un et l'autre, que leur approche est « socialiste », un terme qui pour certains anglo-saxons est aussi grave que terroriste ! Tout simplement parce que dans leurs programmes ils affirment que la santé et l'éducation pour tous doivent s'articuler à une rémunération décente ! La Grèce et l'Espagne tentent également d'apporter leur pierre à une refondation démocratique réinstallant l'économie comme un élément contrôlé par le pacte politique.
b) Sous des formes moins officielles ou institutionnelles, relevant de dynamiques associatives porteuses de projets forts pour la vie de la société, on constate un foisonnement augurant positivement de changements des habitudes mentales et culturelles et donc de pratiques nouvelles. Le film *Demain* de Cyril Dion et Mélanie Laurent présente des initiatives originales et innovantes qui montrent que des solutions existent dans les domaines essentiels de la vie en société. La nourriture d'abord avec des agricultures nouvelles, urbaine ou permaculture. L'énergie ensuite avec les énergies renouvelables et des villes sans déchets. L'économie, bien évidemment, avec la

> démonstration qu'il est plus économique de produire de façon écologique, que la diversité des monnaies locales est une chance et le partage décentralisé une option crédible. Et nécessairement le politique, la démocratie, avec l'exemple d'un gouvernement des citoyens par eux-mêmes à Kuthambakkam en Inde et la première démarche constituante « crowdsourcée » (issue du peuple) en Islande. Partout dans le monde des expériences sont conduites, particulièrement en Amérique latine, pour reconquérir les « communs » frauduleusement expropriés par des pouvoirs politiques corrompus alliés aux entreprises internationales brevetant comme leurs propriétés ce qui est issu de la nature.

Il n'y a donc pas lieu à découragement malgré la progression méthodique et obstinée du saccage parce qu'il est la condition du gonflement de la rente. D'une part, le capitalisme, par la mondialisation financière, va à sa perte comme les aveugles du tableau de Brueghel. D'autre part, les populations étrillées par des politiques d'austérité génératrices de chômage, de pertes de pouvoir d'achat et de conditions de travail précaires, voire indignes dans les pays où s'installent les entreprises délocalisées, commencent à ne plus accepter sans sourciller le système autoritaire qui les contraint sous un habillage prétendument démocratique. Quelle démocratie pour un pays, les Etats-Unis, où la majorité de la population ne vote pas, quelle démocratie pour des pays européens où les citoyens n'ont le choix qu'entre des programmes proposant le même « logiciel » qu'on peut indifféremment qualifier de libéral, social-libéral, social-démocratique… puisque les résultats sont les mêmes : augmenter la compétitivité, diminuer les coûts (et principalement le coût du travail), augmenter les marges afin de servir aux actionnaires des dividendes en constante progression.

Plusieurs décennies de proximité avec des étudiants en gestion, des entrepreneurs et des cadres d'entreprises m'ont convaincu qu'il n'y a rien d'inéluctable à la mondialisation capitaliste, que le cérémonial, qui conduit à sacrifier sur l'autel du profit des cohortes sans fin d'ouvriers, d'employés, de techniciens ou de cadres parce que la mondialisation l'exige comme les dieux des Incas « exigeaient » des sacrifices humains, est tout simplement une absurdité doublée d'une horreur puisque ce sont des vies qui sont massacrées.

Non à la mondialisation capitaliste, destructrice de la nature et des hommes. Oui à une autre mondialisation, une mondialisation des échanges, des cultures, des projets : une mondialisation de la vie pour des humains inscrits dans la société où ils souhaitent s'épanouir. Pour les humains que nous sommes, une époque nouvelle est à construire. Comme l'affirmait Frantz Fanon (*Peau noire, masques blancs*) cité par François Chesnais dans *Les dettes illégitimes* : « J'appartiens inéluctablement à mon époque. Et c'est pour elle que je dois vivre. L'avenir doit être une construction soutenue de l'homme existant. »

BIBLIOGRAPHIE

AMATO Massimo, *L'énigme de la monnaie,* Les Editions du Cerf, 2015.

ARTUS Patrick et VIRARD Marie-Paule, *La folie des banques centrales,* Fayard, 2016.

BAECHLER Jean, *Le capitalisme* (tome 1 : *Les origines* et tome 2 : *L'économie capitaliste*), Gallimard Folio Histoire, 1995.

BALZAC Honoré de, *La Maison Nucingen,* Poche, 2016.

BARICCO Alessandro, *Les barbares, essai sur la mutation*, Gallimard, 2015.

BAUMAN Zygmunt, *La vie liquide,* Hachette, 2013.

BAUWENS Michel, *Sauver le monde, vers une économie post-capitaliste avec le peer-to-peer*, Les liens qui libèrent, 2015.

BELLANGER Pierre, *La souveraineté numérique,* Stock, 2014

BOLLIER David, *Vol silencieux,* Routledge, 2002.

BOLLIER David, *La renaissance des communs*, Charles Leopold Mayer, 2013.

BOYER Pascal, *Et l'homme créa les dieux,* Robert Laffont, 2001.

CARDON Dominique, *A quoi rêvent les algorithmes, Nos vies à l'heure des big data*, Le Seuil, 2015.

CASTORIADIS Cornelius, *L'institution imaginaire de la société*, Le Seuil, 1972.

CAUVIN Christian, *La fin du capitalisme et la nécessaire invention d'un monde nouveau*, L'Harmattan, 2014.

CAUVIN Christian, *Le capitalisme ne joue pas aux dés*, Le Bord de l'eau, 2012.

CHESNAIS François, *Les dettes illégitimes*, Raisons d'agir, Seuil, 2011.

COLLINS Randall, *Weberian Social Theory,* Cambridge University Press, 1986.

DEBORD Guy, *In girum imus nocte et consumimur igni*, Gallimard, 1992.

DENORD François et SCHWARZ Robert, *L'Europe sociale n'aura pas lieu,* Raisons d'agir, 2009.

DIAMOND Jared, *Effondrement : comment les sociétés décident de leur disparition ou de leur survie*, Gallimard, 2005.

DUFOUR Dany Robert, *Le divin Marché,* Denoël, 2007.
DUFOUR Dany Robert, *L'individu qui vient... après le libéralisme*, Denoël, 2011.
DUGAIN Marc et LABBE Christophe, *L'homme nu, La dictature invisible du numérique,* Plon, Robert Laffont, 2016.
EHRENREICH Barbara, *L'Amérique pauvre, Comment ne pas survivre en travaillant*, Grasset, 2011.
FANON Frantz, *Peau noire, masques blancs*, Seuil, 1952.
FORRESTER Viviane, *L'horreur économique,* Fayard, 1996.
FOUCAULT Michel, *Histoire de la sexualité 1. La volonté de savoir*, Gallimard, 1976.
FOURASTIE Jean, *Les Trente Glorieuses,* Fayard Pluriel, 1979.
FRANCE Anatole, *L'affaire Crainquebille,* Edouard Pelletan, 1844.
FREUD Sigmund, *Le malaise dans la civilisation*, Poche, 2010.
FUKUYAMA Francis, *La fin de l'histoire et le dernier homme*, Flammarion, 1992.
FUKUYAMA Francis, *Le début de l'histoire, des origines de la politique à nos jours*, Saint-Simon, 2012.
GADREY Jean, *Adieu à la croissance : bien vivre dans un monde solidaire*, Alternatives économiques, 2010.
GALBRAITH John Kenneth, *L'ère de l'opulence,* Penguin, 1958.
GALBRAITH John Kenneth, *Le nouvel état industriel*, Gallimard, 1967.
GEUENS Geoffroy, *La finance imaginaire. Anatomie du capitalisme : des « marchés financiers » à l'oligarchie*, Adenéditions, 2011.
GRAEBER David, *Des fins du capitalisme,* Payot, 2014.
GRAEBER David, *La Bureaucratie,* Les liens qui libèrent, 2015.
HAN Byung-Chul, *Dans la nuée, Réflexions sur le numérique,* Actes Sud, Questions de société, 2015.
HARARI Yuval Noah, *Sapiens (une brève histoire de l'humanité)*, Albin Michel, 2015.
HATCHUEL Armand et SEGRESTIN Blanche, *Refonder l'entreprise,* La république des idées, Seuil, 2012.
ILLICH Ivan, *La convivialité,* Seuil, 1973.

JACKSON Jim, *La prospérité sans croissance : La transition vers une économie durable*, De Boeck, 2010.
JAPPE Anselm, *Crédit à mort,* Lignes, 2011.
JORION Paul, *Le capitalisme à l'agonie*, Fayard, 2011.
KAHN Axel, *Pensées en chemin : ma France des Ardennes au Pays basque*, Stock, 2014.
KLEIN Naomi, *La stratégie du choc,* Actes Sud, 2010.
LA BOETIE Etienne de, *Le Discours de la servitude volontaire*, Payot, 1993.
LANDAIS Camille, PIKETTY Thomas et SAEZ Emmanuel, *Pour une révolution fiscale,* Seuil, 2011.
LATOUCHE Serge et JAPPE Anselm, *Pour en finir avec l'économie, Décroissance et critique de la valeur*, Libre et solidaire, 2015.
LAURENT Eloi, *Nos mythologies économiques*, LLL (Les liens qui libèrent), 2016.
LAZZARATO Maurizio, *La fabrique de l'homme endetté ou la condition néolibérale*, Amsterdam, 2011.
LE BON Gustave, *Psychologie des foules,* PUF, 2013.
LEECH Gary, *Le capitalisme, un génocide structurel ou les mécanismes meurtriers de la mondialisation libérale*, Le retour aux sources, 2012.
LEGENDRE Pierre, *Dominium mundi, l'empire du management,* Fayard, Mille et Une Nuits, 2007.
LORDON Frédéric, *Imperium, Structures et affects des corps politiques*, La fabrique, 2015.
LORENZ Konrad, *Trois essais sur le comportement humain*, Seuil, 1970.
LOURAU René, *L'analyse institutionnelle*, Editions de minuit, 1971.
MALRIEU Jean-Paul, *Dans le poing du marché,* Ombres blanches, 2008.
MANDEVILLE Bernard, *La Fable des abeilles,* Hachette livre BNF, 2013.
MARTEL Frédéric, *Mainstream, enquête sur cette culture qui plaît à tout le monde*, Flammarion, 2010.
MARX Karl, *Le capital,* Editions sociales, Hachette livre BNF, 2012.

MARX Karl, *Manuscrits de 1844, économie politique et philosophie*, Editions sociales, 1972.
MAURIN Eric, *La fabrique du conformisme*, Seuil, 2015.
MAUSS Marcel, *Oeuvres,* Editions de Minuit, 1968.
MEDA Dominique, *La mystique de la croissance,* Flammarion, 2013.
MEYRONNIS François, *Proclamation sur la vraie crise mondiale,* Les liens qui libèrent, 2014.
MICHEA Jean-Claude, *L'empire du moindre mal, essai sur la civilisation libérale*, Climats, 2007.
MORRIS Desmond, *Le singe nu,* Grasset, 1968.
MUSIL Robert, *L'homme sans qualités,* Seuil, 1956.
NIETZSCHE Friedrich, *La généalogie de la morale,* Le livre de poche, 2000.
ORWELL George, *1984,* Gallimard, 1990.
PACIOLI Luca, *La summa de arithmetica, geometria, de proportioni et de proportionalita*, Paganini, 1494.
PEILLON Antoine, *Ces 600 milliards qui manquent à la France*, Seuil, 2012.
PESSIS Céline, TOPÇU Sezin et BONNEUIL Christophe, *Une autre histoire des Trente glorieuses,* La Découverte, Cahiers libres, 2013.
PEYRELEVADE Jean, *Le capitalisme total,* Seuil, 2005.
PIKETTY Thomas, *Le capital au XXIème siècle*, Seuil, 2013
POLANYI Karl, *La grande transformation,* Gallimard, 1983.
REY Olivier, *Une question de taille,* Stock, 2014.
RIFKIN Jérémy, *La troisième révolution industrielle,* Les liens qui libèrent, 2012.
ROUSSEAU Jean-Jacques, *Discours sur l'origine et les fondements de l'inégalité parmi les hommes*, Flammarion, 2011.
SAHLINS Marshall, *Age de pierre, âge d'abondance,* Gallimard, 1976.
SAINT-VICTOR Jacques de, *Un pouvoir invisible,* Gallimard, 2012.
SALAIS Robert, *Le viol d'Europe,* PUF, 2013.
SANDEL Michael, *What money can't buy,* Penguin, 2013.
SCHUMPETER Joseph, *Capitalisme, socialisme et démocratie*, Payot, 1990.
SHAW George Bernard, *Le Bréviaire du révolutionnaire*, 1934.

SMITH Adam, *La richesse des nations*, tomes 1 et 2, Flammarion, 1999.
STIGLITZ Joseph, *Le prix de l'inégalité,* Les liens qui libèrent, 2012.
TODD Emmanuel, *Qui est Charlie ? Sociologie d'une crise*, Seuil, 2015.
TRUONG Jean-Michel, *Ni sang ni dette,* Le No Man's Land, 2013.
VAROUFAKIS Yanis, *Et les faibles subissent ce qu'ils doivent ? Comment l'Europe de l'austérité menace la stabilité du monde*, LLL (Les liens qui libèrent), 2016.
VEBLEN Thorstein, *Théorie de la classe de loisir,* Gallimard, 1970.
WEBER Max, *Economie et société,* Plon, 1921.
ZWEIG Stefan, *Le monde d'hier, Souvenirs d'un européen*, Belfond, 1993.

TABLE DES MATIÈRES

Gestions et Management
aux éditions L'Harmattan

Dernières parutions

POLITIQUE ET ÉCONOMIE
10 mesures phares pour un monde meilleur
Marquez-Velasco Adrien
Dans ce livre est proposé un système économique d'une nouvelle ampleur qui s'intitule le «coordonnisme». Il s'agit d'un régime réunissant les qualités du capitalisme et du communisme. Il présente comme mesures la coordination des politiques monétaires, budgétaires et financières afin de réguler les consommations intérieures et extérieures, l'épargne, l'investissement, l'inflation et le chômage vers un taux optimal de croissance économique.
(Coll. L'Esprit Économique, série Krisis, 20.00 euros, 194 p.)
ISBN : 978-2-343-07529-7, ISBN EBOOK : 978-2-336-39887-7

AUX FRONTIÈRES DU MANAGEMENT
Manifeste pour un temps d'exigence
Massé Francis
Le management est l'une des clefs pour faire advenir une société meilleure, forte d'organisations efficaces. À cet égard, la notion de frontière fait sens. Le management s'inscrit dans une réalité, sinon il n'est rien. Le management traverse aussi des découpages disciplinaires multiples qu'il doit relier : il est frontière. Il constitue enfin un levier pour transgresser des limites artificielles et élargir le champ des possibles, où règnent l'imagination créatrice et l'innovation.
(Coll. Local et Global, 14.00 euros, 122 p.)
ISBN : 978-2-343-07517-4, ISBN EBOOK : 978-2-336-39760-3

LA LUTTE DES NORMES AU TRAVAIL
Faulkner Marcel - Préface de Jean-Pierre Durand
Aborder l'analyse du travail et de l'organisation sous l'angle de la normalisation permet d'atteindre deux objectifs. Comprendre que l'organisation est traversée par une lutte des normes dont les formes sont multiples et qui vont de la collaboration à la confrontation. Constater que cette lutte ne se limite pas au seul domaine des opérations courantes des organisations, mais qu'elle concerne aussi les choix stratégiques et les grands enjeux du travail et de l'emploi.
(Coll. Logiques sociales, 29.50 euros, 286 p.)
ISBN : 978-2-343-07381-1, ISBN EBOOK : 978-2-336-39859-4

GOUVERNANCE ET INTELLIGENCE ÉCONOMIQUE EN PME
Sous la direction de Daniel Corfmat, Marc Chambault et Georges Nurdin
L'intelligence économique est devenue un mode de gestion et de gouvernance de l'entreprise. Cet ouvrage réfléchit sur la démarche que le chef d'entreprise peut entreprendre pour éclairer ses décisions, garder sa marge de manœuvre de compétitivité et toutes ses possibilités de développement afin de sécuriser sa pérennité. Vous trouverez des recommandations pratiques qui tentent d'aider le dirigeant à aborder ce qui est devenu un enjeu majeur de la protection de son capital.
(Coll. Gouvernance et entreprise, 11.00 euros, 70 p.)
ISBN : 978-2-343-06861-9, ISBN EBOOK : 978-2-336-39734-4

LA POSTE, QUELLE AVENTURE !
L'informatisation du tri postal et autres chantiers hauts en couleur
Lenoir Olivier - Préface de Laurent Chaffard
Ce récit de quarante ans de carrière «aux PTT» parle du plaisir de créer, mais aussi des pesanteurs hiérarchiques et des souffrances du harcèlement moral. Il parle d'un avenir où les valeurs de coopération, d'entraide, de solidarité pourraient remplacer la course au profit, la concurrence illusoirement «libre» et le chacun pour soi. Le management et l'innovation, l'évolution de l'informatique et du service public sont des thèmes qui s'entrecroisent dans ce témoignage optimiste.
(17.50 euros, 164 p.)
ISBN : 978-2-343-07666-9, ISBN EBOOK : 978-2-336-39881-5

INTELLIGENCE DE L'INFORMATION
Entre état d'esprit et stratégie d'organisation
Mallowan Monica
En plus de contribuer à l'avancement des connaissances en matière de modèles traitant de management de l'information stratégique et des pratiques informationnelles, reliées à leur application en organisation, cet ouvrage aborde les champs de la littératie, de la culture et de l'intelligence de l'information. Une proposition est faite au sujet de leur mise en relation dialogique et systémique, dans un effort de construction d'une double mutation transdisciplinaire, celle du nouveau statut d'informateur et du concept de transculture de l'information.
(Coll. Intelligence économique, 36.00 euros, 354 p.)
ISBN : 978-2-343-06623-3, ISBN EBOOK : 978-2-336-39756-6

FISCALITÉ ENVIRONNEMENTALE
Entre impératifs fiscaux et objectifs environnementaux, une approche conceptuelle de la fiscalité environnementale
Caruana Nicolas - Préface de Thierry Lambert
La fiscalité environnementale intéresse relativement peu les juristes et représente en pratique une part très faible des recettes fiscales des États. Souvent limitée aux écotaxes, cette notion que cette thèse se propose de définir présente de multiples dimensions, tant fiscales qu'économiques, tant politiques qu'écologiques. Caractérisée par son efficience environnementale, elle n'a en réalité ni le champ d'application ni la portée que lui prête le discours politique.
(Coll. Finances publiques, 43.00 euros, 514 p.)
ISBN : 978-2-343-07550-1, ISBN EBOOK : 978-2-336-39716-0

LA MAGIE DES JUSTES PROPORTIONS
Restructuration financière d'un LBO avec apport de new money
Journo Albert
Comment opérer la restructuration financière du capital d'une entreprise de taille moyenne sous LBO (Leveraged Buy out) en période de turbulence opérationnelle ? Plusieurs scenarii sont imaginés selon l'évolution de la perception du pronostic de rétablissement. Un cas réel vient étalonner les raisonnements variés déterminant les nombreux paramètres suivant de justes proportions et des désirs, emportant d'emblée l'adhésion de tous. Cet ouvrage donne un éclairage original sur un comment faire.
(Coll. Ad valorem, 25.00 euros, 238 p.)
ISBN : 978-2-343-07914-1, ISBN EBOOK : 978-2-336-39861-7

L'ÉCONOMIE A-T-ELLE UN SENS ?
Essai
Vadjoux Philippe
Le profit est-il légitime s'il ne tient pas compte des coûts sociaux et environnementaux ? L'économie n'est pas d'origine divine ou naturelle, elle dépend de nous, elle évolue. La recherche d'une nouvelle économie plus démocratique, plus créative, plus diversifiée au service des êtres humains et respectueuse de la planète n'est pas utopique. Elle existe au travers d'idées, de projets, d'expériences. Une mutation est possible.
(29.00 euros, 346 p.)
ISBN : 978-2-343-07479-5, ISBN EBOOK : 978-2-336-39587-6

L'ÉCOLOGIE AU SECOURS DE L'ÉCONOMIE
Inventer les outils d'une nouvelle prospérité
Coutouly Rodrigue
Comment expliquer notre difficulté à relancer l'économie ? Cet ouvrage explore une hypothèse originale : la reprise ne se fait pas car nous atteignons les limites de nos ressources naturelles. L'auteur travaille donc sur les différentes pistes possibles pour construire le développement durable d'une société et d'une économie qui retrouveraient leur cohérence. Les solutions devront s'appuyer sur des politiques publiques imaginatives, audacieuses autant que réalistes, particulièrement en matière de fiscalité et d'investissement.
(Coll. Sociologies et Environnement, 27.00 euros, 260 p.)
ISBN : 978-2-343-06652-3, ISBN EBOOK : 978-2-336-39638-5

L'ÉCONOMIE EN QUESTION
Regards et apports des spiritualités et des religions
Textes rassemblés par Jan-Luc Castel et Vincent Pilley
La vie économique est aujourd'hui bouleversée et altère même le lien social. Où puiser l'énergie de résister à ces dévastations ? Comment régénérer les liens humains dans la société ? Quelles ressources mobiliser pour «changer les règles du jeu» ? Juifs, bouddhistes, chrétiens, musulmans, athées, libres penseurs osent entrer en dialogue parce qu'ils croient en la possibilité d'un avenir commun.
(12.00 euros, 168 p.)
ISBN : 978-2-343-07824-3, ISBN EBOOK : 978-2-336-39689-7

LE CAPITALISME, CANCER DE L'HUMANITÉ

Une économie inhumaine et meurtrière, une société malade, la vie sur Terre en péril

Kornheiser Georges

En 2016, le patrimoine cumulé de 1 % de la population mondiale dépassera celui des 99 % restants, ce qui est sans précédent. Cette minorité possède tous les pouvoirs : économique, médiatique, politique, qu'ils soient étiquetés de droite ou de gauche, les partis de gouvernement sont tous convertis aux dogmes néolibéraux et pratiquent en fait la même politique une fois aux commandes. Le capitalisme est devenu fou. Un autre univers, plus juste et plus humain, est pourtant possible. Il n'est que temps de travailler à son avènement, avant que les dommages ne soient devenus irréversibles.

(Coll. Questions contemporaines, 39.00 euros, 436 p.)

ISBN : 978-2-343-07156-5, ISBN EBOOK : 978-2-336-39615-6

UNE ÉCONOMIE SOLIDAIRE PEUT-ELLE ÊTRE FÉMINISTE ?

Homo oeconomicus, mulier solidaria

Sous la direction de Christine Verschuur, Isabelle Guérin et Isabelle Hillenkamp

Comment expliquer le faible intérêt, dans la littérature sur l'économie sociale et solidaire, pour le genre et les théories féministes, alors que ces initiatives sont fortement genrées et que les femmes y sont surreprésentées ? À quelles conditions ces initiatives sont-elles une opportunité de réinvention de l'économie, réencastrée dans le social et le politique et au service de la justice sociale et de genre ? L'économie solidaire peut-elle constituer une source d'émancipation pour les femmes ou non ? (Articles en français, anglais, espagnol.)

(Coll. Genre et développement - Rencontres, 29.00 euros, 300 p.)

ISBN : 978-2-343-07602-7, ISBN EBOOK : 978-2-336-39514-2

CONVENTION COLLECTIVE NATIONALE DES ENTREPRISES DE SERVICES À LA PERSONNE ANNOTÉE

Dahan Alison, Granet Régis

La convention collective nationale des entreprises de services à la personne de septembre 2012, depuis son extension par arrêté du 3 avril 2014, a vocation à s'appliquer à toutes les entreprises privées relevant du secteur des services à la personne. Cet ouvrage accompagnera les entreprises, les salariés et praticiens dans l'application de la règlementation en vigueur grâce aux explications simples intégrées tout au long de l'ouvrage.

(Coll. Défis, 28.50 euros, 288 p.)

ISBN : 978-2-343-07910-3, ISBN EBOOK : 978-2-336-39684-2

L'HARMATTAN ITALIA
Via Degli Artisti 15; 10124 Torino
harmattan.italia@gmail.com

L'HARMATTAN HONGRIE
Könyvesbolt ; Kossuth L. u. 14-16
1053 Budapest

L'HARMATTAN KINSHASA
185, avenue Nyangwe
Commune de Lingwala
Kinshasa, R.D. Congo
(00243) 998697603 ou (00243) 999229662

L'HARMATTAN CONGO
67, av. E. P. Lumumba
Bât. – Congo Pharmacie (Bib. Nat.)
BP2874 Brazzaville
harmattan.congo@yahoo.fr

L'HARMATTAN GUINÉE
Almamya Rue KA 028, en face
du restaurant Le Cèdre
OKB agency BP 3470 Conakry
(00224) 657 20 85 08 / 664 28 91 96
harmattanguinee@yahoo.fr

L'HARMATTAN MALI
Rue 73, Porte 536, Niamakoro,
Cité Unicef, Bamako
Tél. 00 (223) 20205724 / +(223) 76378082
poudiougopaul@yahoo.fr
pp.harmattan@gmail.com

L'HARMATTAN CAMEROUN
BP 11486
Face à la SNI, immeuble Don Bosco
Yaoundé
(00237) 99 76 61 66
harmattancam@yahoo.fr

L'HARMATTAN CÔTE D'IVOIRE
Résidence Karl / cité des arts
Abidjan-Cocody 03 BP 1588 Abidjan 03
(00225) 05 77 87 31
etien_nda@yahoo.fr

L'HARMATTAN BURKINA
Penou Achille Some
Ouagadougou
(+226) 70 26 88 27

L'HARMATTAN SÉNÉGAL
10 VDN en face Mermoz, après le pont de Fann
BP 45034 Dakar Fann
33 825 98 58 / 33 860 9858
senharmattan@gmail.com / senlibraire@gmail.com
www.harmattansenegal.com

L'HARMATTAN BÉNIN
ISOR-BENIN
01 BP 359 COTONOU-RP
Quartier Gbèdjromèdé,
Rue Agbélenco, Lot 1247 I
Tél : 00 229 21 32 53 79
christian_dablaka123@yahoo.fr

Achevé d'imprimer par Corlet Numérique - 14110 Condé-sur-Noireau
N° d'Imprimeur : 130848 - Dépôt légal : juillet 2016 - *Imprimé en France*

www.ingramcontent.com/pod-product-compliance
Lightning Source LLC
LaVergne TN
LVHW011303061026
849535LV00005B/1370